杨 国 荣 著 作 集 ∣ 增订版 ∣

道 论

杨国荣◎著

华东师范大学出版社
·上海·

图书在版编目（CIP）数据

道论／杨国荣著. —增订本. —上海：华东师范
大学出版社,2021
（杨国荣著作集）
ISBN 978－7－5760－2366－4

Ⅰ. ①道… Ⅱ. ①杨… Ⅲ. ①本体论—研究 Ⅳ.
①B016

中国版本图书馆 CIP 数据核字（2021）第 266718 号

杨国荣著作集（增订版）

道论

著　　者　杨国荣
责任编辑　朱华华
特约审读　朱　健
责任校对　张亦驰　时东明
装帧设计　卢晓红

出版发行　华东师范大学出版社
社　　址　上海市中山北路 3663 号　邮编 200062
网　　址　www.ecnupress.com.cn
电　　话　021－60821666　行政传真 021－62572105
客服电话　021－62865537　门市（邮购）电话 021－62869887
地　　址　上海市中山北路 3663 号华东师范大学校内先锋路口
网　　店　http://hdsdcbs.tmall.com

印 刷 者　上海雅昌艺术印刷有限公司
开　　本　700×1000　16 开
印　　张　22.5
字　　数　280 千字
版　　次　2022 年 1 月第 1 版
印　　次　2022 年 1 月第 1 次
书　　号　ISBN 978－7－5760－2366－4
定　　价　89.80 元

出 版 人　王　焰

（如发现本版图书有印订质量问题,请寄回本社客服中心调换或电话 021－62865537 联系）

目 录

自　序

　　哲学总是一再地向开端回溯。这不仅表现在哲学的沉思每每以古希腊或先秦为历史之源，而且在于哲学往往以反思自身的方式，不断地追问何为哲学或哲学究竟是什么。无论是史的考察，抑或理论的思与辨，都以不同的方式指向何为哲学的问题。历史地看，哲学的不同形态、不同进路，也常常相应于对哲学本身的不同理解。

　　哲学究竟是什么？这一追问可以从不同的方面展开，而形上之维无疑是其中重要的方面。然而，自实证主义对形而上学提出种种质疑后，冷落、蔑视、嘲弄、拒斥，便渐渐成为后者时常遭遇的厄运。随着形而上学渐遭疏离和拒斥，哲学究竟是什么也越来越成为问题。与此相应的现象之一，便是哲学与具体领域的知识开始呈现某种趋同之势。从历史的演进看,这种状况的出现当然与近代以来哲学研究本身渐趋职业化、专业化相关。哲学本质上是智慧之思,从事哲学思考的哲学家,首先是志于道的思想者。但是,一旦哲学成为某种职业或专业,那么哲学家也就容易由智慧的追求者,转化成仅仅从事某一层面、某一方面思考的专家。职业化、专业化的工作涉及的主要是存在的特定领域、特定方面,专家的关注之点,也每每限于某一领域或某一方面。哲学的职业化与专业化以及哲学家的专家化,既将形而上的沉思推向了哲学的边缘并相应地悬置了对存在本身的追问,也在历史与逻辑的双重意义上导致了哲学的知识化。

如何回到哲学的本然形态?这一问题如果以另一种方式来表述,也就是:如何超越对哲学的知识化理解而达到哲学作为智慧之思的真实形态?这里本质上依然涉及何为哲学的追问,而对它的回应显然无法离开形而上的视域。在历史上,形而上学曾展示了多样的进路,其中不乏对存在的思辨构造或抽象推绎,但形而上学并不能简单地等同于这一类的抽象思辨。作为智慧视域中的存在理论,形而上学既以存在本身的具体性为指向,又贯通、融摄了把握存在的不同方式,二者在不同意义上为深入地理解世界提供了前提;形而上学的以上路向,同时也体现了哲学的内在品格。

从形而上的维度展示哲学的视域,无疑更多地涉及“思”或理论层面的问题。相对于“史”的考察而言,我近年的工作似乎更多地关乎“思”。确实,从《伦理与存在》到本书,我的关注之点都较直接地指向理论层面的问题:《伦理与存在》以善的沉思为内容,本书则在更宽泛的意义上展开为面向存在之思。当然,如我一再指出的,史与思本身非彼此分离;关注哲学的问题,也并不意味着离开哲学的历史。事实上,正如我的道德哲学研究处处渗入了“史”的视域一样,更广意义上对存在的澄明,也以历史上的哲学沉思为出发点。

与史和思的互动相联系的，是中西哲学之间的关系。中西哲学在历史上曾经各自作为一种相对独立的系统，然而，在历史已经超越地域的尺度而走向整个世界这一背景下，仅仅限定于地域性的视野，显然是狭隘的。与世界历史的观念相应，我们也同样需要一种世界哲学的观念。以世界哲学为视野，中国哲学、西方哲学无疑都是广义哲学之域的共同财富，都应该被理解为延续、发展世界哲学的一种普遍资源。这种世界哲学的视野是哲学回归真实形态的基本要求。

　　从研究方法看，这里同时涉及中西哲学比较的问题。中西哲学比较的意义究竟何在？如果比较仅仅被理解为罗列中国哲学与西方哲学的各自特点，指出什么是二者的相同之处，哪些是它们的差异之点，等等，那么，这显然是较为表层的。从哲学思维发展的角度看，比较的真实意义可以从两个方面来看。首先是历史之维。在这一维度上，比较意味着为深入地理解某一哲学系统提供一种理论的背景。以中国哲学的研究而言，如果能获得西方哲学的比照，无疑有助于具体地揭示、澄明中国古典哲学的概念、命题、学说中的内在理论意蕴，真实地彰显其丰富而深沉的内容，使之取得能够与其他哲学对话的形态，并真正融入世界哲学。同样，对西方哲学的研究和理解，如果能以中国哲学作为参照系，也可以进一步去发现它的一些独特意义。在单一的视域下，无论是中国哲学，抑或西方哲学，其内在的意蕴往往都难以充分地敞开和展示。而在不同的理论背景中，一种哲学系统的深刻意义就容易被揭示和把握。比较的更内在、更深沉的维度，体现于建构性的哲学思考中。中国哲学与西方哲学在长期的发展过程中，都积累了具有原创意义的思维成果，这些成果不仅仅是历史中的存在，它同时也构成了当代哲学发展的源头，具有建构功能。本书对中西哲学相关问题的讨论，也力图体现以上视域，其旨趣在于回应与解决哲学本身的问题。

本书无意提供一种终极的"体系"。体系作为"既济"的形态,往往容易导向自我封闭,哲学作为智慧之思则总是处于"未济"的过程,并具有开放的性质。尽管本书亦有自身的内在脉络和系统,但它所着重的,并不是外在的形式,而是具有实质意义的内在问题;其中所展示的哲学视域,则同样蕴含着历史性和开放性。

杨国荣

2005 年 12 月

导　论

自实证主义兴起之后，形而上学便不断面临各种形式的诘难。① 20世纪的后期，随着"后形而上学"②等提法的出现，形而上学似乎进一步被视为已经终结或应该终结的历史现象。然而，作为对存在的"总的看法"，③形而上学的消亡与否，并不仅仅取决于哲学家的拒斥或疏离。就应然而言，人类思维的历史早已表明："世界上无论什么时候都要有形而上学。"④就实然

---

① 从近代哲学的演进看，这种诘难当然还可以追溯到休谟。

② 参见 J. Habermas, *Postmetaphysical Thinking: Philosophical Essays*, Polity Press, 1992。

③ 康德：《任何一种能够作为科学出现的未来形而上学导论》，商务印书馆，1982年，第168页。

④ 同上，第163页。

而言,则"所有的人或多或少都涉及形而上学"。① 在这里,更有意义的也许并不是对形而上学表示哲学的轻蔑或鄙视,而是从理论的层面对形而上学本身做进一步的反思。

历史地看,"形而上学"这一概念首先与亚里士多德相联系。尽管亚里士多德从未使用过"形而上学"一词,但其讨论一般存在问题的著作却被后人冠以"形而上学"之名。在该著作中,亚里士多德将哲学的任务规定为"研究作为存在的存在(being as being)"。② 这方面的内容在亚里士多德之后进一步被规定为一般形态的形而上学,以区别于宇宙论、自然神学、理性心理学等特殊形态的形而上学。③

形而上学的一般形态与 ontology 大致相当。④ 在概念的层面,ontology 的内涵首先与希腊文 on 或尔后英语的 being 相联系。一般认为, on 或 being 既是系动词(近于现代汉语的"是"),又表示存在。与此相应,在汉语世界中, ontology 也有"是论""本体论"或"存在论""存有论"等译名。自 20 世纪前半叶以来,主张以"是论"译 ontology 者便时有所见,而 ontology 亦每每被视为对" on "或"being"以及与此相关的一般概念和概念之间逻辑关系的分析。在以上理解中,being 所包含的"系词"义无疑构成了 ontology 主导的方面。

在词源学上, on 或 being 诚然一开始便与系动词相关,但就其本

---

① Kant, *What Real Progress has Metaphysics Made in Germany Since the Time of Leibniz and Wolff*, Abris Books Inc., 1983, p.51.

② Aristotle, *Metaphysics*, 1003a25, *The Basic Works of Aristotle*, Random House, 1941, p.731.

③ 参见 P. Coffey, *Ontology or the Theory of Being*, Longmans, Green And Co., 1929, pp.20 - 21。

④ Ontology 源自拉丁文 Ontologaia,后者又可追溯到希腊文 *logos*(理论)与 *ont*(表示"是"或"存在")。*Ontologaia* 出现于 17 世纪,据有关考索,该词由德意志哲学家郭克兰纽·鲁道夫斯(Rudolphus Goclenius, 1547—1628)首先使用。

来意义而言,系词本身属语言学及逻辑学的论域;在系词的形式下,*on* 或 being 首先是语言学的范畴,与此相应,这一层面的研究也更直接地与语言学及逻辑学相关。从哲学的视域看,*on* 或 being 尽管与语言学意义上的系动词有着本源的联系,但作为 ontology 论域中的哲学范畴,它的深沉含义却更多地关联着存在问题。事实上,在亚里士多德那里,*on* 便与实体、本质等具有存在意义的对象难以分离;中世纪对 being 的讨论,也总是以存在(existence)、本质(essence)等为其实质的内容;当代哲学对 being 的研究虽然呈现不同的趋向,但存在问题仍是其关注之点,奎因将何物存在(what is there)视为本体论的问题,海德格尔以此在为基础本体论的对象,都在不同意义上表现了being 的存在之义。从理论上看,以"是"为 being 的主要含义并将ontology 理解为"是论",不仅仅涉及是否合乎汉语表达习惯的问题,而且关乎语言学、逻辑学与哲学研究的不同进路:如果将 being 等同于"是",或多或少容易以语言学、逻辑学层面的技术性分析,消解从哲学视域对存在本身的考察。①

从方法论上看,追溯概念的原始语言形态或原始语义无疑是重要的,它有助于理解有关概念的历史内涵。但如果仅仅以概念的原始词义界定概念本身,则似乎难以把握概念的复杂性和丰富性。就哲学概念或范畴而言,其起源常常与日常或具体知识层面的用法相联系,但日常的语词在成为哲学的概念或范畴以后,总是沉淀、凝结

---

① 当然,从词源学上看,汉语"是"的原始含义包含多重方面,《说文解字》在解释"是"字时指出:"(是)直也,从日正。"段玉裁注曰:"以日为正则曰是。"以日为正,与"则"相联系,《尔雅·释言》便对"是"做了如下界说:"是,则也。"就当然而言,"则"有准则之意,就实然和必然而言,"则"又有法则之意,前者引申为正当,后者则涉及存在的稳定性。不过,尽管"是"包含多重内涵,但以"是"类比 being,突出的似乎首先是其在现代汉语意义域中的"系词"义。

了更为深沉、丰富的含义，而非其原始的形态所能限定。中国哲学中的"道"，其词源便涉及日常语境中的"道路""言说"等，但作为哲学概念，它的意义显然已非日常意义上的"道路""言说"等所能涵盖。同样，being 在词源意义上固然与系动词相联系，但这一语言学归属并不能成为其哲学意义的唯一或全部依据。亚里士多德已强调，在 being 的诸种含义中，"什么"是其本源的含义之一，而"什么"又揭示了事物的实体或某物之为某物的根本规定（which indicates the substance of the thing）。① 与实体或某物之为某物的根本规定相联系的上述含义，显然已非系词（"是"）所能范围，而指向了更丰富意义上的存在。不难看到，哲学概念的澄明诚然需要联系其原始词义，但不能简单地走向词源学意义上的历史还原；哲学的阐释、诠绎也不应归结为技术层面的历史追溯。

与 being 相联系的是 ontology。前文已论及，ontology 曾被译为"本体论"，从 20 世纪开始，中国的一些研究者便对这一译名提出了种种批评，认为本体论一词无法体现 ontology 的含义，由此，甚而对"本体论"概念本身的合法性提出质疑，断定中国哲学并不存在所谓本体论。② 这里既有 ontology 与本体论之间的纠葛，也涉及译名与被译之名的关系。就 ontology 源自 on——其研究方式侧重于逻辑分析——而言，它无疑不同于中国哲学语境中的"本体论"，但我们似乎不能因此而断言中国哲学没有本体论。更为适当的提法也许是：中国哲

---

① 参见 Aristotle, *Metaphysics*, 1028a10, p.783。
② 参见俞宣孟：《本体论研究》，上海人民出版社，1999 年，第 17 页。张东荪在 20 世纪 40 年代已提出中国没有本体论，尽管他所说的本体论并非仅仅对应于 ontology，而每每与所谓 substance philosophy 相关，但在反对将"本体论"运用于中国哲学这一点上，与质疑本体论的观点无疑具有一致性。参见张东荪：《知识与文化》，商务印书馆，1946 年，第 99—105 页。

学没有 ontology。从译名与被译之名的关系看,一种译名在形成和被接受之后,往往会经历一个本土化的过程。在一定文化历史背景、学术传统、语言承载等的影响之下,译名常常获得超乎被译之名的含义或发生内涵上的转换,从而成为具有本土意味的概念。严复以"天演"翻译 evolution,后者在西方本来首先是生物学领域的概念,表示生物的进化过程,①严复却一开始便将其与形而上的观念及社会领域的强弱相争、变革和进步等联系起来,从而更多地赋予它以社会文化及哲学的意义,使之成为变法维新的依据。不难看到,作为中国近代哲学概念,"天演"的含义已非被译之名(evolution)所能范围。② 同样,本体论这一范畴被引入中国现代哲学后,也非仅仅是 ontology 的对应概念,它在相当程度上既蕴含了 ontology 所涉及的"存在"之义,又融入了中国传统哲学的相关观念,从而获得了其较为独特的含义。

需要指出的是,作为中国现代哲学的概念,本体论既不能简单地等同于 ontology,也很难仅仅归结为中国传统哲学有关本体的学说。在中国传统哲学中,"本体"往往被用以指称不同种类的存在。以宋明理学而言,这一时期的理学家尽管哲学立场不同,但常常都以"本体"来说明其核心概念,而在这一类的阐释中,"本体"往往指存在的

---

① 当然,这并不是说,在西方,进化观念对哲学及其他领域没有影响。

② 如果追溯得更早一些,则可以看到,在佛教东传之后,汉译之名与印度佛教原始概念的关系,也每每发生某种变化。如天台宗所着力发挥的"实相"概念,便非仅仅对应于印度佛教的原有概念,智顗已指出了这一点:"实相之体,只是一法,佛说种种名;亦名妙有、真善妙色、实际、毕竟空、如如、涅槃、虚空、佛性、如来藏、中实理心、非有非无中道、第一义谛、微妙寂灭等。"(智顗:《法华玄义》卷八)而此前的鸠摩罗什在翻译《法华经》《中论》《小品般若经》等时,亦已将梵文中表示"法性""真如""法界"等的词语,译成"实相"。在此,作为译名的"实相"一方面与原有的"如来""实际""法性""真如""法界"等语有着词义、词源上的联系,另一方面又获得了更为丰富的含义而非后者所能完全范围。

本来形态。张载以"气"为第一原理,"本体"概念的运用也与之相应:"太虚无形,气之本体,其聚其散,变化之客形尔。"①朱熹将"理"视为更本源的存在,"本体"之义也离不开这一前提:"以本体言之,则有是理然后有是气,而理之所以行,又必因气以为质也。"②可以看到,在以上论域中,"本体"都与本然之"在"相关:它或指"气"的本来形态,或指理气关系的本来形态。同样,王阳明以心立言,"本体"亦首先与心的本然形态相联系,对他而言,这种本然形态就是良知:"良知者,心之本体。"③当然,在王阳明那里,作为心体的本然形态,本体又涉及所谓功夫:"功夫不离本体,本体原无内外。"④此处的"本体"既呈现为主体精神的本来形态,又被理解为实践活动(功夫)的根据。

作为现代哲学的概念,"本体论"显然不能等同于上述意义上的本体理论。尽管以上论域所涉及的气世界、理世界、心世界也每每构成了本体论所讨论的对象,但较之以"本体"表示存在的本来形态,本体论无疑包含更为丰富的内涵。就其与中国传统哲学的关系而言,本体论似乎与传统哲学中的道器、体用等等概念有更内在的关联。从形而上的层面看,"道"首先被理解为普遍的存在法则,"器"则指具体的事物;与此相近,"体"有实体等义,"用"则指属性、作用等。传统哲学中的道器、理气之辨以及体用之辨一般指向如下问题:道与器或理与气何者为第一原理?道与理是否先于器与气而存在?体与用能否相分?等等。自现代意义上的哲学史研究在中国出现后,这些问题常常被归属于本体论的论域。二者的这种联系,也从一个方面折

①　张载:《正蒙·太和》,《张载集》,中华书局,1978 年,第 7 页。

②　朱熹:《孟子或问》卷三,《朱子全书》第 6 册,上海古籍出版社、安徽教育出版社,2002 年,第 934 页。

③　王守仁:《王阳明全集》,上海古籍出版社,1992 年,第 61 页。

④　同上,第 92 页。

射出"本体论"作为现代中国哲学概念所具有的理论内涵。

当然,在现代中国的哲学语境中,"本体论"所关注的,不仅仅是传统哲学意义上的理气、道器、体用等关系的辨析,广而言之,其研究之域包括与存在相关的诸种领域。从认识的前提(所知与能知的确认),到道德的基础(包括伦理关系与道德主体之"在"),从价值判断的根据(人的需要与对象属性的关系),到审美过程的内在意义(合目的性与合规律性的统一),等等,都可以看到本体论的视域。就其以存在为指向而言,它无疑与 ontology 有相通之处;就其不限于或非着重于对概念的逻辑分析而言,它又似乎逸出了 ontology。要言之,作为中国现代哲学的概念,"本体论"的意义已不仅仅表现为 ontology 的译名,它在相当程度上已获得本土化的性质,其内涵既非 ontology 所能范围,又包含了 ontology 的某些含义,既有别于中国传统哲学中的"本体"等理论,又渗入了传统哲学的相关内容;在实质的层面,上述意义上的"本体论"似乎更接近于广义的形而上学(metaphysics),相对于 ontology 及传统的本体理论和道器、理气、体用诸辨,它显然包含更为丰富的内容。①

─────────────

① 熊十力曾指出:"哲学自从科学发展以后,它底范围日益缩小。究极言之,只有本体论是哲学的范围。""哲学思想本不可以有限界言,然而本体论究是阐明万化根源,是一切智智(一切智中最上之智,复为一切智之所从出,故云一切智智)与科学但为各部门的知识者,自不可同日而语。则所谓哲学建本立极,只是本体论,要不为过,夫哲学所穷究的,即是本体。我们要知道,本体的自身是无形相的,而却显现为一切的事物。"(熊十力:《新唯识论》,中华书局,1985 年,第 248—249 页)熊十力是中国现代关注并致力于建立本体论的重要哲学家,从他对"本体论"概念的如上理解中可以看出,"本体论"既涉及 ontology(以存在本身为对象而不同于科学之仅指向"各部门")及中国传统哲学有关本体的观念,又不限于二者而包含更广的内容。在把哲学的主要对象归结为"本体论"的背后,是对本体论本身内涵多重性的确认。顺便指出,为区别"本体论"与 ontology,后者(ontology)也许可以译为"存在论"。不过,为合乎习惯的表述及行文的简约,本书在指出 ontology 与作为现代中国哲学范畴的"本体论"之实质区分后,在形式的层面仍用"本体论"来表示 ontology。

前文已论及,形而上学或本体论以存在为对象。这里首先涉及存在本身与关于存在的语言结构或思维结构的区分。形而上学及ontology 与 on 或 being 的联系,使一些哲学家较多地关注语言和思维的结构,并在某种意义上将形而上学及 ontology 主要限定于对这些结构的分析。斯特劳森(P. E. Strawson)所谓描述的形而上学、奎因的本体论承诺,便多少表现出如上倾向。然而,如前文所述,哲学尽管难以与语言及逻辑分析相分离,但哲学的研究毕竟无法还原为语言和逻辑分析。作为对存在的哲学把握,形而上学无疑不能仅仅指向关于存在的语言及逻辑结构,而应回到存在本身。

　　在日常的语义中,"存在"包含"有""生存"等义,并涵盖"实在世界""观念世界",等等;这一层面的"存在"既是最抽象的概念(可以泛指一切观念的东西与实在的东西),又往往被赋予具体的内涵(在内含一切之"有"的同时,也涵摄其中的多样性、差异性)。作为形而上学所指向的对象,"存在"首先与人之"在"相联系;从哲学史上看,希腊哲学家已注意到这一点。普罗泰戈拉(Protagoras)曾指出:"人是万物(all things)的尺度,是存在的事物(the things that are)存在的尺度,也是不存在的事物(the things that are not)不存在的尺度。"①这一看法通常主要被视为认识论的思想而加以诠释,但其深沉的意义似乎更多地体现于形而上之域。从形而上的层面看,将人是万物的尺度与事物的"存在"联系起来,当然并不是把人看作事物在时空或物理意义上存在与否的判定者,而是强调存在的沉思无法离开人自身之"在":存在的追问唯有对人才有意义,在人之外,并不发生存在

---

　　① *Ancilla to the Pre-Socratic Philosophers: A Complete Translation of Fragments in Diels*, *Fragmente der Vorsokratiker*, By Kathleen Freman, Harvard University Press, 1983, p.125,参见《古希腊罗马哲学》,商务印书馆,1982 年,第138 页。

或不存在的问题。存在与人的这种相关性,同样为康德所肯定。康德曾提出了如下问题:我能知道什么? 我应当做什么? 我可以期待什么? 人是什么? 康德特别强调,前三个问题都与最后一个问题有关。[1] 康德所提出的前三个问题涵盖哲学的各个领域(包括形而上学),其中既涉及何物存在,也关联着如何存在,而在他看来,这些问题最终都基于"人是什么"的追问。海德格尔后来进一步将"人是什么"理解为基础本体论(fundamental ontology)的具体问题,而基础本体论又被规定为有关人的此在(human Dasein)的形而上学,[2]这一看法更明确地将形而上学论域中的存在与人之"在"联系起来。

类似的看法也见于中国哲学。荀子已指出:"善言天者,必有征于人。"[3]"天"在这里表现为广义的存在(首先是本然的存在),"人"则涉及人自身之"在";有征于人,意味着对广义存在的理解和把握,总是需要联系人自身之"在"。荀子的上述观点在王夫之那里得到了进一步的发挥:"以我为人而乃有物,则亦以我为人而乃有天地。"[4]"天地之生,以人为始。……人者,天地之心。"[5]天地泛指万物或存在,与"人是存在的尺度"这一论点相近,所谓有人而后有天地或人为天地之始、人者天地之心,并不是表示万物之有、无依赖于人,而是肯定万物或存在的意义,总是对人敞开:只有当人面对万物或向存在发问时,万物或存在才呈现其意义。在王夫之的以下论述中,

① Kant, *Logic*, Dover Publications, Inc., 1988, p.29,参见康德:《逻辑学讲义》,商务印书馆,1991 年,第 15 页。

② M. Heidegger, *Kant and the Problem of Metaphysics*, Indiana University Press, 1997, p.1.

③ 《荀子·性恶》。

④ 王夫之:《周易外传》卷三,《船山全书》第 1 册,岳麓书社,1996 年,第 905 页。

⑤ 王夫之:《周易外传》卷二,同上,第 882 页。

这一点得到了更清晰的阐释:"两间之有,孰知其所自昉乎? 无已,则将自人而言之。"①中国哲学的以上看法,在某些方面与普罗泰戈拉从人出发(以人为尺度)讨论存在与非存在的形而上学立场,无疑亦有相通之处。

在中国哲学的论域中,存在与人之"在"的相涉,更具体地体现于物与事的关系中。韩非已对物与事加以对应:"故万物必有盛衰,万事必有弛张。"②郑玄对物与事做了进一步沟通,认为:"物,犹事也。"③这一界定一再为以后的中国哲学所确认,朱熹在《大学章句》中,便接受了对物的如上界说。王阳明也认为:"物即事也。"④王夫之同样强调:"物,谓事也,事不成之谓无物。"⑤直到18世纪的戴震,依然认为:"物者,事也。"⑥在中国哲学中,"物"作为"遍举之"的"大共名"⑦,泛指一般的"有"或存在,"事"则首先与人的实践活动相联系,韩非已明确指出了这一点:"事者,为也。"⑧以事释物,既意味着从人自身之"在"(包括人的活动)来理解和把握存在,也表明真实(具有现实意义)的存在总是难以离开人自身的存在过程。⑨

---

① 王夫之:《周易外传》卷七,《船山全书》第1册,第1076页。

② 《韩非子·解老》。

③ 郑玄:《礼记注·大学》。

④ 王守仁:《传习录中》,《王阳明全集》,第47页。

⑤ 王夫之:《张子正蒙注·诚明》,《船山全书》第12册,岳麓书社,1996年,第115页。

⑥ 戴震:《孟子字义疏证上》,《戴震集》,上海古籍出版社,1980年,第267页。

⑦ 荀子:"故万物虽众,有时而欲遍举之,故谓之物。物也者,大共名也。"参见《荀子·正名》。

⑧ 《韩非子·喻老》。

⑨ 当然,如果由强调物与事的联系而否定其自在的一面,则在逻辑上也包含消解物之实在性的可能。

哲学史上的如上看法,无疑多方面地展示了存在的形而上学意义。作为形而上学领域的对象,存在显然不仅仅以普遍性(涵盖万物或万"有")为其特点,把存在单纯地理解为万物或万物的共同属性("有"),往往容易将其抽象化;存在的具体的意义,唯有通过与人自身之"在"的联系,才能得到呈现;从更实质的层面看,对存在的理解无法悬置人自身的存在。在形而上学的论域中,"存在是什么"与"人是什么"这两重追问本质上难以分离;从终极的意义上看,存在之成为问题,是以人的"出场"为前提的。尚未进入人的知行之域的本然之物或自在之物,既不是科学知识的对象,也很难真正被视为形而上学所追问的存在;即使思辨的构造,也无法完全避免人的"在场"。维特根斯坦曾说:"我的语言的界限意味着我的世界的界限。"①更确切的说法也许是:人自身之"在"是人的世界的界限。

可以看到,形而上学论域中的存在,本质上表现为人与人化的存在或人与人的世界。人在形而上学中之所以具有本源性,首先在于形而上学本身是人对存在的自我探问,而后者本质上又与意义的追寻相联系。这里所说的意义既不限于语言的层面,也非仅仅指向超越的领域,它涉及"是什么"的追问,也关联着"应该如何"的问题;它以宇宙人生的终极性原理为内容,也兼涵真、善、美等不同的价值向度。形而上学以有这个世界为出发点,它既不追问何以有这个世界,也不关切这个世界之前或这个世界之后的存在,从而,它不具有宗教层面的超越冲动和终极关怀。② 所谓这个世界,就是人生活于其间并为人自身之"在"(广义的知、行过程)所确证的存在。以有这个世界

---

① L. Wittgenstein, *Tractatus Logico-Philosophicus*, 5·6, Dover Publication, Inc., 1999, p.88,参见《逻辑哲学论》5·6,商务印书馆,1985 年,第 79 页。

② 哲学当然也涉及终极关切,但这种关切不同于宗教意义上的终极关怀,详见本书第八章。

为前提,形而上学所关注的,主要不是存在的思辨构造,而是存在的敞开、澄明与改变。

作为进入人的知、行之域并在不同的层面获得人化形态的存在,人的世界或人化的存在无疑具有为我的性质。然而,不能因此而否定存在的自在之维。从字源上看,汉语的"存在"之"存",本身便包含让"自在"或"已在"者"在"之义,王夫之曾对此做了如下界说:"保其固有曰存。"①就形而上的维度而言,所谓"保其固有",意味着不否定已有的存在规定。在人化世界中,具体事物的时空、物理等规定并不因为与人形成各种联系而消逝;人化的存在无非是打上了人的不同印记的自在之物,它在进入实践领域、由"天之天"成为"人之天"的同时,总是包含着不依赖于人的一面。从而,在总体上,可以把人的世界或人化的存在视为自在之物与为我之物的统一。

海德格尔曾批评传统的形而上学仅仅关注存在者而遗忘了存在本身,这一批评以存在和存在者的区分为前提,以此为背景,则存在的考察不能不同时比照存在者。引申而言,在形而上学的视域中,所谓存在者,首先便表现为对人之"在"的悬置,其特点在于无涉于人自身之"在"。与隔绝于人之"在"相应,存在者通常被规定为特殊存在之后或超越具体事物的一般存在,后者往往取得理念、一般本质、共相、绝对精神等形式,并在实质上呈现为抽象的、分离的规定。作为一般的存在,存在者总是以既定性、已然性为其内在规定,它超越于历史过程而取得了已完成的形态。与存在者相对的"存在",则本于人自身之"在"并展开为人化的世界,它不同于个体及特殊存在之后的抽象实体,而是融合特殊与普遍、个别与一般,从而呈现具体的形

① 王夫之:《周易内传》,《船山全书》第 1 册,第 73 页。

态;与人化世界的形成展开为一个历史过程相应,存在本质上也具有历史的品格。如前所述,从词源的意义上看,西语中表示存在的 *on* 或 *being* 同时又具有系词的功能。作为系词,它们总是起着联结主词与谓词的作用,而主词和谓词又往往分别关涉个体和一般属性。从而,上述联结本身又折射了个体与一般属性的联系。海德格尔曾对近代哲学所理解的 physis 与古希腊的相关观念做了比较,认为近代哲学把 physis 作为物理的东西而与心理的、有生命的东西对立起来,而希腊人则更多地将其视为一种整体,而不是分离和对立的存在。[①] 早期哲学思维对存在的这种理解,无疑基于存在本身的整体性。海德格尔的以上追溯似乎也表明,在近代的知识将存在加以分离和凝固化以前,哲学早期的思维更多地以直观的方式把握了存在的整体性。[②]

以存在的统一形态为指向,形而上学同时也从一个方面展示了哲学的内在精神。如所周知,作为智慧之思,哲学不同于经验领域的知识。知识主要以分门别类的方式把握对象,其中蕴含着对存在的某种分离,哲学则要求超越"分"或"别"而求其"通"。金岳霖在比较

① 参见海德格尔:《形而上学导论》,商务印书馆,1996 年,第 17—18 页。

② 康德曾强调,"'存在'显然不是一个真正的谓词"(参见 Kant, *Critique of Pure Reason*, Translated by N. K. Smith, St. Martin's Press, 1965, pp.504－505),这一看法在当代哲学中进一步为弗雷格、罗素等所肯定。对以上论点,一般主要从逻辑学或语言学的角度加以阐发(如将逻辑谓词与真正的谓词区分开来,认为"存在"虽然在逻辑上可以处于相当于谓词的位置,但它并不表示事物或概念的性质,因而不是真正的谓词)。事实上,它似乎也可以从形而上的维度加以理解。谓词往往被用以表示事物的属性,属性则常常表现为一般的规定。这样,以存在为谓词,往往容易将其等同于一般的属性或规定,从而使之抽象化。在上述意义上,否定存在是谓词,同时也蕴含着对存在的抽象性的扬弃,它从一个方面为肯定存在的具体性与整体性提供了某种逻辑的依据。

知识论与科学时,曾认为二者的差别在于后者(科学)旨在求"真"而前者(知识论)以"通"为目标。知识论属哲学,在此意义上,这里似乎也涉及哲学的特点。不过,金岳霖所说的"通",主要指理论本身各部分之间的一致。① 对"通"的以上理解,基本上限于逻辑或形式之域。从形而上学的层面看,所谓"通",并不仅仅在于哲学的体系或学说本身在逻辑上的融贯性或无矛盾性,它更深刻的意义体现在对存在的统一性、具体性的敞开和澄明。换言之,它总是超出了逻辑的层面,既涉及存在,也涉及把握存在的不同视域、进路之间的关系,从而更多地呈现实质的意义。在这一方面,值得注意的是《易传》的看法。《易传》对"通"予以了较多的关注,一方面,它强调:"一阖一辟谓之变,往来无穷谓之通。"②另一方面,又肯定:"易无思也,无为也,寂然不动,感而遂通天下之故。"③"往来无穷"是就存在的形态而言,"通"在此指动态意义上的统一性;"感"隐喻了人之"在"与世界之在的关系(包括二者之间的相互作用),"感而遂通天下之故"意味着在人之"在"与世界之在的相互作用过程中把握存在。《易》是由卦象构成的形而上的系统,在《易传》看来,《易》所彰显的"通"既展示了存在本身的统一形态,又作为统一的视域,表现为对存在原理或根据(故)的总体上的理解。④ 康德在谈到形而上学时,也曾强调:"形而上学乃是

---

① 金岳霖:《知识论》,商务印书馆,1983 年,第 11—13 页。

② 《易传·系辞上》。

③ 同上。

④ 《庄子》曾提出"道通为一"的论点(参见《庄子·齐物论》),这一论点往往被赋予相对主义的性质。事实上,这里的"一"并非仅仅是泯灭差别,毋宁说,它同时具有整合、统一之义。"道"所体现的是一种形而上的视域。从整合与统一的维度看,"道通为一"既意味着把握存在之视域的贯通,也表明:以道的视域考察万物(以道观之),存在更多地呈现统一的形态。在上述意义上,此处的"通"似乎也包含着视域的融合与存在的统一两重含义。

作为系统的科学观念"，"是一个整体"①。形而上学的这种系统性和整体性，既表现为内在的逻辑融贯，也以对存在的整体把握为其内容，它使被知识所分化的存在重新以统一的、具体的形态呈现出来。在这里，哲学不同于特定知识的特点无疑也得到了进一步的突显。

形而上学所蕴含的"通"，在其核心概念 being 中也得到了体现。根据 C.H. 卡恩的研究，being 的原型 to be 大致有三重含义，即系词（the copula）、表真（the veridical uses）、存在（existence uses）。② 维特根斯坦在谈到 is 时，也认为，该词呈现系词、等同、存在等含义。③ Being 概念含义的多重性，不仅仅表现了词或概念在其形成与运用过程中的复杂性，它的更深刻的意义，在于显示了哲学领域中不同问题之间的相关性。就卡恩、维特根斯坦所分析的诸种含义而言，"系词"涉及语言学的领域，后者又与语言哲学相联系；"表真"具有认识论及逻辑学的指向性；"存在"构成了 ontology 或本体论的对象；"等同"既可以是不同存在形态之间的实质联系，也可以是意义之间的逻辑关系，从而兼及本体论与逻辑学。不难看到，在 being 概念的多重含义之后，是 ontology 或本体论、认识论、逻辑学以及宽泛意义上的语言哲学之间的互融与互渗。康德从另一个角度肯定了这一点。对康德而言，形而上学的意义在于考察知识所以可能的条件，在《自莱布尼茨和沃尔夫时代以来德意志的形而上学真正取得了什么进步》一书中，康德认为，形而上学主要与认识的范围、内容、限度相关。与此相应，

① Kant, *What Real Progress has Metaphysics Made in Germany Since the Time of Leibniz and Wolff*, Abris Books Inc., 1983, p.155, p.173.

② 参见 C. H.卡恩：《动词 to be 与 being 概念研究之回顾》，《BEING 与西方哲学传统》上卷，宋继杰主编，河北大学出版社，2002 年，第494—527 页。

③ L. Wittgenstein, *Tractatus Logico-Philosophicus*, 3.323, p.41, 参见《逻辑哲学论》，第34 页。

"作为形而上学的一个部分,本体论是将知性(understanding)的概念、原理组合为一种系统的科学。但这些概念和原理只能运用于感觉所给予的对象。"①按康德的理解,这种知性的概念、原理系统,便是普遍必然的知识所以可能的先天条件。在这里,形而上学与认识论无疑呈现为统一的形态。事实上,认识论与形而上学在康德那里确乎相互关联,康德的《纯粹理性批判》常常被视为一部认识论的著作,但它同时又具有形而上学的维度,康德本人也一再肯定这一点。海德格尔曾对真理的含义做了考释,认为其原始意义是存在的解蔽或去蔽。② 从理论上看,存在的把握与存在的敞开难以分离,人总是在切入存在的过程中理解存在。二者的这种本源性联系,同时构成了形而上学与认识论、逻辑学等相统一的内在根据。

与形而上学相融而相合的,当然不仅仅限于理论理性层面的认识论、逻辑学。广而言之,形而上学与实践理性层面的价值论、伦理学,等等,同样并非彼此悬隔。前文已提及,从道德的基础,到价值判断的根据,从审美活动的对象与主体,到哲学层面的终极关切,都内在地渗入了形而上学的视域。可以说,形而上学既致力于回归存在的统一,又联结了智慧之思的不同向度,从而在双重意义上体现了哲学以求"通"为指向的内在特征。值得一提的是,近代以来,特别是20世纪以来,随着对作为存在理论的形而上学的质疑、拒斥,哲学似乎越来越趋向于专业化、职业化,哲学家相应地愈益成为"专家";哲学的各个领域之间,也渐渐界限分明甚至壁垒森严,哲学本身在相当程度上则由"道"而流为"术"、由智慧之思走向技术性的知识。康德在

---

① Kant, *What Real Progress has Metaphysics Made in Germany Since the Time of Leibniz and Wolff*, Abris Books Inc., 1983, p.53.

② 参见海德格尔:《真理的本质》,《路标》,商务印书馆,2000年,第217、221—226页。

《纯粹理性批判》中曾强调了智慧对于哲学的重要性："哲学唯一的急务（sole preoccupation）是智慧。"①这一看法颇有意味，它从一个方面表明，康德已以其哲学家的敏锐，注意到了智慧在近代（包括他自己所处的时代）被遗忘的趋向。这一状况在康德之后似乎更趋严重，而哲学之求其"通"的品格则相应地每每被掩蔽。以此为背景，重新确认形而上学所体现的哲学之求"通"的走向，无疑具有不可忽视的意义。

形而上学的以上内涵，同时也制约着其自身的展开方式。形而上学的对象常常被归属于超经验的领域，与之相应，形而上学对存在的研究，往往被理解为关于"实体""属性""时间与空间""自由意志"的沉思与辨析以及各种超验存在图景的构造。② 事实上，与求其"通"相应，形而上学的展开过程，本质上表现为通过澄明存在的本源性，以打通不同向度的哲学视域。在亚里士多德那里，其形而上学的思想便不限于后来被冠以《形而上学》之名的著作中，而是多方面地展开于《物理学》《范畴篇》《尼各马可伦理学》等著作中：《物理学》包含对"自然"的理解，《范畴篇》涉及对 on 的分析，《尼各马可伦理学》

---

① Kant, *Critique of Pure Reason*, p.665.

② 在晚近出版的有关形而上学的论著中，我们依然可以看到这一倾向，如在 *Metaphysics: The Big Questions* 一书中，形而上学所讨论的问题便被概括为"什么是世界的最一般特征？""什么是时间，什么是空间？""在部分与属性变化中事物如何保持不变？"等等（*Metaphysics: The Big Questions*, Edited By Peter Van Inwagen and Dean W. Zimmerman, Blackwell Publishers, 2000）。同样，在以 *Metaphysics* 为名的著作中，作者往往也将"现象与实在""实体""时间与空间""特殊与一般""必然与可能""时间中的恒定"等列为形而上学讨论的主要问题（参见 D.W. Hamlin, *Metaphysics*, Cambridge University Press, 1990；Michael J. Loux, *Metaphysics: Contemporary Introduction*, Routledge, 1998）。这些问题所涉及的，似乎首先是外在的存在图景。

则通过对德性等的阐释,在更实质的层面上指向人之"在"。换言之,按亚里士多德的理解,后来被分别归属于不同哲学领域的对象,事实上都在不同意义上涉及形而上学的问题,需要从形而上学的层面加以考察。尽管亚里士多德也致力于对实体等问题的研究,但他将存在问题与其他哲学问题加以贯通的形而上学进路,无疑更值得注意:后者通过展示存在问题对哲学之思的本源意义,更深刻地体现了哲学以求"通"为指向的内在品格。

仅仅以实体、属性、时间、空间等为形而上学的对象,往往容易或者将形而上学等同于特定的知识(追问特定知识领域的问题),或者导向思辨的虚构(以虚幻的方式构造存在的图景)。如前所述,哲学领域中求其"通"的深沉含义,在于展示存在的真实形态:不同视域的相互融贯所折射的,是存在本身的统一性、具体性。通过澄明存在之维的本源性以及它在真、善、美或认识、价值等诸种哲学问题中的多样体现,形而上学既融合了不同的哲学视域,也作为智慧的追求而指向存在的真实形态。

形而上学的如上内涵,同时也蕴含了其所以存在的根据。如前所述,特定的知识领域总是以存在的某一或某些形态为对象,彼此之间往往界线分明、各有定位。每一特定的知识领域所指向、所达到的,都只是存在的某一方面或某一层面;当人的视域限于这一类特殊的知识领域时,存在也相应地呈现片面的、分离的形态。如何扬弃存在的分离和分裂? 这一问题所涉及的,是如何超越分门别类的知识领域,由关注特定的存在形态,引向对存在本身的沉思和领悟。作为对存在本身的研究,形而上学的特点在于越出特定的存在视域,从整体或具体的形态上对存在加以把握。后者既是形而上学所以必要的本体论前提,也为这种必要性提供了认识论的依据。

当然,历史地看,形而上学本身曾展现为不同的形态。康德已从不同意义上对形而上学做了区分。以哲学的演化为视角,康德认为形而上学经历了独断的、怀疑的、纯粹理性批判三重阶段;[①]以未来发展为维度,他则提出了科学的形而上学如何可能的问题,后者在逻辑上又以独断的形而上学与科学的形而上学的区分为前提。在康德看来,只有通过理性批判,才可能使形而上学成为科学。[②] 康德的以上看法已注意到了形而上学的形态并不是单一的。相应于对存在的不同理解,以存在为沉思对象的形而上学确乎可以区分为不同的形态,其中,抽象与具体之分无疑具有更实质的意义。

以抽象的思与辨为进路,形而上学往往或者注重对存在始基的追求、以观念为存在的本原、预设终极的大全,或者致力于在语言的层面建构世界图景;在这一维度,形而上学固然呈现出传统形态与现代形态、实质与形式等区分,但同时又表现出某种共同的趋向,即对现实存在的疏离。上述意义上的形而上学,可以被看作形而上学的抽象形态。关于世界的看法被运用于考察世界,往往便转化为思维的方法;在作为存在理论的形而上学与作为思维方法的形而上学之间,同样存在着这种联系。当形而上学以某种或某类存在形态为本原,以终极的存在为统一的大全时,它也蕴含着对世界的静态、片面的看法:向某种质料或观念形态的还原,意味着对世界的片面规定;对终极存在的追寻,则导向静态的、封闭的观念。这种抽象的存在理论运用于研究世界或存在本身,便常常转换为对世界片面地、静态地、孤立地考察,后者也就是与辩证法相对的形而上学思维方式。对抽象形态的形而上学的批判考察,不仅是澄明具体形态的形而上学

---

① Kant, *What Real Progress has Metaphysics Made in Germany Since the Time of Leibniz and Wolff*, Abris Books Inc., 1983, pp.55 – 61.

② Ibid., pp.160 – 161.

的逻辑前提,而且也有助于把握作为存在理论的形而上学与作为方法论的形而上学之间的历史联系。

走出形而上学的抽象形态,意味着从思辨的构造转向现实的世界。在其现实性上,世界本身是具体的:真实的存在同时也是具体的存在。作为存在的理论,形而上学的本来使命,便在于敞开和澄明存在的这种具体性。这是一个不断达到和回归具体的过程,它在扬弃存在的分裂的同时,也要求消除抽象思辨对存在的掩蔽。这种具体性的指向,在某种意义上构成了哲学的本质。在形而上学论域中,面向具体包含多重向度:它既以形上与形下的沟通为内容,又要求肯定世界之“在”与人自身存在过程的联系;既以多样性的整合拒斥抽象的同一,又要求将存在的整体性理解为事与理、本与末、体与用的融合;既注重这个世界的统一性,又确认存在的时间性与过程性。相对于超验存在的思辨构造,具体的形而上学更多地指向意义的世界。在这里,达到形而上学的具体形态(具体形态的存在理论)与回归具体的存在(具体形态的存在本身),本质上表现为一个统一的过程。

在本源的意义上,存在的具体性涉及存在与价值的关系。前文曾提及,形而上学的问题最终关联着人是什么的问题。后者不仅仅以理解人本身为指向,而且蕴含着以人的视域理解存在(所谓以人观之)。从人的视域考察存在,问题便不仅限于“是什么”,而且涉及“意味着什么”以及“应当成为什么”。一般而言,“是什么”关注的首先是事物的内在规定,“意味着什么”追问的是事物对人的存在所具有的意义,“应当成为什么”则以是否应该及如何实现事物对人的存在所具有的意义为指向,后二者在不同的层面上关联着价值的领域。“是什么”与“意味着什么”及“应当成为什么”都可以看作作为存在者的人对存在本身的追问,而上述问题之间的相关性,则展示了存在与价值的联系。

存在所内含的价值意义不仅通过评价而在观念层面得到确认和实现，而且在人的历史实践过程中化为现实的存在，后者作为人的创造过程的产物又蕴含了新的价值意义。在二者的互涵与互动中，价值与存在展开为一个动态的统一过程。这种统一既展示了这个世界的现实内容，又为形而上学超越对世界的抽象说明、获得变革世界的规范意义提供了根据。

存在与价值的相涉，在"是什么"与"意味着什么""应当成为什么"的相互联系中，展示了存在的人化之维。分开来看，在"是什么"这一层面，问题似乎更多地涉及认识论。认识过程在逻辑上以所知与能知的区分为前提。所知既是为我之物，又具有自在性；前者（为我之维）展示了所知与能知之间的联系，后者（自在之维）则确证了其实在性。作为自在与为我的统一，所知包含着内在的秩序，这种秩序使通过理性的方式把握事物及其关系成为可能。实在性与秩序性的确认，无疑具有形而上学的性质，而这种确认同时又构成了认识过程的逻辑出发点。

与所知一样，能知也有其本体论的维度。就其形态而言，能知不同于抽象的逻辑形式，而是首先表现为具体、真实的存在。庄子所谓"有真人而后有真知"①，已彰显了认识过程中人的存在的优先性。作为真实的存在，能知具有整体性的品格，而非仅仅是理智的化身，这种整体性既展开为感性、理性、直觉、想象等认识能力之间的相关性，也体现为认知与评价以及理智和情意等之间的互动。从过程的角度看，能知的本体论规定进一步取得了"知"（knowing）与"在"（being）统一的形式，后者既以知识（knowledge）与认识过程（knowing）的相涉为内容，又表现为知识通过化为能知而与人同在。

---

① 《庄子·大宗师》。

认识所涉及的能知与所知、知识与人的存在等关系,在总体上表现为内在性与外在性的统一。认识关系的这种双重性,既为能知与所知的沟通提供了可能,又使知识的客观有效性在认识的本源处得到了落实。如果说,心、物、理的统一为知识的客观有效性提供了本体论的根据,那么,认识关系中内在性与外在性的统一,则通过认识论与本体论的交融和互摄,为这种客观有效性提供了更具体的担保。

以化知识为能知为形式、"知"首先融入于人的存在过程,并在不同的层面改变着人的存在;在此意义上,认识与人的存在的关系,不仅在于"有真人而后有真知",而且也在于"有真知而后有真人"。知识从不同的方面敞开了对象世界,尽管在知识的形态中,存在往往是以"分"而非"合"的方式呈现出来。但正如智慧的形成与发展并非隔绝于知识一样,对世界的分别敞开同时也为从总体上把握存在提供了前提。以所知为对象的知识与形而上的智慧彼此互动,经验世界的理解和性与天道的领悟相辅相成。通过这一过程,人们既不断敞开真实的存在(具体存在),也逐渐地提升自身的存在境域。知识与存在的如上统一,同时也展示了认识论与本体论的内在统一。

广义的认识过程不仅追问"什么"(什么是真实的存在),而且关联着"如何"(如何达到这种存在),后者进一步涉及方法论的问题。作为当然之则,方法既以现实之道为根据,又规范现实本身。从逻辑的法则、想象与直觉,到具有规范意义的概念及作为概念系统的理论,方法在不同的层面内含着本体论的根据:作为达到真理的手段,方法并非仅仅表现为人的自我立法,它在本质上植根于存在。在敞开世界的过程中,方法与存在、当然与实然展示了其内在的统一性。

现实之道作为方法的本体论根据,以存在的秩序为其内在规定;方法本身所指向的,则是思维的秩序。存在的秩序化为思维的秩序或思维的秩序的形成,与实践或行动的过程很难分离。后者同时也突显了思维秩序、行动秩序、存在秩序的相关性,它从逻辑与方法的现实根据及历史起源等方面,彰显了方法、实践、存在之间的本体论联系。以实践为中介修正与变革对象,进一步在"以辞治器""开物成务"(以当然之则规范存在)的意义上,展示了方法、实践、存在的统一。在以上二重关系中,"得之现实之道还治现实之身"这一方法的内在本质无疑也得到了深沉的体现。

实践或行动既作用于对象,又是人自身存在的方式。就人自身的"在"而言,方法往往涉及理解或解释。人的存在形态构成了理解过程借以展开的背景,理解作为人的存在方式又影响并制约着人的存在过程,这里似乎包含着理解与存在之间的循环;与解释学的循环相近,这种循环也具有本体论的意义。在这里,理解既是人把握世界的方式,又是这种方式具体运用的过程;思维的方式(the way of thinking)、行动的方式(the way of doing)与存在的方式(the way of being)相互交融。以此为本体论前提,对象世界的敞开、变革与人自身存在境域的提升本质上也展开为一个统一的过程。

敞开与理解存在的过程,离不开语言。语言既是广义的存在形态,又是把握存在的形式,这种双重品格,使语言一开始便与存在形成了本源性的联系。历史地看,语言与存在的关系很早已进入哲学的论域,古希腊哲学家对逻各斯(logos)的讨论,先秦哲学的名实之辨,都以不同的方式涉及了语言与存在的关系。语言与实在的关系首先表现为"以名指物"与"以名喻道"的统一。"以名指物",关乎语言与经验对象的关系,"以名喻道"则涉及语言与形而上原理的关系;作为表示经验对象的方式,"指物"以指称、描述"实然"为内容;对"道"的把握,则既基于同一律(不异实名),又以"喻"为形式。相对于"指"的描述、摹状性,"喻"似乎更多地表现为澄明、彰显,其中既包含着对象的敞开,又渗入了主体的领悟、阐释;在"以名喻道"中,实然、必然、当然更多地呈现为相互交错的关系：人所喻之"道"（以语言把握的"道"）既不同于形式化的数学语言，也非纯粹的逻辑表述，它总是渗入了人的意向、情感，包含着关于世界应当如何的观念。不难看到，作为语言（名言）与存在联系的二重方式，"以名指物"和"以名喻道"分别展示了言说经验对象与言说形上之域的不同特点。

以指物与喻道为指向，语言无疑展示了其理解与解释世界的功能。然而，语言作为"表达观念的符号系统"，同时又与概念、命题以及展开于概念、命题的理论难以分离；语言的基本单位——语词、语句便分别以概念、命题为其内涵。当概念、命题、理论所构成的思想以不同的方式影响、变革现实时，语言也相应地展示了其规范的作用。事实上，中国哲学中的"名"，便往往同时包含了思想内容（概念）与语言形式（语词）两重含义，"正名"或以"名"（辞）治器，也总是同时涉及以上两个方面。从另一视域看，名言既通过"说"而与人"在"世的过程相联系并制约着后者，又通过"行"而影响现实。就前者而言，言说本身也是一种存在的方式，就后者而言，名言又展现为改变世界的力量；换言之，语言不仅仅涉及主体间的理解、沟通，而且作为一个内在环节而参与了现实的变革。不难看到，"说"与"在"、解释世界与变革世界本质上具有内在的统一性。

作为人把握世界及"在"世的方式，语言既以人自身的存在为根据，又内在于人的存在过程。以独语、对话为形式，语言不仅在个体之维影响着自我的存在过程及精神世界的形成，而且在类的层面上构成了主体间交往和共在、实践过程及生活世界的建构所以可能的前提。如果说，人的存在对语言的本源性，主要从语言的现实形态上展示了语言的本体论维度，那么，语言对人的存在方式的制约则表明：语言之后所蕴含的更内在的本体论意义，在于人自身存在的完善。语言与人的如上关系，既是语言与存在之辨的展开，也是后者更深沉的体现。

认识、方法以及语言与存在的关系,更多地指向真实的存在。如前所述,存在的现实形态同时内含价值之维。就广义而言,"真"的追求无疑也具有价值的意义,认识、理解等过程与人自身存在的联系,已表明了这一点。但价值的规定不仅仅体现于"真",它总是同时展开于美、善等向度。从形而上的维度看,审美活动在表现主体本质力量的同时,也展示了存在的图景,后者亦可看作审美之域的存在秩序或审美秩序。与"判天地之美"相对,审美秩序首先显现了存在的整体性、统一性,后者既表现为审美对象的整合,也展开为审美主体与审美对象之间的互融、互动;相应于形象的、感性的观照方式,个体性、变异性、多样性在审美秩序中获得了其存在的合法性,而理念与具体形象的统一,也使审美的秩序不同于形式化的逻辑秩序与最终还原为数学模型的科学图景;在化本然之物为审美对象的同时,审美的观照又"让对象自由独立地存在"(黑格尔),审美秩序则相应地既内含人化规定,又有其自在之维。

作为审美关系中的存在规定,美不仅表现为对象的自在属性,而且也体现了人的价值理想,后者内在地蕴含着对存在完美性的追求:作为希望实现而尚未实现的蓝图,理想既以现实为根据,又要求超越既成的现实而走向更完美的存在;与理想的本源性联系,使审美活动同时也指向了存在的完美性。所谓完美,既以对象自身的规定和本质为根据,也表现为合乎主体的价值理想;在此意义上,完美与完善呈现内在的一致性。就人自身的存在而言,审美理想的核心是通过人自身的整合及多方面发展而走向完美的存在。历史地看,随着劳动分工的形成和发展,存在的统一也逐渐趋向于存在的分化,在近代,分工的高度发展进一步威胁到人的存在的整体性。以感性与理性、存在与本质、个体与普遍、理性与非理性等等的统一为形式,审美活动从一个方面为克服人自身的分离、达到"全而粹"的完美存在提供了担保。

作为审美理想的体现，人的完美在道德领域进一步引向"善"或完善。就其表现形式而言，善往往既取得理想的形态，也展开于现实的社会生活；善的理想不仅具体化为普遍的道德规范或道德规范系统，而且通过人的实践进一步转化为善的现实：现实生活中合乎一定道德规范的道德行为、体现于具体人物之上的完美德性等，都可以看作善的现实。作为道德的具体内容，善的理想与善的现实总是指向人自身的存在，并通过制约内在人格、行为方式、道德秩序等，具体地参与社会领域中真实世界的建构。这样，以人的存在为指向，道德也改变、影响着存在本身，道德与人之"在"的以上联系，同时也展示了其形而上的意义。

道德领域的存在形态首先表现为现实的伦理关系，后者规定了相应的义务。在社会演进过程中不断抽象、提升的伦理义务与广义的价值理想相互融合，又进而取得了道德原则、道德律等形式。作为具体的存在方式，伦理关系既有普遍的内涵，又表现出历史的形态。相对于一般的伦理关系，道德情景更多地表现了人"在"世过程的个体性或特定性品格。如果说，伦理关系主要从普遍的层面展示了道德与社会存在的相关性，那么，道德情景则在特殊的存在境域上体现了同样的关系，社会领域的存在对道德的如上制约，同时也从不同的方面展示了道德的本体论根据。

道德既以社会领域的存在为根据，又为这种存在（人自身的存在）提供了某种担保。在社会的历史演化过程中，通过提供共同的伦理理想、价值原则、行为规范、评价准则等等，道德从一个侧面形成为将社会成员凝聚起来的内在力量：为角色、地位、利益等等所分化的社会成员，常常是在共同的道德理想与原则影响与制约下，才以一种不同于紧张、排斥、对峙等等的方式,走到一起,共同生活。这里,道德的作用不仅仅表现为使人在自然层面的生物规定及社会层面的经济、政治等规定之外,另外获得伦理的规定,它的更深刻的本体论意义在于:从一个方面为分化的存在走向统一提供根据和担保。就个体而言,"伦理地"生活使人既超越了食色等片面的天性(自然性或生物性),也扬弃了特定社会角色所赋予的单向度性。而在这一过程中,道德无疑构成了个体超越抽象存在形态的前提之一。通过参与社会的运行过程,道德同时也立足于历史过程本身,赋予社会领域的存在以具体而真实的形态。在这里,道德与存在的本源关系,也得到了进一步的确证。

价值理想(包括真、善、美)的实现过程,离不开日常的生活实践。广而言之,人自身之"在",首先与日常生活息息相关;离开了日常生活,人的其他一切活动便无从展开。从人的存在这一层面看,日常生活首先在生命价值的确证和维护等方面展示了存在的本源性;作为人"在"世的原初形态,日常生活不仅从本源的层面确证了人之为人的本质规定,而且以主体间的交往行动扬弃了对人的工具性规定;通过接受传统、习俗、常识等的调节,日常生活也从一个方面参与并担保了文化的延续;以直接性、本源性为存在形态,日常生活既使个体不断融入这个世界并获得对世界的认同感,又为个体形成关于这个世界的实在感、真切感提供了根据;在总体上,较之科学的存在图景,日常生活更多地呈现出未分化或原初的统一性。作为人"在"世的形态,日常生活的上述特点无疑展示了其积极的或正面的意义。

然而,这只是问题的一个方面。从更广的视域看,日常生活同时包含着另一重存在维度。作为个体的再生产所以可能的前提,日常生活具有自在和既成的性质。这种自在性、既成性,使接受已有的存在形态、因循常人的行为模式成为主导的方面。与之相联系的是非反思的趋向和从众的定势,它在消解个体性的同时,也使存在意义的自我追问失去了前提。作为自在性与既成性的展开,社会关系和实践领域中的角色定位与观念层面的思不出位,进一步形成了对日常生活个体的多重限定,后者在悬置对存在意义反思的同时,也似乎趋向于抑制了人的自由发展。日常生活的上述特点,决定了不能简单地将其理想化、完美化。

按其实质,日常生活不仅包括个体所处的实际境域或境遇,而且表现为个体存在的方式。在后一意义上,日常生活或日常存在往往与终极关切相对。"终极"通常容易被理解为生命存在的终结,在这种语境中,它所指向的,主要是存在的界限;与之相应的"关切"则涉及界限之后的存在。与此相异,以人"在"世的现实过程为视域,"终极"首先相对于既成或当下的存在形态而言,"关切"则与"日用而不知"的自在性形成某种对照;在这一论域中,所谓终极关切,可以看作对存在意义的本源性追问。

相对于日常生活的自在性,终极关切首先通过对存在意义的关注和反思,显现了存在的自觉以及人的存在从自在到自为的转换;与之相联系的是未来的指向与理想的追求对既成性及限定性的超越。以有限与无限的张力为本体论前提,终极关切从一个方面表现了即有限而超越有限的存在境域。在本体论的意义上,存在的终极性既非体现于这个世界之外,也非指向这个世界之后;终极的存在即作为整体并以自身为原因的具体存在或这个世界。通过对本然、自在的统一形态以及分化的世界图景的双重扬弃,终极关切同时赋予统一性的重建以回归这个世界的意义。

作为人"在"世的二重形态,日常生活与终极关切展示了存在的不同维度。无论是限定于日常存在而拒斥终极关切,抑或执着于终极关切而疏离日常存在,都很难被视为对二者关系的合理把握。离开了对存在意义的终极关切,日常生活便无法超越本然或自在之域;悬置了日常生活,则终极关切往往将流于抽象的玄思。人的存在本身展开为一个统一的过程,作为这一过程的二重向度,日常生活与终极关切本质上具有内在的相关性。二者的如上关系,同时又从一个方面体现了在有限中达到无限、从自在走向自为。

日常存在与终极关切的如上关系进一步表明,形而上学所展示的,本质上是人的视域。以存在为关注之点,形而上学总是指向人自身之"在",后者在个体与类的层面都以自由为理想之境:历史地看,不管在个体的层面,还是在类的视域中,人的存在都展开为一个追求与走向自由的过程。作为人的存在方式,自由本身也具有本体论或形而上的意义。以自由的形上之维为切入点,不仅有助于进一步把握自由的深层本质,而且将推进对存在本身多重意蕴的理解。

在本体论的层面,自由首先涉及天与人(包括对象的自在性与人的目的性)、否定性(对世界说"不")与肯定性(对世界说"是")、"可以期望什么"与"应当做什么"、必然与偶然等多重关系;走向自由的过程,意味着不断克服其间的紧张、实现和达到相关方面的统一。正是在这里,自由同时展示了它与世界之"在"和人之"在"的内在关联:从本体论或形而上的视域看,自由的深沉意义就在于扬弃存在的分离,达到和确证存在的统一。

自由本质上是人的存在境域,对自由问题的进一步追问,也逻辑地指向人本身。在人或主体的维度上,自由的形而上意义具体表现为"我"(行为者)的整体性或具体性,后者既在于人的个体之维与社会之维的互融,也展开为精神世界及其活动的多方面统一。基于主体存在的具体性,自由不再仅仅呈现为意志的品格,而是以作为整体的"我"为其动因。以主体为行为之因,自由与时间、行为的自由性质与因果性获得了内在的统一。

自由的历史走向既涉及对象世界，也关联着人自身，对象世界的存在与人自身之"在"、人与世界关系的肯定性与否定性、实然与应然在走向自由的过程中相即而非相分。以"必需"和"外在目的"的扬弃为前提，人的解放与人的自我实现、人向自身的回归与人格之境的提升赋予自由的历程以价值的内容。在人的存在境域的如上深化与展开中，形而上学进一步展示了其深沉的内涵。

　　可以看到，从存在与价值关系的辨析，到自由之境的诠释，存在本身的多重维度和意蕴由隐而显，世界之"在"不断呈现了与人之"在"的内在关联。一方面，与认识、审美、道德的本体论之维的敞开相应，真、善、美的统一获得了形而上的根据，而存在本身的具体性、真实性则不断得到确证。另一方面，以真实的存在为指向，哲学的各个领域之间，也不再横亘壁垒与界限：作为把握世界的相关进路与视域，本体论、价值论、认识论、伦理学、方法论等等更多地呈现互融、互渗的一面。这里既可以看到存在本身的统一性，也不难注意到把握现在的方式及形态之间的统一性；以存在的具体性与真实性的如上澄明为进路，形而上学同时也在两重意义上突现了哲学之求其"通"的品格。

第一章

形上之域与存在的具体性

以存在本身为指向,形而上学展示了不同于特定知识形态的特点。逻辑地看,对形而上学做深入的思与辨之前,首先面临如下问题:关注存在本身的形而上学何以必要(何以需要形而上学)?历史上的某一种形而上学能否被归结为形而上学的唯一形态?把握真实存在的形而上学是否可能?等等。这种哲学的追问,既涉及形而上学所以存在的根据,也可以看作对形而上学本身的进一步沉思。

一 存在之思与形上之域

在其逻辑学中,黑格尔将存在视为起点,并由此展开了他的本体论学说。① 逻辑学论域中的这种"存在",首先具有逻辑范畴的意义,而有别于物理意义上的实在。从"存在"出发的本体论,也相应地主要表现为逻辑的分析。然而,本体论的逻辑展开并不仅仅是一种思辨推绎,它在某种意义上植根于现实的关系;以"存在"为本体论的逻辑出发点,同时也折射了现实世界中"存在"的本原性。

存在着这个世界或有这个世界,这是对存在做进一步追问的逻辑前提。从常识的层面看,"有这个世界"是不断为生活实践所确证的事实;从哲学的层面看,关于世界是什么、世界如何存在等的辨析,总是基于世界本身的存在,绝对地否定世界的存在,往往很难摆脱哲学的悖论:如笛卡尔已注意到的,当一个人否定或怀疑世界的存在时,这种否定或怀疑本身已确证了某种"在"(怀疑者及其怀疑活动本身的"在")。海德格尔曾将"为什么在者在而无反倒不在"视为形而上学的基本问题或最原始的问题,②这一问题同样以存在的本原性为前提:唯有"在者"已在,追问在者之"在"才有意义。

对存在的探究,既展开为对"为什么在者在"这一类终极根源或原因的追问,也涉及具体的知识领域,后者与经验之域有更切近的联系,其形态往往呈现多样的特点。在近代的知识分类系统中,知识领域通常被区分为所谓自然科学与社会科学、人文科学等(前近代的知识系统虽然不一定有这种近代意义上的学科分类,但按近代的分类标准,亦可被归入相应于以上类别的形态),而每一种知识的分支又常常对应于存在的某种形态。以自然科学而言,物理学主要把握存在的物理形态(力、电、光等),生物学以生命现象为主要对象,化学着

---

① 黑格尔曾以逻辑学来指称亚里士多德的本体论,由此亦可见,在黑格尔那里,逻辑学具有本体论的意义。参见黑格尔:《哲学史讲演录》第二卷,商务印书馆,1981年,第288页。

② 参见海德格尔:《形而上学导论》,商务印书馆,1996年,第3—4页。

重考察原子的化合和分解,如此等等;若进一步细分,则物理学、生物学、化学等学科尚分别包括力学、电磁学、核物理学、植物学、动物学、分子生物学、物理化学等分支,这些学科领域各自又指向不同的存在形态。同样,作为社会科学的经济学、政治学、社会学等学科,往往也分别指向社会存在的相关方面(如社会的经济结构或经济运行过程,社会政治体制,个体、家庭、社区及其相互关系等)。

以存在的某一或某些形态为对象,特定的知识领域总是有其界限,物理学把握的是光、波、粒子等物理现象,生命的新陈代谢、原子的化合分解等往往在其视野之外;同样,生物学、化学以及经济学、社会学、政治学等学科,也有各自确然的对象,彼此之间往往界限分明,各有定位。知识形态的这种特点并非仅仅见于近代,在近代的知识分类尚未形成之时,"知"即已表现出对存在加以明分别异的趋向。庄子早已注意到了这一点:"天下多得一察焉以自好。譬如耳目鼻口,皆有所明,不能相通,犹百家众技也,皆有所长,时有所用。虽然,不该不遍,一曲之士也。"①百家众技,可以理解为不同的知识形态,它们各自涉及存在(包括日用常行)的某一方面(皆有所长),但无法涵盖其他(不该不遍)。广而言之,每一特定的知识领域所指向、所达到的,都只是存在的某一方面或某一层面;当人的视域限于这一类特殊的知识领域时,存在也相应地呈现片面的、分离的形态。②

这种分离的形态,也体现在对人本身的理解上。人既是追问、理

---

① 《庄子·天下》。

② 当然,就科学而言,近代以来,在其走向分化的同时,也呈现某种综合的趋向。不过,科学的综合,首先奠基于"分"。同时,它所指向的,仍然是特定的存在及存在的某一或某些方面;质言之,无论是其出发点,抑或其目标,科学的综合所涉及的仍主要是存在的特定方面或规定,这种进路无疑有别于对存在的统一形态或具体形态的把握。

解存在的主体，又是"为它的存在本身而存在的"存在者。①作为存在者，人同样也以整体性为其特征，并包含多方面的规定。然而，当人成为知识的对象时，他往往同时也被分解为互不相关的不同方面。对生物学而言，人无非是具有新陈代谢等功能的生命体；在经济学中，人主要是财产关系、生产活动等的承担者；在社会学中，其角色往往被视为人在社会结构中的存在方式；在心理学中，意识及其活动则构成了人的主要规定；如此等等。可以看到，知识层面的人，主要呈现为某种单一或特定的形态：他或是生物学领域的对象，或是生产过程中的劳动者；或呈现为意识的主体，或定位于某一或某些社会角色；是此则非彼，彼不能易此。在这里，存在的分离伴随着人自身的单一化或片面化。

如何克服存在的分离性？这一问题所涉及的，是如何超越分门别类的知识领域，由关注特定的存在形态，引向对存在本身的沉思和领悟。在亚里士多德那里，对存在本身的沉思曾被规定为第一哲学，以区别于对自然界或感觉世界中事物特定性质的研究。如前文所提及的，亚里士多德用以研究存在本身的著作，后来被其著作的整理者安排在《物理学》之后，并冠以"形而上学"(metaphysics，意为"物理学之后")之名，而与之相关的第一哲学，在尔后则被泛称为"形而上学"。②

宽泛而言，作为对存在本身的研究，形而上学或第一哲学的特点在于越出特定的存在视域，从整体或总体上对存在加以把握。亚里士多德在其《形而上学》中曾指出："有一种学科，它研究作为存在的

---

① M. Heidegger, *Being and Time*, State University of New York Press, 1996, p.10，参见《存在与时间》，生活·读书·新知三联书店，1987年，第15页。

② 《易传·系辞上》中"形而上者谓之道，形而下者谓之器"说中的形而上之道，也涉及对存在的把握，以"形而上学"译 metaphysics，无疑亦与此相关。不过，从词义上看，metaphysics 表示物理学之后，它在逻辑上似乎蕴含着与经验世界形成某种界限的可能，"形而上"则不离乎"形"，二者的内在含义似有所不同。详后文。

存在以及这种存在因自身而具有的属性。这种学科不同于任何其他特殊的学科，那些特殊的学科没有一个普遍地将存在作为存在来对待。它们把存在的某一部分加以截断，研究这一部分的属性，例如数学便是这样做的。"①在此，亚里士多德将一般的存在理论与特殊的学科区分来看，并注意到特殊学科的特点在于以分门别类的方式，对存在加以研究，一般的存在理论则从普遍的（总的）方面把握存在；后者（研究作为存在之存在的学科），也就是后来所说的形而上学。亚里士多德的以上看法，同时也彰显了第一哲学整合存在的理论特征。在谈到哲学与存在的关系时，黑格尔也曾有类似的论述："哲学以思想、普遍者为内容，而内容就是整个的存在。"②这里所说的哲学，即包括作为存在理论的形而上学，③而"整个的存在"，则指存在的统一形态。在逻辑的层面上，对"整个存在"的把握，无疑适应了扬弃存在分裂的理论需要。

康德曾指出："人类精神一劳永逸地放弃形而上学研究，这是一种因噎废食的办法，这种办法是不能采取的。世界上无论什么时候都需要形而上学。"④但他同时又区分了独断的形而上学与科学的形而上学，认为只有通过批判，才可能使形而上学成为科学。⑤ 康德的

----

① Aristotle, *Metaphysics*, 1003a25, p.731.

② 黑格尔：《哲学史讲演录》第一卷，第 93 页。

③ 黑格尔十分注重形而上学的意义，从他的如下著名论述中，便不难看到这一点："一个有文化的民族竟然没有形而上学——就像一座庙，其他各个方面都装饰得富丽堂皇，却没有至圣的神那样。"（《逻辑学》上卷，商务印书馆，1974 年，第 2 页）这里所涉及的，当然并不仅仅是形而上学与文化的关系，在更深的层面，它也隐喻了哲学与形而上学的关系。

④ 康德：《任何一种能够作为科学出现的未来形而上学导论》，商务印书馆，1982 年，第 163 页。

⑤ 同上，第 160—161 页。

以上看法既对形而上学是否必要的问题做了肯定的回答,又注意到了形而上学的形态并不是单一的。相应于对存在的不同理解,以存在为沉思对象的形而上学确乎可以区分为不同的形态,其中,抽象与具体之分无疑更具有实质的意义;而对抽象形态的形而上学的批判考察,则是澄明具体形态的形而上学的逻辑前提。

二　形而上学的抽象形态

以存在的整体或总体把握为旨趣,形而上学每每展示为多重进路。历史地看,在哲学思维滥觞之时,对存在统一性的探求便已发端,而这种探求往往又以追问存在的终极本原为形式。中国哲学史上的五行说,便可以视为对存在本原的较早追寻。《尚书·洪范》曾提出五行的概念:"五行:一曰水,二曰火,三曰木,四曰金,五曰土。水曰润下,火曰炎上,木曰曲直,金曰从革,土爰稼穑。润下作咸,炎上作苦,曲直作酸,从革作辛,稼穑作甘。"这里所涉及的是五种物质元素,《洪范》分析了这些元素所具有的润下、炎上等不同功能,并将其理解为事物的性质(咸、苦、甘等)所以形成的根源,由此从一个方面表现出对存在本原的追溯。西周末年,以五种物质元素来解释世界构成的思想又有了进一步的发展;作为基本的质料,这些物质元素往往被理解为万物之源。①

在中国哲学尔后的演进中,万物之源往往被归结为气。王充已指出:"万物之生,俱得一气。"②"天地合气,物偶自生"③即现象世界

---

① 　参见《国语·郑语》。
② 　王充:《论衡·齐世》。
③ 　王充:《论衡·自然》。

中的一切存在,都以气为其实体,万物均为气运行作用的结果。气与万物的关系具体表现为气聚而为万物,万物又复归于气:"两仪未判,太虚固气也,天地既生,中虚亦气也,是天地万物不越乎气机聚散而已。"①"有聚气,有游气,游聚合,物以之化。化则育,育则大,大则久,久则衰,衰则散,散则无,而游聚之本未尝息焉。"②万物终始于气,气构成了存在的终极根源;特定事物有衰有散,但作为本源的气则始终存在。

类似的观念也存在于西方哲学的传统之中。古希腊米利都学派的泰利斯即把水视为万物的本原,认为一切事物均由水构成;③赫拉克利特以火为万物之源,认为世界在过去、现在和未来永远是一团永恒的活火;恩培多克勒进而做了某种综合,肯定万物都由土、气、水、火四种元素构成。这些元素与中国哲学中的五行无疑有相通之处。在德谟克利特那里,多样的元素开始为单一的原子所取代,原子论与中国哲学的气论虽然有所不同(前者趋向于对世界的机械理解,后者则蕴含着某种有机的、辩证的观念),但作为构成万物的基本单位,则又彼此趋近。

对存在本原的如上追寻,可以看作试图在始基或基质(substratum)的层面达到存在的统一性。④ 水、火、原子、气等元素尽管有本原程度

---

① 王廷相:《慎言・乾运》。

② 王廷相:《慎言・道体》。

③ 亚里士多德把关于存在的理论(即后来被称为"形而上学"者)与第一因的探寻联系起来,而第一因既可以取得形式、动力、目的等形态,也可以表现为质料。"水"等物质元素即属质料的层面,而以水为万物之源,也相应地蕴含着对第一因的追寻。正是在此意义上,亚里士多德将泰利斯的宇宙论与前此的宇宙论区别看来,认为"无论如何,泰利斯本人已对世界的第一因做了断言。"Aristotle, *Metaphysics*, 984a, p.695.

④ 亚里士多德曾对始基或基质做了如下界说:"始基(substratum)是这样一种存在:一切事物都从属于它,而它自身却不从属于任何其他事物。"Aristotle, *Metaphysics*, 1028b36－7, p.785.

上的不同(原子、气相对于水、火等似乎更为基本),但都属构成事物的质料,以质料为始基,意味着将物质元素视为宇宙之砖。不难看到,这里首先涉及世界或存在的构成:把宇宙之砖理解为存在的基础,也就是从世界的构成上把握存在的统一性。按其实质,世界或存在的构成属于科学的论域,把存在的统一性归结为存在的终极构成,同时也意味着将哲学层面的问题转换为科学领域的问题。当哲学家把原子或气理解为事物的本原时,他们所做的,其实是一种关于世界构成的科学假设,建立于这种设定之上的存在统一性,似乎亦未能完全超出特定的科学论域。事实上,如现代的基本粒子理论对世界构成的解释属于物理学等具体科学一样,以原子、气等说明存在的本原,在相当程度上也带有科学解释的意义:尽管解释取得了某种思辨的形式,从而与严格意义上的实证科学有所不同,但透过其自然哲学等思辨外观,我们所看到的,仍不外是一种与科学处于同一序列的特定视界。

从另一方面看,在质料的层面追寻万物的始基或基质,同时展开为一个还原的过程,即从事物既有的、完成的形态,向其最原始的构成回溯。当哲学家试图从始基出发建构存在的统一时,他们同时也将存在的统一归结为从既成的形态向其原初形态还原。按其本来意义,肯定存在的统一,包含着对多样性的合理定位,而多样性的定位则以确认事物的丰富性为前提。然而,向原初始基的还原,却意味着回归某种单一的存在形态。在“水”或“火”成为万物的始基时,统一的世界便被归结为单一的“水”或“火”;以“原子”为构成万物的基本质料,则存在的统一性便被理解为其原子构成的单一性。把握存在的统一性的本来意义在于超越一维或单向的视域,但在还原的形式下,存在似乎依然被置于一维或单向的视域中。

以质料为存在的始基,主要是从对象世界本身寻找存在的统一性。对统一性追寻的另一种方式,是以观念性的存在为出发点。中国哲学中所谓心外无物论,便含有在"心"的基础上达到存在的统一之意。当然,"心"也可以指一种意义视域,而以心为本,则相应地指存在唯有进入意义视域,才构成意义世界。但就其在"心"的基础上整合存在而言,似乎仍带有向某一类存在形态(观念的存在形态)还原的性质。另一些哲学家以感觉为最本原的存在,所谓"存在即是被感知"即表现了这一趋向。尽管感觉论的立场在一些哲学家(如休谟)那里导向了对传统形上学的存疑,但化存在为感觉,本身也体现了对存在的理解。相对于涵盖诸种精神现象的"心",感觉无疑具有更特殊、更多样的性质,把感觉视为本原性的存在,意味着将存在统一于某种特定的精神现象。

水、火等质料与"心"、感觉等精神现象尽管有观念形态与非观念形态的分别,但当二者被理解为存在的本原时,蕴含于其中的思路又具有了某种相关性:二者都表现为在一种或一类存在之上建构世界的统一性。当然,以质料为统一始基,体现的是一种质料的还原,它在向初始的存在形态返归的同时,又渗入了某种科学的视域;以"心""感觉"为终极的存在,则可以视为精神或观念的还原,相对于质料的还原,向特定精神形态的返归无疑更多地显示了一种思辨的趋向。

扬弃存在的分离性、把握存在统一性的更抽象形式,是预设和确认普遍的大全(the whole)。大全是其大无外的总体,它往往被视为存在的最高统一形态。在这方面,布拉德雷(F. H. Bradley)的看法具有一定的代表性。布拉德雷对现象(appearance)与实在(reality)做了区分,认为关于现象的知识是不真实的,终极的实在是绝对(the Absolute)。从形式的层面看,"绝对"不包含逻辑矛盾,它是一,是整全(a whole),而非多。作为整个存在,它包含着差异,但又并不为关系所分离,相反,关系形式在任何地方都指向统一,这种统一蕴含着超越关系的实质总体(a substantial totality beyond relations)。宇宙中的一切差异都和谐地存在于作为整体的绝对之中,在它之外,什么也不存在。① 这里首先可以看到对个体间分离形态的扬弃及对统一性的追求,而存在的这种统一性,又是通过无所不包的绝对而达到的。作为整体或总体(the whole or totality),绝对既统合个体,又将个体间的关系纳入自身,具有凌驾于一切特定存在的性质。

在中国哲学中,同样可以看到指向整体的思维趋向。《老子》一书便有如下论述:"有物混成,先天地生。寂兮寥兮,独立不改,周行而不殆,可以为天下母。吾不知其名,字之曰道,强为之名曰大。"②这里包含着《老子》一书对道的理解:"混成",表明道具有统一而未分化的特点;"先天地生",指出其在时间上的超越性或无限性;"寂兮寥兮",彰显了道无特定的、感性的规定;"独立不改"意谓道不依存于他物而以自身为原因;"天下母"隐喻着万物对于道的从属性,"大"则从总体上突出了道的统一性、整体性或普遍的涵盖性。未分化、超时间、超感性,等等,或多或少凸现了道与特定存在之间的距离,《老子》在此前提下强调道的整体性、涵盖性(大),无疑使道同时成为超然于具体存在的大全,而由此实现的统一,也相应地呈现出某种抽象的形态。

无论是布拉德雷的绝对,抑或《老子》的道,作为统一的大全,显然都具有封闭的性质。这种封闭性表现为绝对或道将一切存在置于自身之中,无一物能出乎其外。在这种存在形态中,事物之间的关系

---

① 参见 F. H. Bradley, *Appearance and Reality*, Chapters XIII and XIV, London, 1916;又见 *The Idealist Tradition: From Berkeley to Blanshard*, Edited by A. C. Ewing, Free Press, 1957, pp.135－143。

② 《老子·二十五章》。

往往仅仅具有内在的性质,而无外在性,布拉德雷便直截了当地指出了这一点。在他看来,关系只有在整体(the whole)的基础上才有意义,一旦承认关系的外在性,便会陷于逻辑上的无穷后退:将关系 R 视为关系项 A 与 B 之外的一种存在,则 R 本身也成了关系项,于是在 A 与 R 之间又会出现关系 R1;而根据同一道理,在 A、R、R1 之间又会有 R2,以此类推,将导致层层后退,因此,外在关系缺乏实在性。① 对关系外在性的截然否定,往往使个体的实在性很难得到定位:当个体与关系完全合而为一时,它便同时融合于大全之中而失去其相对独立的性质。事实上,在各种形式的大全中,我们确实可以一再看到整体对个体的消解。

如前所述,作为存在的统一形态,大全同时被规定为终极的实在。"终极"既有至上之意,又意味着已完成,后一意义上的终极,与大全的封闭性彼此相关。"完成"表明存在过程的终结,在此意义上肯定大全的终极性亦包含着对过程的漠视。当《老子》强调道"先天地生"时,作为统一形态的道便被赋予非过程的性质。同样,布拉德雷的绝对也略去了时间之维,表现为既成的、静态的存在形态。

在如何扬弃存在的分离、达到存在的统一这一问题上,以质料为本原与预设大全、总体固然呈现出不同的思维趋向(前者试图通过向始基的还原而达到存在的统一,后者则通过大全、总体对个体、殊相的超越而实现统一),但二者同时又包含着某种共同之点,即不同程度地将存在的统一理解为同一。向质料的还原,意味着在某一种或某一类存在形态上整合全部存在,其中蕴含着从

---

① 从逻辑上看,布拉德雷的以上推论似乎未能把握"关系"与"关系者"或关系的承担者之间的区分。

多样性到单一性的转换;①以大全、总体为统一的形态,同样以消解个体、殊相等等为前提。在此意义上,无论是向质料的还原,抑或对大全的追求,都以存在的自我同一为实质的内涵。二者在试图克服存在分离的同时,似乎都未能对差异性、多样性等做出合理的定位。

形而上学的以上形态,无疑具有较为传统的特征。较之传统的形而上学,当代的分析哲学表现了不同的视域。从注重语言分析的立场出发,分析哲学对传统的形而上学较多地持批评的态度,但与逻辑经验主义截然拒斥形而上学有所不同,分析哲学的一些代表对形而上学表现出某种宽容性。首先可以一提的是奎因。奎因认为,科学的理论都蕴含着某种本体论的立场,本体论的问题则可以简要地概括为何物存在的问题。关于本体论,奎因同时区分了两个不同的问题,其一是何物实际存在的问题,其二则是我们在言说中涉及的存在问题;前者属本体论的事实问题,后者则属语言使用和表达中的本体论承诺(ontological commitment)问题。本体论承诺的核心观念是:"存在就是作为一个变项的值(To be is to be the value of a variable)。"②奎因所说的变项,也就是约束变项或带有量词的量化变项。在命题中,这种变项是不确定的代词,它可以代表一类事物中的任何一个,但未特指某一个,而这一类事物就是变项的变域。"我们的本体论不管取得何种形式,都在'有些东西''没有东西''所有东西'这些量化变项所涉及的范围之内。""被假定为一个存在物,完全只是被

---

① 五行说以水、木、金、火、土等元素为存在的基本质料,这些元素尽管属性不同,但作为特定的存在形态又同属一个序列(系同一序列的物质元素)。将万物还原为五行,意味着将存在归结为同一类的存在形态。

② 参见 W. V. Quine, *From a Logical Point of View*, Harvard University Press, 1980, pp.12 – 15。

视为一个变项的值。"①例如,当我们说"有些狗是白的"时,指的是有些东西是狗并且是白的,要使这个陈述为真,"有些东西"这一约束变项所涉及的事物必须包括"有些白狗",而这同时也就承诺了白狗的存在。

就其肯定命题或陈述蕴含着对存在的承诺而言,奎因的以上看法无疑肯定了形而上学话语的意义。然而,奎因同时强调,本体论的承诺并不论及"实际上什么东西存在",而仅仅关涉"某种陈述或理论说什么存在",因此,"这差不多完全是与语言相关的问题,而什么存在则属另一个问题"。② 换言之,奎因的本体论承诺所讨论的,主要是对存在的言说和表述,而不是实际的存在本身。在此意义上,奎因将"存在就是作为变项的值"这一断论理解为"语义学的公式"(semantical formula),并认为关于什么存在的争论可以在语义学的层面展开。③ 在这里,语言的逻辑分析似乎取代了对存在本身的把握。

同样从分析哲学的角度探讨形而上学问题的,是斯特劳森(P. E. Strawson)。在《个体》一书中,斯特劳森区分了两种形而上学,其一是描述的形而上学(descriptive metaphysics),其二是修正的形而上学(revisionary metaphysics)。在他看来,"形而上学一直常常是修正性的,而较少是描述性的。描述的形而上学满足于描述我们关于世界的思想所具有的现实结构,修正的形而上学则关注于产生一个更好的结构"④。所谓"描述我们关于世界的思想所具有的现实结构",也

---

① 参见 W. V. Quine, *From a Logical Point of View*, Harvard University Press, 1980, p.13.

② Ibid., pp.15 - 16.

③ Ibid..

④ P. E. Strawson, *Individuals: An Essay in Descriptive Metaphysics*, Methuen, 1959, p.9.

就是分析与形而上学思维相关的语言所具有的意义,即它不是对世界本身加以描述,而是对我们把握世界的思维结构和语言结构加以分析。尽管斯特劳森将亚里士多德和康德都归入所谓描述的形而上学之列,但这种形而上学按其实质主要应归属于分析哲学的论域。事实上,斯特劳森在其主要的形而上学论著《个体》中,即标上了"论描述的形而上学"这一副题。

与奎因的本体论承诺一样,斯特劳森描述的形而上学所指向的,不是存在或世界本身,而是把握世界的语言及其结构。不难看到,在分析哲学中,语言取代传统形而上学中的质料或观念的形态,成为研究的基本单位,而在语言分析的层面上建构统一的世界图景,则构成了分析的形而上学的特点。这里似乎同样可以看到某种还原:存在的结构通过逻辑的分析被还原为语言的结构。与质料的还原在于追溯存在的本原有所不同,语言的还原往往导致与存在的脱节:如前所述,分析的形而上学所注重的并不是实际的事物本身;相反,在以语义为分析对象的同时,它又要求将语言的结构和世界的结构区分开来,其中蕴含着形而上学与存在本身的分离。同现实存在的这种脱节与分离,常常使分析的形而上学陷于另一种意义上的抽象。

从追求存在的始基,到以观念为存在的本原,从预设终极的大全,到建构语言层面的世界图景,形而上学呈现传统形态与现代形态、实质与形式等区分,但上述意义上的形而上学同时存在着某种共同的趋向,即对世界的抽象理解。关于世界的看法运用于考察世界,往往便转化为思维的方法;在作为存在理论的形而上学与作为思维方法的形而上学之间,同样存在着这种联系。当形而上学以某种或某类存在形态为本原、以终极的存在为统一的大全时,它也蕴含着对世界的静态、片面的看法:向某种质料或观念形态的还原,意味着对世界的片面规定;对终极存在的追寻,则导向静态的、封闭的观念。

这种抽象的存在理论运用于研究世界或存在本身,便常常转换为对世界片面地、静态地、孤立地考察,后者也就是与辩证法相对的形而上学思维方式①。

三　人与世界图景

如以上分析所表明的,以始基的还原和大全的追寻等为形式的形而上学固然内含着扬弃存在的分离等趋向,但同时又表现出对世界的抽象理解。倘若将形而上学视为宽泛意义上的存在理论,那么,上述抽象的形而上学便不应是形而上学的唯一形态;如前所述,作为存在的理论,形而上学还可以取得其他的形态。

从思维路向看,在以大全、始基等为追问对象的形而上学中,往往包含着形上与形下之间的张力。当"理念""道"等与可见的现象、器等相对时,这一意义上的所谓"形上"存在,无疑具有超验的性质;作为本原的物质元素本来与经验世界相关,但一旦被规定为"一切事物都从属于它,而它自身却不从属于任何其他事物"的始基或基质,这些元素便同时被泛化为与经验世界相对的形上存在。脱离形下的经验世界去追问形上的存在本原,构成了形而上学走向抽象形态的重要根源。

① 人们往往较多地注意作为存在理论的形而上学与作为思维方式的形而上学之间的区分,但似乎未能对二者之间的相关性予以必要的关注。事实上,如果忽略了这种关联,便难以真正理解作为思维方式的形而上学所以形成的根源。当然,需要同时指出,抽象的存在理论与抽象的思维方式之间并非简单对应。黑格尔在总体上表现出"以心(精神)观之"的取向,这种进路使其存在理论也带有抽象的性质,但在抽象的形式下,他又引入了辩证的观念。这种现象体现了哲学演进中的复杂性。

就存在本身而言,与有这个世界相联系的另一个基本事实是:只有这一个世界。从终极的意义上看,存在的统一性首先也在于只有这一个世界。所谓只有这一个世界,既意味着不存在超然于或并列于这一个世界的另一种存在,也意味着这一个世界本身并不以二重化或分离的形式存在。如后文将进一步讨论的,形上之道与形下之器(特定事物或现象)并不是两种不同的存在,而是这一个世界的不同呈现方式。王夫之在谈到形上与形下的关系时,曾指出:"形而上者,非无形之谓。既有形矣,有形而后有形而上。无形之上,亘古今,通万变,穷天穷地,穷人穷物,皆所未有者也。"①"形而上者谓之道,形而下者谓之器,统之乎一形,非以相致,而何容相舍乎?"②这里的"形",可以理解为实在的世界,"形而上"非离开此实在的世界而另为一物,相反,有此实在的世界,才有上、下之分;形上与形下、道与器等等,无非是同一实在的不同表现形式,二者都内在于这一个实在的世界。由此出发,王夫之既反对在形上与形下之间划一界限,也拒绝将道器视为异体:"然则上下无殊畛,而道器无异体,明矣。"③将形上与形下的分别理解为二者的界限(殊畛),无异于形上与形下的二重化;以"异体"视道器,则道器势必同时被等同于彼此分离的存在。"上下无殊畛,道器无异体"所强调的,则是这一个世界中形上与形下之间的统一。

前文已论及,按其本来含义,形而上学以扬弃存在的分离和分裂、达到存在的统一为内在旨趣,作为存在的理论,它的逻辑出发点也在于肯定只有这一个世界。从这一背景看,形而上学之导向形上

---

① 王夫之:《周易外传》卷五,《船山全书》第1册,第1028页。

② 同上,第1029页。

③ 同上,第1027页。

与形下相分离的抽象形态,似乎可以看作形而上学的异化。扬弃上述抽象性,达到形而上学的具体形态,显然离不开形上与形下之间的沟通。换言之,具体的形而上学既要求整合存在的不同形态,又以形上之道与形下之器的相融为前提,而二者的本体论依据则是只有这一个世界。在这里,回归具体的存在,与克服形而上学的异化,表现为同一过程的两个方面。①

从另一方面看,无论是向始基的还原,抑或对大全的追寻,抽象的形而上学都是在人自身的存在过程之外去规定存在。② 戴震已注意到这一点,他在批评程朱理学将理超验化的同时,又指出"程朱乃离人而空论夫理"③。究其本源,形而上学以扬弃存在的分离为其题中之义,而这一问题首先又与人自身的存在相关。作为本然界或自在的形态,存在并没有分离或分裂与否的问题:在本然的形态下,存在处于原始的统一中,张载所谓"太和",便指这种本然的统一;而当人从本然的存在中分化出来,并与后者(本然的存在)相对时,便出现了存在的最初分离。④ 存在分离的这种历史缘由,从本源上决定了这种分离或分裂与人的联系。就历史的过程而言,存在呈现分离或分

---

① 康德曾指出:"形而上学只管先天综合命题。"(康德:《任何一种能够作为科学的未来形而上学导论》,第 26 页)在康德那里,先天综合命题包含经验内容与普遍形式的统一之意。对形而上学的这一理解,似乎在命题形式上涉及了形上与形下的沟通问题。

② 以"心""感觉"等为存在的本原,固然涉及了人自身的存在,但当"心""感觉"等被等同于存在时,一方面,"心""感觉"本身多少被抽象化为一种特定的存在形态,从而有别于现实的知行活动;另一方面,存在亦容易被消解于观念的形态,从而失去其实在性。

③ 戴震:《孟子字义疏证》,《戴震集》,第 302 页。

④ 人与本然存在的分离(天人之分)与存在的分化有所不同,存在的分化属"太和"本身的表现方式,人与本然存在之分,意味着形成能把握、作用于本然世界(与之相对)的存在。

裂的形态从一开始便与人把握存在、作用于存在的方式相关：如前所述，当特定的知识形态分别从不同的角度、方面把握存在时，它们往往也对存在做了某种分割。

形而上学本质上是人的视域。从逻辑的层面看，自身无限的"存在"不会发生形而上学的问题：对无限的"存在"而言，世界总是以整全的、非分离的形式呈现出来。人则是有限的存在，这种有限性使其不可避免地受到特定存在境遇的限制。然而，人同时又并不像其他动物那样，为某种特定的物种界域所限定；无论在认识的层面，抑或实践的层面，人都具有克服有限的要求和能力。如果说，人的有限性往往使人难以完全摆脱对存在的分离，那么，对无限性的追求则总是趋向于超越特定的存在视域而把握存在的统一形态。有限与无限的统一，决定了人无法摆脱形而上学的问题。

历史地看，形而上学问题与人的相关性，很早已为哲学家们所关注。《易传·文言》曾提出"圣人作而万物睹"之说，"万物睹"隐喻着对世界的把握，圣人则是人的最完美的象征。总起来，世界的呈现，以人自身的存在及其活动为前提。与这一思路相近，《易传·系辞上》对"之谓"与"谓之"做了区分。在谈到道与阴阳的关系时，《易传》提出"一阴一阳之谓道"；而对道与形而上的关系，它则以"谓之"加以规定："是故形而上者谓之道，形而下者谓之器。""之谓"侧重于存在本身的规定，可以视为存在本身的自我立法。在《易传》看来，阴阳的矛盾运动（一阴一阳）即构成了道自身的规定。"谓之"侧重于人对存在的言说和把握，可以视为人对存在的立法。王夫之曾对此做了如下解释："谓之者，从其谓而立之名也。上下者，初无定界，从乎所拟议而施之谓也。"[1]形上与形下之分，体现的是人的认识视域，是人

---

① 王夫之：《周易外传》卷五，《船山全书》第 1 册，第 1027 页。

根据自己对存在的把握方式,对存在所做的陈述和论断(所谓"拟议而施之谓也")。如果说,"一阴一阳之谓道"主要指出了存在的本然形态,那么,形上与形下之分则体现了存在的敞开与人自身存在的关联。

　　具体而言,形上与形下之分究竟在什么意义上体现了存在的敞开与人自身存在之间的联系?关于这一点,王夫之做了如下论述:"形而上者,当其未形而隐然有不可逾之天则,天以之化,而人以为心之作用,形之所自生,隐而未见者也。及其形之既成而形可见,形之所可用以效其当然之能者,如车之所以可载,器之所以可盛,乃至父子之有孝慈,君臣之有忠礼,皆隐于形之中而不显。二者则所谓当然之道也,形而上者也。形而下,即形之已成乎物而可见可循者也。形而上之道隐矣,乃必有其形,而后前乎所以成之者之良能著,后乎所以用之者之功效定,故谓之形而上,而不离乎形。"[①]在这里,王夫之将形上、形下与隐、显联系起来,而隐、显又相对于人而言:二者首先都与人的视觉相关,"隐"意谓不可见,亦即对象尚未向人敞开;"显"则指可见,亦即对象呈现、敞开于人之前。就其本然形态而言,存在并无形上、形下之分,只有当人面对存在时,这种区分才随之形成:形上即尚未呈现于人之前从而不可见者,形下则是形著而可见者。王夫之以上看法的意义在于,肯定对存在的规定和把握,难以离开人与存在的认识关系。形上、形下及道、器之分,无疑涉及存在的理论或形而上学的问题,而这种区分与人的认识视域的相关性,则从一个方面表明了对存在的理解无法与人自身的存在相分离。

　　有无之辨,是中国古典哲学的另一重要论争。相对于形上、形下之分,有无之辨似乎在更普遍、更本源的层面关联着存在的问题:有与无所涉及的乃是存在的本质及存在与非存在等问题。从哲学史上

---

　　①　王夫之:《周易内传》卷五,《船山全书》第 1 册,第 568 页。

看,《老子》较早地将有、无作为重要的哲学范畴,并提出了"天下万物生于有,有生于无"的观念。①《老子》所谓"无",往往与"道"相通。"有""无"相对,"有"常指已获得之具体规定,"无"则指超越于特定规定的存在形态。有生于无,相应地指具有特定规定的事物以无任何特定规定的道为存在根据。然而,从逻辑上看,以"无"为"有"之源,似乎又包含着将"无"绝对化的可能。有鉴于此,尔后的一些哲学家每每对"有"与"无"的含义加以进一步的辨析和界定。在这方面首先可以一提的是张载。张载从太虚即气及气有聚散等观念出发,将有无置于幽明的论域中来加以理解:"气聚则离明得施而有形,气不聚则离明不得施而无形。方其聚也,安得不谓之客②? 方其散也,安得遽谓之无? 故圣人仰观俯察,但云知幽明之故,不云知有无之故。盈天地之间者,法象而已,文理之察,非离不相睹也。方其形也,有以知幽之因,方其不形也,有以知明之故。""诸子浅妄,有有无之分,非穷理之学也。"③幽、明与有形和无形之分相对应,而无形之为幽,有形之为明,又取决于对象能否为人所见:"有形则人得而见之,明也。""无形则人不得而见之,幽也。"④气聚而成形,则人便可"得而见之",在此,"可见"以对象进入人的认识视域为前提,这样,幽明之分既与气的聚散相关,又涉及存在与人的关系。张载基于元气论的观念,以"幽"为气的未聚状态,在此前提下,进一步将有无之辨转换为幽明的区分。这一转换一方面通过以"幽"界定"无"而否定了以无为本或绝对虚无,另一方面又揭示了有无的问题与人自身存在的相关性:"无"作为尚未进入人的视域(幽而未明)的存在形态,唯有置于存在与人

---

① 《老子·四十章》。
② "客",《周易系辞精义》作"有"。
③ 张载:《正蒙·太和》,《张载集》,第8—9页。
④ 王夫之:《张子正蒙注》卷一,《船山全书》第12册,第28页。

的关系之中才有意义。

从终极的层面看,"无"总是相对于某种存在形态而言,所谓从有到无或从无到有,往往涉及不同物质形态的转换,绝对的"无"并不存在。有无之辨作为形而上学的论题固然与本体论相关,但唯有联系人的知行过程,才能理解它的全部意义。从认识论的维度看,"无"常常是指还没有进入认识领域的存在,当某种对象或对象的某种规定尚未为人所知时,它往往便取得"无"的形态;"无"的这一意义,从另一个方面表现了其相对性。王夫之已注意到这一点,在解释圣人何以言幽明而不言有无时,王夫之指出:"尽心思以穷神知化,则方其可见而知其必有所归往,则明之中具幽之理;方其不可见而知其必且相感以聚,则幽之中具明之理。此圣人所以知幽明之故而不言有无也。言有无者,徇目而已;不斥言目而言离者,目其静之形,离其动之用也。盖天下恶有所谓无者哉! 于物或未有,于事非无;于事或未有,于理非无;寻求而不得,怠惰而不求,则曰无而已矣。甚矣,言无之陋也!"[①]借助理性的思维,人可以由可见之明,推知不可见的幽然之理;也可以由尚未聚而成形的不可见形态,推论其中蕴含的有形之物的规定。这里所说的"言有无者",是指持以无为本立场者。对王夫之来说,他们的根本问题,在于将不可见(无形或幽)等同于无,而未能从认识论的角度,把不可见之"幽"视为尚未进入可见之域的存在(有)形态。在王夫之看来,有无之别只具有相对的意义,这种相对性既是指"无"相对于特定的存在方式或形态而言:对象(物)层面所不存在的规定("无"),并不意味着在人的活动之域(事)也不存在("于物或未有,于事非无");也指"无"与人的知、见等相关:对"无"的断定,往往导源于求知过程的某种局限("寻求而不得,怠惰而不求")。

---

① 王夫之:《张子正蒙注》卷一,《船山全书》第 12 册,第 29 页。

存在的图景与人的自身存在之间的相关性,在现代西方哲学中同样受到了某种关注,其中,海德格尔的思考尤为引人注目。在其早期著作《存在与时间》中,海德格尔提出了所谓基础本体论(fundamental ontology),这种本体论构成了其他一切存在理论的本源。① 基础本体论所指向的,主要是此在(Da-sein);与始基、大全等不同,此在首先是人自身的存在。在海德格尔看来,存在的敞开,以人自身存在的澄明为前提,作为人的存在形态,此在为自身的存在而存在着,并以对存在的理解为自身的规定。② 也就是说,此在既是存在者,又能对存在本身加以追问。相对于静态的始基、大全,此在以时间性为其内在特点,并表现为一个在时间中展开的过程。通过对此在之"在"世过程的分析,海德格尔试图克服传统形而上学对存在的遗忘。所谓存在的遗忘,既是指忽略人自身存在的历史过程,也意味着离开人自身的存在而对存在者做超验的思辨。海德格尔的以上看法注意到了存在的问题本质上与人自身的存在境域相联系,离开人的存在,将导致对超验的"存在者"的追寻,而遗忘存在本身。如前所述,传统形而上学在人的存在之外,以始基的还原、终极存在的求索等方式来规定存在,从而表现出抽象的形态。海德格尔的基础本体论对这种超验进路的抽象性,似乎多少有所扬弃。

当然,海德格尔把人的存在主要理解为此在意义上的个体,并将个体间的共在视为此在的沉沦,似乎也表现出另一种意义上的抽象性。相对于此,马克思展示了不同的视域。在谈到世界与人的关系时,马克思指出:"整个所谓世界历史不外是人通过人的劳动而诞生的过程,是自然界对人说来的生成过程,所以,关于他通过自身而诞

---

① M. Heidegger, *Being and Time*, p.11,参见《存在与时间》,第17页。
② Ibid., p.10.

生、关于他的产生过程,他有直观的、无可辩驳的证明。因为人和自然界的实在性,即人对人说来作为自然界的存在以及自然界对人说来作为人的存在,已经变成实践的、可以通过感觉直观的,所以,关于某种异己的存在物、关于凌驾于自然界和人之上的存在物的问题,即包含着对自然界和人的非实在性的承认的问题,在实践上已经成为不可能的了。"①在这里,马克思从类的(社会的)历史实践的层面考察了存在的意义:人所面对和把握的世界,不同于本然世界而具有人化的性质(表现为"人的存在")。作为人化之"在",现实世界形成于以劳动等为形式的实践过程。正是存在与人的实践过程的这种关系,使之不同于异己的、超验的世界。

概言之,存在图景的形成往往受到人自身的存在过程的制约,这种制约既在于人不能超越自身的存在境域去理解这个世界,也在于存在的现实形态本身即以对象世界与人自身的统一为题中之义,而从总体上把握这个世界,也相应地要求达到广义的存在与人自身存在的统一;离开了人自身的存在,则世界的图景便难以摆脱片面性、分离性。抽象形态的形而上学撇开了人自身的知行过程,将存在的把握理解为对终极存在的追求,这种进路在忽略存在境域对形上之思制约的同时,也遮蔽了这个世界与人的存在之间的统一性,从而未能真正克服存在的分离。不难看到,将存在的关注与人的存在联系起来,既以整合这个世界为指向,又意味着扬弃形而上学的抽象形态。

四　存　在　之　序

一般而言,作为存在的理论,形而上学总是致力于建构统一的世

---

① 马克思:《1844年经济学哲学手稿》,人民出版社,1985年,第88页。

界图景①。然而,对存在的统一性,往往可以有不同的理解。如前所述,在其抽象的形态中,形而上学不同程度地趋向于将统一归结为同一,这种同一既以单一、大全对个体、殊相的消解为特点,也表现为一致对差异的优先性。与这种抽象同一相对的,是有差别的统一;二者的区分,在中国哲学中通常以"同"与"和"来表示。"和"是中国哲学中的一个古老观念,早在《尚书》《诗经》《国语》等文献中,已出现了"和"这一名词及相关思想。大体而言,"和"既有天道观的意义,也有人道观的内涵。从天道观上看,"和"主要被理解为事物生成、运行、存在的条件和方式,史伯已指出:"夫和实生物,同则不继。以他平他谓之和,故能丰长而物归之;若以同裨同,尽乃弃矣。"②史伯在此区分了"和"与"同":"和"表现为多样性的统一,"同"则是无差别的、绝对的同一;所谓和实生物,便是指事物的形成要以不同要素的相互作用和统一为前提。这一形上观念在尔后的中国哲学中一再得到了发挥,从荀子的"万物各得其和以生"③、《淮南子》的"阴阳合和而万物生"④,到董仲舒的"和者,天地之所生成"⑤,等等,都把"和"视为不同要素或不同力量之间的互动与统一,并以此为万物的发生所以可能的条件。

张载进而提出了太和之说,并将太和界定为道:"太和所谓道,中

---

① 怀特海在谈到形而上学的原理时,曾指出:"终极的形而上学原理在于从分离(disjunction)走向联结(conjunction),由此形成一种新的实体,后者区别于分离形态中呈现的多种实体。"(A. N. Whitehead, *Process and Reality*, The Free Press, 1978, p.21)这一看法已注意到形而上学与存在统一性的联系。

② 《国语·郑语》。

③ 《荀子·天论》。

④ 《淮南子·天文训》。

⑤ 董仲舒:《春秋繁露·循天之道》。

涵浮沉、升降、动静、相感之性,是生絪蕴、相荡、胜负、屈伸之始。其来也几微易简,其究也广大坚固。"①太和首先是一种存在的形态,道作为普遍的规律,则表征着存在的秩序;这样,当太和被提到道的高度时,它便同时获得了宇宙秩序的意义。作为存在的秩序或宇宙的秩序,太和以多样性的统一为具体内容,但这种多样性并不仅仅表现为不同元素或规定的并列、杂陈,而是展开为浮沉、升降、动静等对立面之间相反相成的交互作用。如前所述,在和实生物的论域中,"和"主要表现为不同物质元素的组合。相对于此,太和既内含着多样性、殊相,也表现为通过对立面之间合乎规律的作用而形成的秩序。这种秩序,王夫之称之为"和之至":"太和,和之至也。道者,天地人物之通理,即所谓太极也。阴阳异撰而其絪蕴于太虚之中,合同而不相悖害,浑沦无间,和之至矣。"②所谓和之至,也就是最完美的存在秩序,而这种秩序又以阴阳等对立面之间的"絪蕴""合同"为前提。

存在的统一形态不仅以多样性的统一、合乎道的秩序等形式存在,而且涉及本末等关系。在对"太和"做进一步的阐释时,王夫之指出:"天地之间大矣,其始终亦不息矣。盈然皆备而保其太和,则所谓同归而一致者矣。既非本大而末小,亦非本小而末大。故此往彼来,互相经纬而不碍。"③本末与体用、本质和现象等区分大致处于同一序列,同归而一致则是不同事物、对象在世界的演化过程中形成的相互统一的关系。所谓"本大而末小",是强调体对于用、本质对于现象的超越性,"本小而末大",则是突出用对于体、现象对于本质的优先性;前者将超验的本体视为更本源、更真实的存在,从而表现出基础主义

---

① 张载:《正蒙·太和》,《张载集》,第 7 页。
② 王夫之:《张子正蒙注》卷一,《船山全书》第 12 册,第 15 页。
③ 王夫之:《周易外传》卷六,《船山全书》第 1 册,第 1049 页。

或本质主义的趋向,后者则执着于多样的、外在的呈现,从而带有某种现象主义的特点。[①] 与以上两种存在图景相对,在"太和"的存在形态中,世界的同归一致不仅呈现为不同事物的共处,它的更本质的表现形式在于扬弃本末之间的分离、相斥("既非本大而末小,亦非本小而末大"),达到体与用、本质与现象的内在统一。对体用关系的这些理解,从另一个方面体现了沟通形上与形下的立场,同时也触及了存在统一性更深刻的内涵。

与太和之说的以上阐释和发挥相联系,王夫之对"以一得万"和"万法归一"做了区分,并将和同之辨进一步引申为"以一得万"对"万法归一"的否定。万法归一是佛教的命题,它既包含着对多样性的消解,又趋向于销用以归体。按王夫之的看法,万法一旦被消解,则作为体的"一"本身也无从落实:"信万法之归一,则一之所归,舍万法其奚适哉?"[②]与万法归一相对,"以一得万"在体现多样性统一的同时,又以"敦本亲用"为内容:"繇此言之,流动不息,要以敦本亲用,恒以一而得万,不强万以为一也,明矣。"[③]所谓敦本亲用,即蕴含着体与用的相互融合。"以一得万"又被理解为"一本万殊"[④]。在这里,

---

① 在当代哲学家中,我们依然可以看到执着于"用"而疏离"体"的倾向。其中,罗蒂似乎具有一定的代表性。从反本质主义或强调没有本体或本质的世界这一立场出发,罗蒂对实体等持怀疑与否定的态度。在他看来,真正有意义的存在,是关系及属性。就桌子而言,关于它的真实陈述主要表现为:它是长方形的,它是棕色的,它比房子小,不如星星亮,等等。(参见罗蒂:《后形而上学希望》,上海译文出版社,2003年,第36页)这里涉及的,便仅仅是对象的属性(形态、颜色等)。在更普遍的层面,罗蒂强调,除了关系之外,我们无法达到其他存在。(同上,第34、39、56页)上述观点在某种意义上也以"用"消解了"体"。

② 王夫之:《周易外传》卷六,《船山全书》第1册,第1048页。

③ 同上。

④ 同上,第1050页。

对"万法归一"或"强万以为一"的拒斥,与确认体和用的统一,表现为相辅相成的两个方面。如果说,万法归一较为典型地表现了追求抽象同一的形而上学理论,那么,与太和之说及敦本亲用相联系的"以一得万"或"一本万殊",则通过肯定一与多、体与用的互融和一致,在扬弃形而上学之抽象形态的同时,又展示了较为具体的本体论视域。

五　时间、过程与历史

作为具体的规定,存在的统一并不呈现为已完成的、不变的形态。与静态的、封闭的世界图式相对,存在包含时间之维,其统一形态也相应地展开为一个过程。就个体或殊相而言,时间性规定在于它们(个体或殊相)作为具体的统一体,总是经历一个发生、发展、终结的过程。在这里,统一的存在形态是生成的,而不是既成的。就整体而言,时间性则在于不同存在形态之间的互动、转换。前者表现了存在的间断性,后者则展示了其连续性,二者相反而又相成。《易传·系辞上》所谓"化而裁之存乎变""推而行之存乎通",已注意到这一点:一方面,存在本身包含着间断的一面,因而可以区分为不同的阶段加以把握("化而裁之存乎变");另一方面,不同的存在形态之间又具有连续性,因而可以把握其相互的联系,并达到总体上的统一("推而行之存乎通")。化裁与推行、变与通的互融、一致,同时也从一个方面表现了作为统一形态的存在过程与人自身存在之间的联系。

在现代西方哲学中,对存在与时间的关系予以较多关注的,是海德格尔。按海德格尔的看法,只有关注时间,才能把握存在。[1] 时间的这种意义,首先体现于此在。作为此在的存在方式,时间的诸形态

---

① M. Heidegger, *Being and Time*, p.19,参见《存在与时间》,第 24 页。

中,未来具有优先地位:"本源而本真的时间性(primordial and authentic temporality)的首要现象是未来","未来在本源而本真的时间性的神而化之的统一性(ecstatic unity)中拥有优先地位"。① 海德格尔所谓此在,主要是指人的个体存在,未来的重要性,也相应地关联着个体的生存过程。就此在与时间的关系而言,未来这一时间向度的意义,首先在于它与可能性的联系:可能作为可以然而尚未然的趋向,不同于曾然(过去)与已然(现在),而总是指向未来;肯定未来时间向度在此在中的优先性,其实际意蕴亦在于将此在理解为可能的此在:"此在总是表现为其自身的可能性。"② 未来的时间之维赋予此在的"可能"品格,使其不同于既成的、已完成的存在,而是展开为一个自我筹划的过程。不难看到,时间性规定的真正意义,便在于它使此在成为一种历史中的、不断生成的存在。在这里,时间性以历史性和过程性为其实质的内涵。

就人的存在与时间的关系而言,时间的意义首先可以追溯到人的实践过程。早期农耕社会的日出而作,日落而息,已表现了"晨""暮""昼""夜"这些时间概念与人的实践活动之间的本源联系。在个体的层面上,如海德格尔所注意到的,人的存在形态,包括其人格类型、才能,等等,并不是既定的,而是在个体与社会的相互作用中逐渐形成的。这种相互作用的过程,同时也就是个体参与生活世界之中与生活世界之外多重实践活动的过程。事实上,个体从早年到成熟的时间历程,便以不断参与各种形式的实践活动为其具体内容。在社会的层面,以类的形式展开的实践活动同样体现于社会的各个

---

① M. Heidegger, *Being and Time*, pp.302 – 303,参见《存在与时间》,第390页。

② Ibid., p.40,参见《存在与时间》,第53页。

方面,从工具的制造到文化创造,从政治体制到经济运行,不同领域社会生活的生产与再生产,都以相应的实践活动为其必要条件;离开了人自身的这种实践活动,社会本身的存在和延续都将难以想象。在这里,存在的时间性与历史的绵延性似乎融合为一:社会存在的时间之维,在实践过程的历史展开中获得了深沉的内涵;而社会本身则在历史过程中不断实现其绵延的统一。

从以上前提看,海德格尔对"此在"的考察的意义,首先在于试图通过时间性与历史性的沟通,从过程的维度规定人的存在。对此在的这种理解,无疑表现出扬弃存在的既成性、预定性以及终极性的趋向。按其现实的形态,存在不仅表现为多样性的统一,而且总是同时展开为一个过程,二者从不同的方面展示了存在的具体性。统一性与过程性的融合,在人的存在中得到了更为切实的体现。事实上,严格地说,本然的存在(尚未进入人的知行过程的存在)的时间向度,往往仅仅与变易相联系,而不具有历史性的含义。历史本质上与人的活动相联系,唯当自然在认识或实践的层面成为人的作用对象时,它才真正开始进入历史过程,获得历史的品格。在这一意义上,人的知行过程是存在从单纯的变易走向历史中的存在所以可能的前提,而人的存在本身也相应地呈现出某种本体论上的优先性;海德格尔把以此在的分析为核心的基础本体论视为一切本体论的本源,似乎已注意到了上述关系。

在海德格尔那里,和存在与时间的沟通相辅相成的,是存在与存在者的区分。按海德格尔的看法,在哲学史上,人们往往仅仅关注存在者,而遗忘了存在本身,《存在与时间》便开宗明义指出了存在遗忘的问题。海德格尔所说的存在,似乎具有两重含义:其一,人的存在,特别是作为个体的人的存在(此在);其二,在时间中展开的存在过程。与存在的两重意义相应,存在者既是指人之外的本然或超验对象,又是指既成的、已完成的(与过程相对)存在形态。传统的形而上学往往或者离开了人自身的存在,去勾画本然的存在模式;或者试图追寻世界的本然形态或终极形态,并将这种形态规定为不变的、永恒的对象,从一般的理念、共相、本质,到绝对精神,都属于这一类存在。当海德格尔批评以往的哲学遗忘了存在时,他的锋芒所向,似乎也主要是上述抽象形态的形而上学。

当然,从某些方面看,海德格尔在要求超越仅仅囿于存在者而遗忘"存在"、并以对存在的关注扬弃存在者之时,似乎又同时表现出某种弱化存在的统一性品格的倾向:尽管海德格尔在批评近代哲学时,对希腊人注重自然整体性有所肯定,但在他自己那里,"此在"在时间中的展开,往往遮蔽了其作为统一的存在形态的品格。这种统一形态既包括此在自身的整合,也表现为此在与其他存在的互融。当海德格尔强调此在的生成性时,其自我整合的一面常常未能获得适当定位,而当他将"共在"视为此在的沉沦时,此在与其他存在的统一,亦多少被置于其视野之外。如前文所一再指出的,按其现实形态,存在的具体性既表现为它在过程中的历时性展开,也以过程中的自我统一为内容;从某种意义上说,正是统一性与过程性的融合,构成了存在真实、具体的形态。把握存在的这种具体形态,要求既从过程的维度整合存在,又从统一的形态理解存在过程。而这种理论视域,便构成了具体形态的形而上学的内在特征。在这里,存在本身的具体性与存在理论的具体性,也呈现为统一的形态。

在形而上学的具体形态中,对世界的把握始终难以与人自身的存在相分离。作为存在的理论,形而上学的真正旨趣并不在于提供关于本然世界或自在之物的存在图式,而是在人自身的知行过程中,澄明存在的意义。存在只有在进入人的认识与实践过程中时,才向人敞开,在人的知行过程之外去追问这一类对象,往往导致思辨的虚构。① 就存在的统一形态而言,本然世界所包含的原始的统一,并不是形而上学所追问的对象。形而上学所关注的,是对象在进入人的知行过程以后所呈现的意义,这种意义既基于实然,也涉及当然。以本质与现象的关系而言,本然的存在无所谓本质与现象之分,唯有相对于人的认识能力、方式、进程以及实践的需要,世界才呈现出本质与现象的不同意义:与感觉经验相联系的规定常常被作为现象来把握,由理性、概念等所达到的稳定、恒常的规定,则往往被理解为本质等存在形态;二者的区分和统一,同时构成了对世界的理解与变革所以可能的前提。

同样,从存在与时间的关系看,如前所述,本然世界的时间之维仅仅表现为变易。唯有在进入人的知行过程后,存在的变易才真正具有历史过程的意义。事实上,对象的时间之维,也往往呈现于人的认识与实践过程,王夫之已注意到这一点:"今夫天圜运于上,浩夫其无定畛也;人测之以十二次,而天非有次也。"②天象的运行是自然的现象,而这种变迁获得年、月等意义,则离不开人对世界的把握及变革过程。在这里,存在的规定既呈现为实然③,从而具有实在性、真实性,又与当然相联系,从而具有价值的意义。不管是在实然的层面,抑或是在价值的层面,由此敞开的存在形态都不同于本然的宇宙图式,而在实质上展示为一种意义的世界。

---

① 更进一步地说,即使这一类的思辨虚构,本身也无法完全离开人的历史实践及其结果,马克思与恩格斯已明确地指出了这一点:"每个个人和每一代当作现成的东西承受下来的生产力、资金和社会交往形式的总和,是哲学家们想象为'实体'和'人的本质'的东西的现实基础。"(《马克思恩格斯选集》第 1 卷,人民出版社,1972 年,第 43 页)此处所谓"实体",是指哲学家的思辨构造物,这种构造尽管具有思辨性,但它仍受到历史实践及其结果的制约。

② 王夫之:《周易外传》卷七,《船山全书》第 1 册,第 1086 页。

③ 作为进入知行领域的存在规定,这种实然又有别于本然。

可以看到,扬弃存在的分离和分裂,构成了形而上学所以必要的本体论前提。而离开人的知行过程,与经验世界相悬隔,并通过追寻终极的大全或向始基的还原以构造超验的世界,则使形而上学走向抽象、思辨的形态,并在方法论上陷于辩证法的反面。走出形而上学的抽象形态,意味着从思辨的构造转向现实的世界。在其现实性上,世界本身是具体的:真实的存在同时也是具体的存在。作为存在的理论,形而上学的本来使命,便在于敞开和澄明存在的这种具体性。这是一个不断达到和回归具体的过程,它在扬弃存在的分裂的同时,也要求消除抽象思辨对存在的遮蔽。这种具体性的指向,在某种意义上构成了哲学的本质,黑格尔已指出了这一点:"哲学是最敌视抽象的,它引导我们回复到具体。"①在形而上学论域中,面向具体包含多重向度:它既以形上与形下的沟通为内容,又要求肯定世界之"在"与人自身存在过程的联系;既以多样性的整合拒斥抽象的同一,又要求将存在的整体性理解为事与理、本与末、体与用的融合;既注重这个世界的统一性,又确认存在的时间性与过程性。相对于超验存在的思辨构造,具体的形而上学更多地指向意义的世界。在这里,达到形而上学的具体形态与回归具体的存在,本身表现为一个统一的过程。

---

① 黑格尔:《哲学史讲演录》第一卷,第 29 页。

第二章
存在的价值之维

　　从人的视域考察事物,往往可以提出如下问题,即"它是什么?""它意味着什么?""它应当成为什么?""是什么"关注的首先是事物自身的内在规定,"意味着什么"追问的是事物对人之"在"所具有的意义,"应当成为什么"则涉及是否应该或如何实现事物对人之"在"所具有的这种意义,后二者在不同的层面上关联着价值的领域。① "是什么"与"意味着什么"及"应当成为什么"等可以被看作作为存在者的人对存在本身的追问,而上述问题之间的相关性,则展示了存在与价

----

　　① 宽泛而言,"意义"本身包含不同的含义,这里所说的"是什么"关涉的主要是事实层面的意义,与之相对的"意味着什么",其意义则首先涉及价值之域。

值的联系,后者同时从一个方面体现了存在的具体性。

一 是什么与意味着什么

以事物的规定为指向,"是什么"的追问已超越了本然或自在之域。自在或本然之物是尚未进入知行过程的存在形态,对自在之物,我们除了肯定其为"有"之外,无法提出进一步的问题。① 从逻辑上看,问题的提出总是蕴含着对所问对象的某种知,如柏拉图在《美诺》篇中所指出的,对完全无知的对象,我们无法提出认识上的问题;②同样,"是什么"的追问也意味着确认事物具有某种或某些规定("是什么"这一问题的提出即旨在具体地澄明事物所具有的性质),而这种确认本身又以事物已进入知行之域为前提。

广而言之,"是什么""意味着什么""应当成为什么"尽管提问的内容各不相同,但所涉及的却是同一种不同于本然形态的存在:当人提出上述问题时,他所置身其间或面对的存在,已取得人化的形态。王夫之在谈到"天下"时,曾对此做了阐释:"天下,谓事物之与我相感,而我应之受之,以成乎吉凶得失者也。"③宽泛而言,天下是涵盖万物的存在,但它并非超然于人,而是人生活于其间的世界;在天下与人之间,存在着相感而相应的关系,这种感应(相互作用)的过程既可

---

① 自在之物或本然之物在宽泛意义上指独立于人之外的存在,这里的自在既表征着不依存于人,也意味着存在于人的知行过程之外或尚未进入认识和实践的领域。上述意义上的自在之物不同于康德论域中作为认识界限或壁障的物自体。

② 参见 Plato, *Meno*, 80e – 82d, *The Collected Dialogues of Plato*, Princeton University Press, 1961, pp.363 – 367。

③ 王夫之:《周易内传》卷六,《船山全书》第 1 册,第 589 页。

以展示正面的意义(吉),也可表现出负面的意义(凶)。正是通过与人的相感相应,天下由"天之天"成为"人之天"。① 在这种存在形态中,人本身无法从存在关系中略去:"以我为人而乃有物,则亦以我为人而乃有天地。"②对天下的如上理解无疑已注意到,对人而言,具有现实品格的存在,是取得人化形态(以"人之天"的形态呈现)的存在。③

马克思进一步将对象的现实性与人的本质力量的对象化联系起来:"随着对象性的现实在社会中对人来说到处成为人的本质力量的现实,成为人的现实,因而成为人自己的本质力量的现实,一切对象对他说来也就成为他自身的对象化,成为确证和实现他的个性的对象,成为他的对象,而这就是说,对象成了他自身。"④质言之,对象的现实性,与对象取得人化形态(对象成为人自身的对象化)呈现为同一过程的两个方面;而这一过程的实际内涵,则是人的本质力量的对象化。在这里,人的本质力量的对象化或外化无疑具有本体论的意义:它既改变了人自身的存在形态,也改变了对象世界的存在形态。以感性的实践活动为基础,人化的过程在赋予对象世界以现实性品格的同时,也使"是什么""意味着什么"等追问成为可能。

以人的本质力量的对象化为背景考察对象,则不难看到,"是什么"与"意味着什么"并非彼此悬隔。按其实质,人化的存在同时也是具体的存在,这种具体性的含义之一在于,对象不仅包含着"是什么"

---

① 王夫之:《诗广传·大雅》,《船山全书》第 3 册,第 463 页。

② 王夫之:《周易外传》卷三,《船山全书》第 1 册,第 905 页。

③ 这里也许可以对"现实"与"真实"做一区分:对人而言,本然的存在可以是真实的,但却不一定具有现实的品格。在此,现实品格或现实性是就存在对人的知行过程的实际制约意义而言的。

④ 马克思:《1844 年经济学哲学手稿》,第 82 页。

的问题所指向的规定和性质,而且也以"意味着什么"所追问的规定为其题中之义。从日常的存在看,水是常见的对象,当我们问水"是什么"时,我们试图澄清的,主要是水的化学构成,而"H_2O"(两个氢原子以及一个氧原子)则是对上述问题的回答。这一回答固然揭示了水在事实层面的性质,但它并没有包括其全部内涵。对水的更具体的把握,还涉及"意味着什么"的问题;以后者为视域,可以进一步获得"水是生存的条件""水可以用于灌溉""水可以降温"等认识,而维持生存、灌溉、降温等,同时从不同的方面展示了水所具有的功能和属性。水由"H_2O"(两个氢原子,一个氧原子)构成,无疑属事实,但在这种单纯的事实形态下,事物往往呈现抽象的性质:它略去了事物所涉及的多重关系及关系所赋予事物的多重规定,而仅仅展示了事物自我同一的、单一的形态,从而使之片面化、抽象化。以"人之天"为存在的方式,事物不仅以物理规定或化学规定的形态存在,而且与人相关并内含着对人的不同意义;就其涉及人的需要而言,这种关系及意义无疑具有价值的性质,后者并不是外在或主观的附加;作为人化存在的属性,价值关系及价值属性同样具有现实的品格。在现实存在中,事物在物理、化学等事实层面的规定与价值规定并非彼此悬隔;事物本身的具体性、真实性,也在于二者的统一。

培里(R. B. Perry)曾提及,事实与价值之间似乎存在着某种循环:一方面,价值要作为事实来对待,另一方面,事实又要以价值来解释——事实之为事实,在于它能满足某种内在的需要;培里将这种循环视为价值哲学所面临的困难。① 事实上,上述关系可以从另一个角度加以理解。将价值作为事实来对待,其前提在于肯定价值本身并

————————————

① R. B. Perry, *General Theory of Value: Its Meaning and Basic Principles Construed in Terms of Interest*, Harvard University Press, 1926, pp.25 – 26.

非主观的赋予而是有其客观的性质;以价值解释事实,则蕴含着事实难以离开价值之意。后一意义的事实,其实际的内涵与事物相通;事实难以离开价值,表明事物总是包含价值的规定。列宁对此做了较为明确的阐述:"必须把人的全部实践——作为真理的标准,也作为事物同人所需要它的那一点联系的实际确定者——包括到事物的完满的'定义'中去。"①事物的完满的定义对应于具体而非抽象的存在形态;实践是以人为主体的感性活动,"事物同人所需要它的那一点联系"则表征着事物与人的价值关系;将这些内容包括到事物的完满定义中去,意味着价值关系及价值规定是具体存在的题中之义。

事物的价值规定,在中国古代哲学中已较早地得到确认。《尚书大传·洪范》在对水、火等事物做界定时,曾指出:"水、火者,百姓之所饮食也;金、木者,百姓之所兴作也;土者,万物之所资生也。是为人用。"从言说方式看,"水、火者"对应于"何为水火"的提问,它在广义上属于"是什么"的问题论域,但饮食、兴作、资生等解说所关注的却主要是"人之用",其侧重之点在于回答"意味着什么"。在这里,"是什么"与"意味着什么"之间不再界限分明,而是呈现交错或互渗的形态。这种交错的本体论意义,则是肯定事实与价值的统一;它在某种意义上体现了事实要以价值来解释的观念。荀子对"天"的看法,体现了相近的思维趋向:"善言天者,必有征于人。"②"天"是自然的对象,"人"则泛指人的存在形态,包括人的需要、作用等;有征于人,包含着以人的需要、作用等来确证、说明作为自然对象的事物等含义。类似的看法亦见于王夫之:"善言天者,语人之天也。"③人之天

---

① 《列宁选集》第4卷,人民出版社,1972年,第453页。
② 《荀子·性恶》。
③ 王夫之:《尚书引义》卷四,《船山全书》第2册,第350页。

也就是为我之物,其特点在于既包含事实层面的规定,又体现人的需要;在王夫之看来,现实的存在即表现为二者的统一。

事实与价值之间的统一,在广义的体制化(institutional)的存在中同样得到了体现。体制化的存在具有社会性的特点,它既可以表现为特定的事实,也可以取得机构、组织等形态。就事实而言,它既是实然,又包含着社会历史的内容。如某人从事教师工作,这是一种事实,但这一事实中同时又渗入了特定教育体制的相关内容,包括教师应当具备的基本素质及应承担的职责等。同样,以机构、组织等为形式的体制化存在,其具体形态固然似乎具有无人格的特点;然而,在其实际的运作过程中,总是处处包含着人的参与;它的功能和作用,也唯有通过人的活动才能实现。制度、机构本身是无生命的存在,它的活力必须由人赋予。当我们与不同形式的团体、组织、机构、制度发生联系时,我们与之打交道的,并不仅仅是无人格的物,而且同时是赋予体制以生命的人。体制化的存在与人的相关性,也使之同时包含着价值的负载:从事教师的工作,既意味着以教书育人为人生理想,也意味着通过履行教师的职责以实现相关教育体制的价值;同样,作为机构、组织的体制化存在,也可以视为一定社会价值理想的展开和体现。

从"意味着什么"这一角度看,存在所包含的价值规定具有不同的性质。当存在的规定合乎人的合理需要时,它所呈现的是正面的价值;反之,当事物的规定与人的合理需要相冲突或阻碍这种需要的实现时,它所包含的价值更多地具有负面的性质;介于二者之间的,则是零价值或具有价值中立特点的属性。事物的规定具有何种性质,并不是既定或预成的,它往往取决于特定的存在背景。以雨水而言,对久旱之地,雨水无疑具有缓解旱情的正面价值,但对处于洪涝之灾中的区域,雨水则往往呈现负面的价值。即使某些主要被视为具有正面价值的存在,其价值性质也每每因具体存在情景的不同而发生变化。如氧气作为生命所以可能的条件,一般具有正面的价值,但当实践过程中需要真空环境时,氧气便呈现负面的意义。

可以看到,存在的具体形态包含价值的规定,而这种价值规定的性质,又以更广意义上的存在背景为根据;二者的以上联系,从另一个方面表现了存在与价值之间的相关性。

对价值性质与存在背景的关系,实用主义予以了较多的关注。在谈到价值性质的确认或价值评价时,杜威将具体的存在境遇提到了极为重要的地位,认为具体情景的考察是价值评价的前提;进而言之,作为价值关系必要环节的需要,其发生也难以离开具体的存在情景。① 杜威的这一看法以探索理论为出发点,其注重之点在于对象与人之间的价值关系;就认识论而言,杜威的探索理论无疑包含着以评价消融认知的趋向,②但从本体论上看,这一理论似乎又有见于人所处的存在境遇对价值关系及价值性质的影响和制约。实用主义的另一代表人物刘易斯也表达了类似的观点。在他看来,对任何对象有关价值的评判都涉及多重方面,它不仅必须了解对象及主体的有关特点,而且得注意影响价值关系的环境,最后还要将所有相关因素联系起来加以考察。③ 这些看法既强调了价值判断的复杂性,又从整合的视域确认了存在境遇对价值的影响。

具体情景对价值性质的制约,较多地从存在背景上展示了价值的关系特点。忽视了价值的关系维度,往往容易导致对价值的自然

① J. Dewey, *Theory of Valuation*, The University of Chicago Press, 1939, pp.54-55.

② 参见拙著《理性与价值》,上海三联书店,1998 年,第 31—38 页。

③ 参见 C. I. Lewis, *An Analysis of Knowledge & Valuation*, Open Court Publishing Co., 1946, p.542。

主义理解。这里所说的自然主义,是指将价值仅仅归结为对象的物理属性或其他的自然规定,而略去对象的属性与人的存在之间的关系。从形而上的层面看,将价值等同于物理等自然属性,意味着以"是什么"的问题消解或取代"意味着什么"的问题,这种理解显然未能把握价值的社会内涵。然而,另一方面,如果仅仅关注价值的关系性质,亦每每易趋向于强调价值对人的依存性,或将其主要视为人的欲望、兴趣的对应物。培里便认为,"在一般意义上,价值附属于所有兴趣的对象。就此而言,价值的定义依存于对兴趣本身的分析,而这种兴趣主要是一般的心理学意义上的。"[1]在培里那里,兴趣与欲望、感受、意愿、态度等相联系并包含着所有这些方面,[2]它在实质上属于观念的领域。从逻辑上看,以价值为兴趣的对象,意味着将价值视为主体的赋予:欲望、兴趣所指向者,即为价值。作为兴趣、欲望的对应物,价值似乎失去了其自在或客观的根据。

在其现实性上,价值既是关系,又是对象性的规定或属性。价值的关系之维表现了事物之"在"与人的存在的相关性,并使之区别于纯粹的物理规定;对象性的属性则确证了价值与事实的联系,并使之区别于主观的投射或赋予。价值的对象性规定既可以呈现为现实的形态,也每每作为潜在或可能的属性而存在。当对象的规定实际地满足人的需要时,其价值属性具有现实的性质;然而,在某种条件下,对象的价值规定固然也包含满足人的合理需要的可能,但这种可能却不一定实际地得到实现。此处,似乎应当将价值的潜在属性与无价值区分开来。以铀矿而言,在原子能时代,人类实践已经达到使铀

---

[1]　R. B. Perry, *General Theory of Value: Its Meaning and Basic Principles Construed in Terms of Interest*, Harvard University Press, 1926, p.28.

[2]　Ibid., p.27.

为人所用的阶段,铀矿即使没有被开采,亦仍有其价值,只是在未被开采的情况下,其价值具有潜在的性质。这里,一方面,铀矿的价值意义离不开人的需要及人的实践水平;另一方面,这种意义又基于铀矿本身具有的规定和属性。事物的价值属性固然以广义的人化存在为背景,但它并不以主观的投射或赋予为转移;在一定的实践领域,即使主体的兴趣、意欲尚未指向这一类事物,其价值的属性仍然存在,在潜在或可能的形态下,这一点表现得更为明显。当事物的价值属性并不因为尚未与人的需要发生实际联系而不存在或消失时,其自在性也得到了确证。

存在与价值的关系既体现于对象,也涉及人自身。如前所述,在人化的境域中,存在的具体性不仅体现于事实层面的规定,而且也在于其价值的属性;当我们将视域转向人自身时,同样可以看到这一点。荀子曾对人与其他事物做了比较:"水火有气而无生,草木有生而无知,禽兽有知而无义;人有气、有生、有知亦且有义,故最为天下贵也。"[1]稍加分析便可看到,通过对人与其他存在的比较,荀子所得出的基本结论包括两个方面:人异于物和人贵于物。人异于物属事实的判断,它着重指出人在事实的层面所具有的规定,并由此将人与其他事物区别开来;人贵于物则是价值的判断,它侧重于指出人在价值领域所具有的意义。就理论的视域而言,仅仅强调人异于物或仅仅强调人贵于物,都很难避免对人的片面规定或抽象理解;人的现实形态,既在于事实层面的异于物,也在于价值层面的贵于物。事实与价值的如上统一,从人自身存在的具体性上体现了价值规定与存在的相关性。

从人与物的关系看,人所具有的价值呈现内在的性质。这里似

---

① 《荀子·王制》。

乎可以对内在性与价值做一区分。事物的属性可以是内在的,但其价值意义则并不具有内在性。马具有一定的负载能力,这是马的内在属性,但这种能力的价值意义,却是在与人的关系(为人所用)中呈现出来的;就其服务于人的目的而言,这种价值无疑具有外在的、工具的性质。然而,在人那里,内在性与价值往往合而为一:人自身即是目的,而非实现其他目的的手段;人的价值,也主要体现于人自身走向完善和完美。内在性与价值的如上合一,在更深沉的意义上展示了存在与价值的统一。

二 价 值 和 评 价

就更广的论域而言,存在的统一性体现为只有这一个世界。只有这一个世界的含义之一,在于这一个世界本身并不以二重化或分离的形式存在;如前所述,后者同时涉及事实与价值的关系。作为现实的存在,这个世界具有分化的特点,而并非呈现为单一混沌的形态,后者不仅表现为不同事物的相互共存、并行不悖,所谓"万物并育而不相害"①,而且在于每一事物本身包含多重方面,而非呈现为片面的形态。由此做更深入的考察,便可进而注意到,多样及分化的事物往往同时又以现实或潜在的形态内含价值的规定;质言之,存在的具体性既在于事实层面不同规定的互融,也在于事实与价值的统一。以只有这一个世界为前提,事实与价值呈现为同一存在的相关规定:二者统一于这一个世界。

历史地看,实用主义已注意到存在的具体性和现实性与价值规定的联系。皮尔士在谈到关于事物的观念时,曾指出:"我们关于任

---

① 《中庸·二十八章》。

何事物的观念就是我们关于它的可感知效果的观念。"①这里讨论的直接问题虽然是观念,但就其将事物理解为效果而言,它同时蕴含对存在本身的看法。皮尔士以"硬"这一事物属性为例做了解说:"我们称一事物为硬,其意思是什么? 显然,这是指它不会被其他东西划破。与其他的属性一样,这一属性的全部概念,就在于其可设想的效果。"②效果涉及"意味着什么",以效果规定事物,相应地主要侧重于意义关系。在皮尔士看来,不仅事物的特定属性,而且整个实在,都体现为效果:"与其他所有性质一样,实在在于具有实在性的事物所产生的效果。"③从实质的方面看,效果往往与人的活动相联系,并包含着价值的意义,在后来实用主义的进一步衍化中,这一点得到了进一步的彰显;从效用、价值等方面理解实在,构成了实用主义的基本趋向。实用主义的这种实在观无疑有见于真实、具体的存在不能略去价值规定。从某种意义上说,实用主义学说在本体论上的意义,首先便在于以强化的形式,突出了事物的具体性难以隔绝于其价值规定。然而,在肯定具体事物包含价值规定的同时,实用主义往往因确认事物与人的联系(事物的人化之维)而弱化乃至忽视事物的自在性或独立性;詹姆士的如下论点,便表明了这一点:"如果说人的思维以外还有任何'独立'的实在,这种实在是很难找到的。""这种所谓实在,绝对是哑的、虚幻的,不过是我们想象的极限。"④不难看到,在实用主义那里,与价值规定相关的人化之维同事物的独立性或自在性似乎呈现为不相容的关系;这种看法显然难以真正达到存在

---

① Charles S. Peirce, "How to Make Our Ideas Clear", in *Charles S. Peirce Selected Writings*, Dover Publications, INC., 1958, p.124.

② Ibid., p.124.

③ Ibid., p.131.

④ 詹姆士:《实用主义》,商务印书馆,1979 年,第 127 页。

的现实形态。①

　　以化本然的存在为人化的存在为前提,存在的现实形态既关联着"是什么",又涉及"意味着什么";"是什么"指向事实层面的规定,"意味着什么"则以价值关系及属性为内容。对存在的以上二重追问,在本体论上以事实与价值的交融为根据。单一的"事实"形态常常表现为科学的抽象,纯粹的价值形态则往往被等同于主观的赋予,二者都具有片面的性质。如果说,"是什么"的追问要求在事实层面敞开存在,那么,"意味着什么"的提问则从人与存在的关系上确认价值为存在的题中之义;正是二者的统一,赋予存在以具体、真实的品格。

　　作为存在的真实规定,价值体现了事物与人、世界之在与人的存在之间的联系。与价值相关的是评价。评价既属于广义的认识论之域,也具有本体论的意义。从认识论上看,评价旨在对事物所包含的价值内涵(对人所具有的正面或负面意义)做出判断;从本体论上看,评价的意义则在于敞开事物与人的联系,确认世界之在与人的存在之间的统一性。

　　作为把握存在的相关方式,认知的成果主要体现于事实命题,评价则以价值判断为形式。从内容上看,认知层面的事实命题可以看作对"是什么"的回答,评价意义上的价值判断解决的则是"意味着什么"的问题。在认识论上,对是什么的把握与意味着什么的评价,往往互渗而互融,二者都属于广义的认识过程。② 关于事物价值意义的

――――――――――――

　　① 新实用主义者如罗蒂,依然坚持类似的主张。在罗蒂看来,表象与实在、客观与主观的区分,主要与"效用""适宜度"等相联系,与效用关系无涉的存在,是没有意义的(参见罗蒂:《后形而上学希望》,上海译文出版社,2003 年,第 31、32页)。这种观点同样因强调存在的价值之维而忽视了其自在性。

　　② 冯契已对认知与评价的统一做了具体论述,参见冯契:《人的自由与真善美》第三章,华东师范大学出版社,1996 年。

判断,在逻辑上以了解对象自身的性质及人的具体需要为前提,后者即涉及认知;同时,认知所揭示的"真"只有与评价所提供的"善"相结合,才能取得目的或理想的形态,并由此进一步向实践转化。另一方面,对事物属性与主体需要之间关系的确认(判断),又不仅为认知规定了方向,而且也为其发生和发展提供了内在动力。正是在后一意义上,恩格斯指出:人类"首先产生了对个别实际效益的条件的意识",尔后"则由此产生了对制约着这些效益的自然规律的理解"。①关于实际效益的意识,属于广义的价值判断,对自然规律的理解,则可归入认知之域,二者的先后关联,体现了评价对认知的制约。

认知与评价在认识过程中的相互融合,无疑涉及"是"与"善"的关系,但从形而上的层面看,这里重要的不是从"是"到"善"的推演或从"善"到"是"的推论,而是本体论上存在的事实之维与价值之维的统一。"是"与"善"之间的推演,涉及的主要是二者之间的逻辑关系,这种推论是否可能,亦以二者在逻辑上是否相互蕴含为前提;就形而上的意义而言,"是"与"善"则超越了逻辑之域而展示为同一存在的相关规定。

如前所述,作为人化之域中事物内含的规定及事物与人的关系,价值既可以呈现为现实的形态,也可以取得潜在的形式。当事物的属性已实际地满足人的需要,或事物的属性与人的需要之间的一致性已在实践层面得到彰显时,评价便表现为对这种价值属性和价值关系的现实肯定;当事物的属性仅仅可能合乎人的需要或事物的价值属性还具有潜在的形式时,评价则可以视为价值意义在观念层面的实现:在进入评价过程之前,事物所内含的可能的价值属性往往仅仅作为事物的本然属性而呈现,正是在评价过程中,上述属性才作为

---

① 参见《马克思恩格斯选集》第 3 卷,第 457 页。

具有价值意义的属性而得到确认;这种确认固然有别于实践的确证,但却至少在观念层面使价值意义得到了实现。正是在这里,评价本身同时展示了其本体论的意蕴。

前文已论及,事物的价值属性及价值关系形成于特定的存在背景,其意蕴也往往因存在情景而异;同一事物的属性,在不同的境域中,常常呈现出不同的价值意义。存在境域对价值意义的这种制约,决定了评价过程难以疏离相关存在背景:作为事物价值意义的实现方式,评价不仅在把握有关事物的属性、主体的需要等方面涉及对象之"在"与人自身的存在,而且在具体背景的分析上也关联着特定的存在形态。对事物价值意义与存在背景关系的把握,从另一方面彰显了评价的本体论内涵。

在逻辑的论域中,评价通常被理解为价值判断的形成过程,而价值判断又似乎首先以价值意义为指向。然而,如以上分析所表明的,评价活动从对象性质的敞开到主体需要的揭示、从对象性质与主体需要关系的确认到存在背景的分析,都不断展开为一个超越逻辑的推论而回到存在本身的过程。存在与价值在评价过程中的以上互融,同时也进一步折射了二者在本体论上的统一。

三 价值、规范与世界的变革

价值意义在观念层面的实现,主要涉及"意味着什么"。当我们将关注之点转向价值意义在实践层面的实现时,存在与价值的关系便相应地指向了"应当成为什么"这一问题。如果说,与"是什么"相关的事实判断包含描述性意义,相应于"意味着什么"的价值判断具有评价的意义,那么,"应当成为什么"的问题则更多地与规范相联系。自休谟以来,哲学史上曾一再探讨从"是"到"应当"的推论是否可能以及如何可能,这一类的推论,在内容上对应于从描述到规范的进展。从纯粹的逻辑形式看,在"是"与"应当"之间,似乎缺乏内在的蕴含关系:如休谟所说,从"是"之中,确乎很难推绎出"应当"。然而,如果走出单纯的逻辑之域、将存在与价值联系起来,则情况便会有所不同。在价值论的视域中,凡是真正有价值者,便是应当成为现实的;当我们判断某种存在形态具有价值时,这一判断同时也蕴含了如下预设,即相关的存在形态或价值"应当"成为现实;引申而言,唯有能引向正面价值的事,才是"应当"做的。在这里,评价显然具有中介的意义:只有在完成事实判断之后进一步对事物或行为的价值意义做出评价,才能由此引出"应当"与否的要求。

从"应当成为什么"这一维度看,规范呈现出二重品格:它既作为一般的准则制约着评价过程,也构成了实践过程的当然之则。不难看到,在评价与规范及实践与规范之间,存在着某种互动:评价以规范为准则,但它又蕴含了"应当"如何做的要求,后者同时具有规范行为的意义。这里特别应注意的是规范的实践意义:正是规范与实践的联系,使价值意义的实现超越了观念的层面。就其与实践的关系而言,规范可以在较为普遍的层面体现价值理想,这一形态的规范蕴含着主体的世界观以及关于存在的较为稳定的看法,它往往与普遍的价值原则、价值取向相联系,从总的方面规定实践的目标和方向;规范也可以体现为具体的行为准则,对做什么以及如何做提供较为具体的规定。普遍导向与具体制约相互关联,从不同的方面赋予规范以现实的力量。

以规范所涉及的实践过程为背景,也许可以对人化的存在与狭义的为我之物做一区分。人化的存在涉及较为宽泛的领域,其对象包括进入知行之域的一切存在。狭义的为我之物则是实际地合乎或满足人的需要的事物。当事物通过评价而被确认为具有价值意义时,它便可以被视为人化的存在,但此时其价值意义主要是在观念的层面得到实现,因而还很难被视为狭义的为我之物;唯有在事物通过实践过程而实际地合乎或满足人的需要时,它才真正具有为我之物的性质,而这同时也意味着事物的价值意义不仅在观念层面,而且也在实践的层面得到实现。

价值意义的实现,本质上也就是人的价值创造的过程。从形而上的层面看,人既与本然的存在相对,又是存在的特定形态,作为特定的存在形态,人本身也属于这个世界。与人内在于这个世界相应,人的创造活动也参与了这个世界的演进过程。儒家很早已对上述关系加以沉思,其中,荀子的看法尤为值得注意。人与世界或人与广义存在的关系,往往展开于天人之辨。在天人关系上,荀子首先强调了人对天的作用:"大天而思之,孰与物畜而制之? 从天而颂之,孰与制天命而用之? 望时而待之,孰与应时而使之? 因物而多之,孰与骋能而化之? 思物而物之,孰与理物而勿失之也? 愿于物之所以生,孰与有物之所以成?"①这里的天含有自然之意,引申为对象性的存在。在人对天的如上作用中,人与对象世界的关系更多地呈现相互区分的一面:制天命而用之是以天与人之分为前提的。然而,在肯定天与人之分的同时,荀子又提出人与天地参的观念:"天有其时,地有其财,人有其治,夫是之谓能参。"②天地泛指对象世界,"治"是人变革对象的实践活动,这种实践活动同时也是人的价值创造的过程。"参"在这里有相与之意,所谓"能参",不仅表明人的活动与天地之间的相关性,而且意味着人与天地共同构成了作为现实存在的这个世界。换言之,正是通过变革对象的价值创造(治),人不仅融入了这个世界,

① 《荀子·天论》。
② 同上。

而且参与了这个世界的形成过程;悬置了人的作用,则这个世界的真实形态便无从呈现:"错人而思天,则失万物之情。"① 王夫之所谓"人者,天地之所以治万物也"②,也表达了类似的观念:人作用于万物以实现其价值理想的过程,并没有离开天地(这个世界);相反,它在广义上表现为这个世界(天地)自身的展开过程。

儒家的另一经典《中庸》同样肯定了人能与天地参,并对此做了具体的发挥:"唯天下至诚,为能尽其性;能尽其性,则能尽人之性;能尽人之性,则能尽物之性;能尽物之性,则可以赞天地之化育,可以赞天地之化育,则可以与天地参矣。"③ 至诚是一种真诚的境界,它构成了真实地认识自己(尽其性)、真实地认识他人(尽人之性)、真实地认识事物(尽物之性)的前提;所谓赞天地之化育,并不是人帮助自然过程的完成,而是指通过人的活动使对象世界(天地)由自在之物转化为为我之物,从而合乎人的合理需要并获得价值的意义。④ 这里重要的不是从认识自己到认识他人、认识事物的推论,而是将天地的演化与人的价值创造联系起来,以人化的存在为对象世界应有的形态,并在此前提下引出"与天地参"(人通过参与这个世界的形成过程而与天地并立为三)。

"与天地参",同时也规定了人与世界关系的实践维度;中国哲学对"道"的理解,从更深沉的意义上体现了这一点。在中国哲学中,"道"往往既被理解为存在的法则,又被视为存在的方式;作为存在的法则,"道"更多地体现了存在的规定,具有自在的性质,作为存在的

---

① 《荀子·天论》。
② 王夫之:《周易外传》卷六,《船山全书》第 1 册,第 1034 页。
③ 《中庸·二十二章》。
④ 《中庸》肯定"道不远人""天命之谓性,率性之为道,修道之谓教"等,都在不同的层面上强调了存在与人的联系。这一总的思维趋向,也构成了《中庸》提出"赞天地之化育"的前提;对这一命题的理解,不能离开以上背景。

方式,它同时又与人相联系,包含为我之维:存在的方式不仅涉及对象如何存在,而且也关联着人本身如何"在"。荀子在解说何为"道"时,曾指出:"道者,非天之道,非地之道,人之所以道也,君子之所道也。"①这里所肯定的,便是"道"与人的相关性。当然,这并不是说,作为存在法则的道依存于人,②而是强调,"道"作为存在的方式,与人自身之"在"难以分离。同样,陈亮在确认"道非出于形气之表,而常行于事物之间者"的同时,又反对"舍人可以为道"之说,③所谓"舍人可以为道",亦即将道隔绝于人的存在过程之外,其中的"道"也同时涉及人的存在形态或存在方式。对"舍人可以为道"的否定,无疑也确认了道与人的存在方式的相关性。

作为与人相联系的存在方式,"道"具有当然之意。事实上,在中国哲学中,道既指"必然",又以"当然"为其内涵。"当然"内在地指向规范系统,后者往往取得理想、规则、程序等形式。在中国哲学看来,对世界的追问,并不仅仅在于揭示存在的必然法则,而且更在于发现、把握人自身如何"在"的方式。当孟子强调"得天下有道""得其民有道"④时,他所说的"道",便既涉及社会领域的存在法则,又与人如何"在"(人自身存在的方式)相联系。所谓如何"在",具体包括如何安邦治国、如何变革对象、如何成就自我、如何解决人生的诸问题,等等。

必然与当然、存在的法则与存在的方式,并非彼此悬隔,王夫之在对"道"做具体阐释时,便明确地肯定了这一点:"气化者,气之化

① 《荀子·儒效》。
② 对存在法则的客观性,荀子没有表示任何怀疑,所谓"天行有常,不为尧存,不为桀亡"(《荀子·天论》),便表明了这一点。
③ 参见陈亮:《勉疆行道大有功》《又乙巳春书之一》,《陈亮集》,中华书局,1974 年,第 97、285 页。
④ 《孟子·离娄上》。

也。阴阳具于太虚絪缊之中,其一阴一阳,或动或静,相与摩荡,乘其时位以著其功能,五行万物之融结流止、飞潜动植,各自成其条理而不妄,则物有物之道,人有人之道,鬼神有鬼神之道,而知之必明,处之必当,皆循此以为当然之则,于此言之则谓之道。"①一阴一阳、气化流行之道,首先表现为存在的法则,作为内在于事物的必然的法则,它赋予世界以普遍的秩序(使事物各有条理而不妄);通过揭示必然之道以把握合理的行为方式(所谓"知之明而处之当"),则进一步为实践过程提供了内在的规范,作为规范行为的普遍原则,道同时便获得了当然之则的性质。在这里,存在的法则与存在的方式、必然与当然构成了统一之道的相关方面。

就对象世界而言,如前所述,从价值意义的观念实现到实践层面的实现,同时也意味着由一般意义上的人化存在到为我之物的转换。广而言之,人化的存在与为我之物都与自然相对,这里的自然(nature)首先区别于人的文化(culture)创造,并与本然或自在相通。作为价值理想的实现,为我之物无疑包含着自然的人化,然而,这一过程并非仅仅表现为人对自然的单向支配和利用。价值理想本身既体现了人的目的,又以现实所提供的可能为根据;价值理想的实现过程无法悖离对象的自在之理,在此意义上,人化的过程同时也表现为不断回归自然的过程。总起来,为我之物可以视为自然的人化与人的自然化的统一,而价值理想的实现则既意味着自然获得价值的意义,也在于化价值为包含"自在"性质(超越观念形态)的具体存在。王夫之曾言简意赅地指出了以上关系:"圣人赖天地以大,天地赖圣人以贞。"②质言之,人的创造活动以天地(这个世界)为根据,世界之

---

① 王夫之:《张子正蒙注》卷一,《船山全书》第 12 册,第 31—32 页。
② 王夫之:《周易外传》卷五,《船山全书》第 1 册,第 1011 页。

贞(取得完美的形态)又离不开人的创造活动。

广义的自然不仅指向对象,而且包括人自身。当人刚刚来到这个世界、尚未经历社会化的过程时,他在相当程度上还是一种自然的存在;自然的人化,则相应地涉及人自身的社会化,包括化天性(nature)为德性(virtue)。后者当然并不是一个与人的天性相对立的过程,相反,它更多地展示了天与人之间的连续性。《易传》已注意到这一点:"一阴一阳之谓道,继之者善也,成之者性也。"①阴阳之道的作用,是普遍存在于一切存在形态的自然过程,人在把握自然之道之后,可以利用对道的认识以实现自己的价值理想,这一过程既是对自然的超越,也可以视为自然过程的延续("继之者善也");就人自身的发展而言,实现善的理想的过程,同时也以德性的形成(化天性为德性)为内容("成之者性也")。戴震对此做了更进一步的阐释:"由天道而语于无憾,是谓天德;由性之欲而语于无失,是谓性之德。性之欲,其自然之符也;性之德,其归于必然也;归于必然,适全其自然,此之谓自然之极致。"②出于天性的欲望、要求,属自然;此处的必然近于通常所说的当然,"性之德"即天性合乎普遍规范而化为德性,而这一过程在戴震看来也具有完成自然的意义。在这里,价值理想的实现过程,同时也被理解为参与自然过程的完成。天性与德性、自然与当然(必然)呈现出互动、统一的关系。

归于必然(当然),全其自然,并不限于从天性到德性的转换。人本身包含多方面的规定,当然与自然的互动也有多重体现形式。王夫之在谈到人的能力由可能到现实的转化时,曾指出:"夫天与之目力,必竭而后明焉;天与之耳力,必竭而后聪焉;天与之心思,

---

① 《易传·系辞上》。
② 戴震:《原善》卷上,《戴震集》,第334页。

必竭而后睿焉;天与之正气,必竭而后强以贞焉。可竭者天也,竭之者人焉。"①在本然或自然的形态下,人的感知、思虑能力仅仅表现为一种潜能,唯有通过人自身在知、行过程中的努力(竭),作为潜能的目力、耳力、心思才能转化为"明""聪""睿"等现实的认识能力,从而实现其把握世界的价值意义。就其实质而言,作为"天之所与"的自然禀赋,目力、耳力、心思在未"竭"之前,都具有未完成的性质;正是人的作用(竭)过程,使之由未完成的潜能,转化为完成了的现实形态。在这里,人从另一方面参与了自然的"完成"。

可以看到,价值的实现,既展开为自然的人化,又表现为人的自然化,二者的统一,构成了"人与天地参"的具体内容。在参与自然的完成过程中,人同时也参与了这个世界的形成;事实上,"与天地参""全其自然"的真正意义,便在于走向存在与价值统一的这个世界。所谓这个世界,也就是在人的历史实践中形成的现实存在;对人而言,它既呈现实在性(reality),又具有真正的现实(actuality)意义。②

从形而上的层面看,对存在的如上考察,更多地展示了实质的维度,与之相对的是以形式为关注之点的形而上学;后者在康德那里获得了较为典型的形态。康德的《纯粹理性批判》在深层的意义上蕴含着形而上学的观念。按康德的看法,形而上学对人类的理性而言,是不可或缺的,③但在传统的形态下,形而上学又存在着自身的问题,其具体表现形式包括:它没有将自身建立在理性批判的基础上,亦未能对知性作用做出限定,结果不免走向独断论;④同时,它也缺乏关于先

---

① 王夫之:《续春秋左氏传博议》卷下,《船山全书》第5册,第617页。

② 参见本书第一章。

③ Kant, *Critique of Pure Reason*, Translated by N. K. Smith, St. Martin's Press, 1965, p.54, p.665.

④ Ibid., p.29.

天形式与经验内容的区分,从而难以达到纯粹的形态。① 从上述批评出发,康德提出了"作为科学的形而上学如何可能"的问题。② 与旧的形而上学相对,"作为科学的形而上学"以理性的批判及感性、知性与理性的划界为前提,由此达到的是"纯粹"形态的形而上学,包括纯粹理性思辨运用的形而上学与纯粹理性实践运用的形而上学。③ 所谓"纯粹",既意味着先天性或先验性,也意味着形式化。事实上,在康德那里,纯粹、先天、形式常常是相通的。作为纯粹的、形式化的系统,形而上学既不涉及价值的内容,也缺乏真正意义上的实践指向。④ 不难看到,这种纯粹的或形式的形上学形态在对存在做抽象理解的同时,也蕴含着人的存在与这个世界的某种分离:⑤ 人在价值创造中展开的历史实践与这个世界的真实联系,或多或少被掩蔽了。⑥

---

① Kant, *Critique of Pure Reason*, Translated by N. K. Smith, St. Martin's Press, 1965, p.660.

② Ibid., p.57.

③ Ibid., p.659.

④ 康德意义上的思辨或自然的形上学涉及何为存在及如何把握存在,其道德形而上学则关涉人的存在。道德的形而上学本来应以价值关怀为题中之义,但如舍勒(M. Scheler)所批评的,它在康德那里基本上表现为一种形式的体系。同时,道德形而上学虽涉及"实践"概念,但它主要讨论的是道德判断及行为的形式条件,而并不以作为感性活动的实践为对象;与感性的分离,使康德论域中的实践缺乏现实的规定。

⑤ 在这一方面,康德哲学似乎具有两重性:一方面,从认识论的维度看,康德强调了主体对现象(认识对象)的建构作用;另一方面,从实践的层面看,又忽视了人对现实世界形成过程的参与。

⑥ 康德在《纯粹理性批判》中涉及的形而上学观念,往往未能引起人们的必要关注。如哈贝马斯便认为,康德的《纯粹理性批判》阐明的主要是客观的自然科学的可能性问题,它使人的精神从形而上学的幻想当中解放了出来(参见《现代性的概念》,载哈贝马斯:《后民族结构》,上海人民出版社,2002年,第181页)。这一看法似乎未能充分注意到《纯粹理性批判》对形而上学的关注以及它关于形而上学的如上阐释。

马克思曾指出:"哲学家们只是用不同的方式解释世界,而问题在于改变世界。"①无论是康德所批评的旧形而上学,抑或康德所理解的纯粹形态或形式的形而上学,在总体上确乎未能超出说明和解释世界的视域;②而以说明或解释世界为哲学的主要或唯一职能,显然未能把握哲学的真正意义。如前所述,就形而上学而言,它所追问和关注的问题不仅涉及"是什么",而且包括"意味着什么"以及"应当成为什么"。以存在与价值的统一为这个世界的现实形态,"是什么"的追问在观念与实践的层面都导向"应当成为什么"的关切,后者意味着由说明世界进而指向变革世界。在这里,作为存在理论的形而上学在确认价值与存在统一的同时,也从本源的方面展示了哲学的规范意义或实践意义;以往的哲学满足于说明世界,其根本的问题即在于将存在的关注仅仅限定于对"是什么"的抽象思辨及如何达到"是"的先验考察,③从而忽视了形而上学或存在理论的全部丰富性。

要而言之,从这个世界的真实形态看,存在包含着价值的意义和规定。价值不仅通过评价而在观念层面实现其意义,而且在人的历史实践过程中化为现实的存在,后者作为人的创造过程的产物又蕴含了新的价值意义。在二者的互涵与互动中,价值与存在展开为一个动态的统一过程。这种统一既展示了这个世界的现实内容,又为形而上学超越对世界的抽象说明、获得变革世界的规范意义提供了根据。

①　马克思:《关于费尔巴哈的提纲》,《马克思恩格斯选集》第 1 卷,第 19 页。
②　康德对理性的批判,最后仍以如何说明世界为指归。
③　如上所述,康德对现象与物自体的区分,亦涉及何为存在或"是什么"的问题(感性及知性与理性的对象各自"是什么")。"是什么"层面的划界,构成了理性能力划界的前提,二者所追问的,同时又是如何达到"是"的问题。康德固然曾提出"我应当做什么"的问题,但这里的"应当做什么"主要涉及个体("我")的道德选择,后者又基于个体对普遍理性法则的理解和认同,它在内涵上难以等同于广义上的变革世界。

第三章

认识、存在与智慧

存在与价值的相涉,从"是什么"与"意味着什么""应当成为什么"的相互联系中,展示了存在的人化之维。分开来看,在"是什么"这一层面,问题则更多地涉及认识论。认识与存在常常被分别视为认识论和本体论讨论的对象,这种理解在逻辑上每每又以认识论与本体论的相分为前提。就其内涵而言,认识与存在无疑包含某种差异,在一定意义上,对它们分别地加以考察,也有助于深入地把握二者的不同规定。然而,如果将区别引申为分离,则容易导致对二者的抽象理解。从现实的形态看,认识过程总是以存在的敞开为其题中之义;认识的展开,也难以离开本体论或形而上的视域。广而言之,认识领域的存在不仅指向对象世界,而且涉及人自身,认识与存在的相关性则相应地展示为

"知"与"在"的互融。认识的如上图景所蕴含的更深沉意义,是认识论与本体论的统一。

一　认识的本体论前提

按其内容,认识可以区分为关于"是什么"之知(knowledge of that or know that)以及关于"如何做"之知(knowledge of how or know how)。① 关于"是什么"之知属命题性的知识,并相应地涉及对所知(the known)的断定。作为认识所指向的对象,所知本身具有何种规定或特征? 这是一种带有形而上性质的追问,而这种追问在逻辑上又构成了认识论的前提之一。

所知首先不同于本然的存在。本然的存在尚未与人"照面",亦未进入人之知行过程,所知则与能知相对,从而已成为关系中的存在。前一章已提及,柏拉图在《美诺篇》中曾借美诺之口对知识来源提出了如下问题:一方面,认识的发生要以对所认识的对象有所知为前提,如果对该对象一无所知,便根本无法确定其为认识的对象;另一方面,如果所研究的对象是已经知道的东西,则认识也就变得没有必要了。② 柏拉图由此论证认识或学习只能是一个回忆的过程,这当

---

① 参见 Gilbert Ryle, *The Concept of Mind*, Hutchinson's University Library, 1949, pp.25 - 61。广而言之,认识还应包括关于"是否有价值或是否应当"之知(knowledge of whether or know whether it is ought to do),Walter R. Fisher 已涉及"是否"(whether)的问题,并认为这方面之知(knowledge of whether)关乎"某些事是否使人想要做"("whether some things are desirable to do"),参见 Walter R. Fisher, "Narration, Knowledge, and the Possibility of Wisdom", in *Rethinking Knowledge: Reflections Across the Disciplines*, Edited by R. F. Goodman and Walter R. Fisher, State University of New York Press, 1995, pp.171 - 175。

② 参见 Plato, *Meno*, 80e - 82d, pp.363 - 367。

然难以被视为合理的推论,但他肯定所知(认识的对象)无法与人的认识完全隔绝,则并非一无所见。

康德同样注意到了所知的非本然性。如所周知,康德区分了物自体与现象,现象不同于物自体的特征之一,便是它已处于认识关系中。而在康德看来,物自体尽管构成了感性的来源,但它本身无法成为直观及知性的对象,在此意义上它总是存在于认识关系之外,唯有进入认识关系中的现象,才构成所知。所知与本然存在的这种分别,在实用主义那里也得到了某种确认。杜威便强调,认识的对象是人的探索活动的产物,而非现成地存在于认识的开端。[①] 在此,知行过程构成了认识对象所以可能的前提。[②]

作为能知(the knower)所指向的对象,所知无疑包含着某种超乎本然存在的"负载"。本然形态常常与人化形态相对而言,所知不同于本然之"在"的特点,首先在于它通过与能知的联系而获得了宽泛意义上的人化规定;所谓"负载",首先便表现为这种人化的规定。在本然的形态下,存在除了"在"或"有"(being)之外,并没有更多的意义,这一维度的存在,显然具有抽象的性质;以所知为存在方式,存在的全部丰富性和多方面的内蕴才可能向人敞开。从认识的出发点看,将所知与本然的存在区分开来,无疑有助于避免把认识对象还原为抽象形态的存在。

然而,所知内含人化负载,并不意味着它仅仅表现为人的构造。人化的负载使所知呈现较本然存在更为丰富的规定,但其本然之维并未因此而完全被消解。本然或自在大致包含二重含义:其一,尚未

---

① 参见 J. Dewey, *Logic: The Theory of Inquiry*, Henry Holt and Co. Inc, 1938, p.119。

② 如后文将要指出的,康德及实用主义的如上看法包含着消解所知自在规定的趋向,但这里关注的是其区分本然与所知的认识论视域。

进入人之知行过程或与这一过程相隔绝;其二,独立于人的意识和观念之外。前者侧重于存在与人的意义关系,后者则涉及存在本身的实在性。如前所述,在与能知发生了广义的联系并已进入人之知行过程这一维度上,所知无疑已超越了本然的形态,但是,在所知的物理等规定并不因进入知行过程而改变自身、这些规定的存在与否也并不依存于能知的作用等方面,所知显然仍具有本然性或自在性。

可以看到,所知作为认识的对象,具有二重性质:就其与能知相对而进入知行过程而言,它是为我之物;就其具有不依赖于能知的存在规定而言,又是自在之物。① 康德肯定了物自体的自在性,但同时又在物自体与为我之物之间划下了一道鸿沟,并相应地将其排除在所知之外;他以现象为所知,但又仅仅将其理解为为我之物,而在相当程度上悬置了其自在性(在康德那里,现象与表现为感觉的质料及先天的形式相联系,在相当程度上是经过构造或规定、整理的对象②)。换言之,在康德那里,物自体是自在的,但非所知;现象是所知,但又是非自在的,存在的为我性与自在性呈现彼此对峙的格局。同样,杜威强调认识的对象是认识的产物,固然注意到了所知与为我之物的相关性,但同时却不免弱化了其自在性这一面。为我之维与自在之维的这种分离,显然难以达到真实的所知。

相形之下,王夫之对“所”的理解似乎更值得注意。在谈到“能”

----

① 海森伯曾指出,在微观领域中,对象往往处于测不准关系之中。然而,即使在量子力学的这种关系中,微观的存在仍有其自在的一面:其成对的物理量(如位置与动量、时间与能量等)之不能同时精确测定,本身便基于其不同于宏观物体的自在规定,而并非仅仅依存于观察者。

② 康德曾明确地表述了这一点:“我把现象中与感觉相应的东西称为现象的质料,而把能够使现象的杂多在某些关系中得到整理的东西称为现象的形式。”Kant, *Critique of Pure Reason*, pp.65－66.

与"所"的关系时,王夫之指出:"境之俟用者曰'所',用之加乎境而有功者曰'能'。能所之分,夫固有之。释氏为分授之名,亦非诬也。乃以俟用者为所,则必实有其体,以用乎俟用而可以有功者为能,则必实有其用。体俟用,则因所以发能;用乎体,则能必副其所。体用一依其实,不背其故,而名实各相称矣。"①"俟用"意味着"所"与能知已具有某种认识论意义上的联系,以"俟用"界定"所"相应地已使"所"区别于本然之境;另一方面,"所"作为"境之俟用者"又依然包含境所具有的"实有其体"的性质,正是这一点,使之能够成为"能"所指向的对象。王夫之对"所"的以上理解,已有见于所知的二重品格。

自在与为我的统一,使所知既超越了本然的形态,又展示了其实在性;本然的超越意味着向能知的敞开,实在性则使这种敞开具有真实的内涵。对能知而言,所知的这种敞开,是否具有可理解性?这一问题的本体论或形而上意义在于:所知是否具有自身的秩序?刘易斯已注意到了认识与秩序的关系,在他看来,"概念的运用及从过去到未来的推论,都要求存在某种秩序(order)及恒定性(uniformity)"②。广而言之,所知的可知性,以所知内含的秩序性为其本体论前提。

所知的秩序性在一与多的关系上得到了较为直接的体现。从宏观层面的世界,到一个一个的个体,多样的规定普遍地内含于不同形式的对象。作为对象的内在构成,多样的规定不同于杂多,它在具体的事物中总是表现为有序的系统或结构,这种有序的结构同时赋予多样的规定以统一的形式。在中国哲学中,这种统一的形态常常以

---

① 王夫之:《尚书引义》卷五,《船山全书》第 2 册,第 376 页。

② C. I. Lewis, *Mind and the World-Order: Outline of Theory of a Knowledge*, Charles Scribner's Sons, 1929, p.347.

"和"来表示。前文已论及,早在春秋时期,史伯已指出:"夫和实生物,同则不继。"①此处之"同",指无差别的绝对同一,"和"则意谓多样性的统一或包含差别的统一。按照史伯的理解,在绝对同一的形态下,事物往往难以发生和延续;唯有通过不同规定的交互作用,事物的存在才成为可能。在这里,就事物的发生和发展而言,"和"较之"同"无疑具有更为积极的意义。这一看法在尔后的中国哲学中一再得到了确认。不难看到,"和实生物"的观念涉及的,首先是事物的实际存在形态及存在方式。对中国哲学来说,在绝对同一的形态下,事物往往难以获得实在的品格;真实的存在,总是内含着多重的规定。质言之,存在的现实形态在于多样性的统一。这种统一不仅表现为不同要素之间的并存,而且通过它们的相互作用而展开为一种内在的秩序。从认识与存在的关系看,如果说,存在的多样规定构成了以分析的方式(从不同侧面、层面)把握对象的根据,那么,多样性的统一,则为再现对象的整体提供了可能。作为有序的结构,多样性及其内在的统一在本体论的层面规定了所知的可理解性。

以多样规定的统一为存在形态,所知总是同时包含自身同一(identity)的品格。这里所说的自身同一,不同于和同之辨中的"同",而是指:作为具体对象,所知自身的特定规定具有相对确定性。就类而言,有机物不同于无机物,动物不同于植物;从个体看,特定时空中的某一对象,总是有别于另一时空关系中的对象,彼此不能无条件地相互等同。事物的如上特定规定是存在分化的产物,其中内含着相对稳定的性质。这种稳定性不仅在于每一事物都有不同于他物的确定性质,而且表现为其在时间中的绵延同一:特定事物虽历经时间中的变化,但仍为自身而非他物。以人而言,特殊的个体往往经历童

① 《国语·郑语》。

年、少年、青年、壮年、老年等不同的阶段,尽管该个体在不同的人生阶段会形成某种生理、心理方面的变化,但他或她并未因此而成为他人或他物。① 时间中展开的绵延同一与诺齐克(R. Nozick)所讨论的不变性(invariance)有相通之处。诺齐克在谈到客观世界的结构时,曾提出了事物的不变性特征;所谓不变性,便是指事物在各种可允许的转换中,仍然保持不变。② 不过,诺齐克主要在客观性的意义上定位事物的不变性,而从广义上看,时间中的绵延同一同时无疑也展示了事物的动态秩序:正是事物虽经变化而仍为自身,使之不同于稍纵即逝、方生方死的不可捉摸之物,而呈现为可以用理性方式把握的有序结构。

事物不仅以个体的方式存在,而且展开为相互之间的关系,后者同样内含着时间中的绵延同一。与个体自身的规定总是呈现相对确定的性质一样,事物之间的关系也具有连续性。事实上,事物的存在规定与事物之间的关系往往很难分离,存在规定的稳定性与关系的连续性也相应地具有一致性。以水而言,它以何种形态(液态、固态或气态)存在,往往与一定的温度相关,在一个标准大气压下,0 度与99 度之间的水一般呈现液态的形式;在同样的条件下,水与温度的这种关系,并非仅仅存在于某一时间段,它在过去、现在与未来具有延续性。关系的这种连续性既从一个方面规定了事物的有序结构,也展示了事物之间的秩序。从认识论上看,事物之间的关系在时间中

---

① 《墨辩·经说上》有"处室子、子母,长少也"之说,意即同一女子可以有未嫁、为人母之分,但这只是表明同一个体的不同人生阶段,而并不意味着处室子、子母等不同时间段中的同一女子是两个彼此独立的个体。这一看法已注意到这一点。

② R. Nozick, *Invariances: The Structure of Objective World*, The Belkand Press of Harvard University Press, 2001, p.76, pp.82 - 87.

的绵延同一或连续性,同时也使过去(已为人的经验所把握)和未来(尚未为人的经验所达到)之间的沟通成为可能。

时间中的绵延同一,已蕴含了某种变化:借用诺齐克的表述,同一所体现的是变(转换)中的不变。事物在其存在过程中,总是经历各种变迁,就变迁或变化本身而言,其秩序往往以恒定性为其形式;这种恒定性每每具体表现为事物变化的齐一性和有规则性。日常习见的现象已从常识的层面显示了这一点:四季的交替,通常展开为春、夏、秋、冬的依次更迭,而不会在季节意义上出现春天之后紧随冬天的现象;在没有阻障的情况下,水的流向总是自高而低;如此等等。上述意义上的恒定性可以简要地表述为:在条件 C 具备的前提下,当 X 出现后,Y 也总是随之以某种方式出现。作为存在秩序的体现,事物变化的这种恒定性,既构成了规律的本体论基础,也为理性的认知提供了前提。①

从事物之间的关系看,恒定性往往涉及因果律。休谟曾从经验论出发,对因果关系的存在提出质疑。在他看来,经验所能把握的只是现象的前后相继,至于这些现象之间是否存在因果联系,则超出了经验的范围,从而无法确认。这里实质的问题在于:导致或引起某种

---

① 当然,肯定恒定性,并不意味着否定变迁和差异。这里的重要之点是,变迁和差异并非隔绝于恒定性。皮尔士曾认为:"自然最伟大的特征在于差异(diversity),对每一种恒定性,都可以指出成千种非恒定现象(non-uniformities)。"(*Philosophical Writings of Peirce*, Dover Publications, 1955, p.221.)这固然不无所见,但在确认这一点的同时,也同样应肯定:变迁和差异之所以可以理解,主要便在于其中蕴含着某种恒定性。事实上,皮尔士本人也注意到了恒定性的作用,紧接上文,他又指出:"然而,差异通常对我们只有很小的用处(small use to us),只是对诗人才有吸引力,而恒定性则是生活的本质要素。"(Ibid.)当然,皮尔士在这里仅仅着眼于恒定性与生活的价值关系(对人的生活的用处),而未能进而从认知过程考察其意义,则似乎又体现了实用主义的立场。

现象的事物与被引发的现象之间,是否存在必然的联系?从逻辑上看,如果 A 是 B 的必要条件(无 A 则无 B),B 是 A 的充分条件(有 B 则有 A),则 A 与 B 之间便存在某种必然的联系;导致或引起某种现象的事物与被引发的现象之间如果存在如上意义的联系,则二者之间的关系便具有因与果的性质。就现实的层面而言,某种因是否出现,固然取决于各种因素,而不一定具有必然性,但有某种因便有相应的果,则具有必然性。休谟似乎对后一意义上的事物关联,未能予以必要的关注。因与果之间的以上必然联系,使事物变化的恒定性进一步取得了规律或法则的形式,它在更深刻的意义上体现了存在的秩序,并构成了理性推论的本体论根据。

概而言之,所知既是为我之物,又具有自在性;为我之维展示了所知与能知之间的联系,自在之维则确证了其实在性。作为自在与为我的统一,所知包含着内在的秩序,这种秩序使通过理性的方式把握事物及其关系成为可能。实在性与秩序性的确认,无疑具有形而上学的性质,而这种确认同时又构成了认识过程的逻辑出发点。

二 "知"(knowing)与"在"(being)

与所知相对的是能知。所知涉及的是对象,能知则以人的存在为题中之义;认识作为人的活动,离不开人自身的存在。庄子在谈到人与知的关系时,曾指出:"有真人而后有真知。"[①]关于真人与真知的具体的内涵,庄子当然有其独特的理解,其中不乏可议之处。但这里真正值得注意的,并不在于庄子对真人或真知的具体界定,而是其肯定人的存在对认识的本源意义。海德格尔也曾提出类似看法:"只有

---

① 《庄子·大宗师》。

当此在(Da-sein)存在,才有真理。""在此在存在之前,没有真理;在此在不复存在之后,也没有真理。"①此在首先被理解为人的存在,真理则涉及存在的敞开,此在与真理的以上关系,也表明了人的存在是认识所以可能的前提。② 就现实的认识过程而言,如果说,所知作为"境之俟用者"为能知提供了作用的对象,那么,能知(人的存在)则从作用过程本身制约着认识活动的展开。③

金岳霖先生曾对元学的态度与知识论的态度做了区分:"研究知识论我可以站在知识论底对象范围之外,我可以暂时忘记我是人,凡问题之直接牵扯到人者我可以用冷静的态度去研究它,片面地忘记我是人适所以冷静我底态度。研究元学则不然,我虽可以忘记我是人,而我不能忘记'天地与我并生,万物与我为一',我不仅在研究底对象上求理智的了解,而且在研究底结果上求情感的满足。"质言之,"知识论底裁判者是理智,而元学底裁判者是整个的人"④。金岳霖所说的元学,也就是形而上学,他认为知识论仅仅需要冷静的理智,唯

---

① M. Heidegger, *Being and Time*, p.208.

② 海德格尔同时又通过强调真理的去蔽意义而肯定了有真人而后有真知,参见本章第 4 节。

③ 在现代哲学中,实证主义对主体的认识论意义往往未能予以充分的注意,哈贝马斯曾对此做了具体的分析。在哈贝马斯看来,"实证主义标志着认识论的结束,代替认识论的是知识学"(参见哈贝马斯:《认识与兴趣》,学林出版社,1999年,第 66 页)。这一转换的后果,是认识主体的淡出:"知识学替代认识论,表现为认识着的主体(人)不再是坐标系。""知识学却放弃认识着的主体(人)的问题,把注意力直接集中在科学上,即集中在作为命题和处理问题的方法体系,也可以说,作为理论赖以建立的和检验的全部规则的诸种科学上。"(同上,第 67 页)相对于认识论,知识学关注的往往更多的是对知识的形式层面的分析:方法、规则等便首先表现为形式化的系统。与认识论向知识学的转换相联系,实证主义确乎常常将"能知"化约为形式层面的规则、程序,并由此忽视了现实的主体(人)。

④ 金岳霖:《论道》,商务印书馆,1987 年,第 17 页。

有形而上学才涉及整个的人,不仅过于截然地分离了形而上学与认识论,而且多少将认识的主体抽象化了。就认识过程而言,其主体显然不能简单地归结为理智的化身:这里需要的同样是"整个的人"。所谓整个的人,也就是作为具体存在的人。他既有感性的规定,也有理性的面向;既渴望情感的满足,又包含着内在的意愿;如此等等。这些不同的规定在认识过程中往往相互交错、彼此作用,共同制约着知识的形成。

从认知的角度看,能知的整体性或具体性涉及感知、直觉、理性等能力之间的互渗与互动。以知觉而言,它通常被归入感性之域,但其中往往也内含着理性的作用。知觉的特点是再现所知的整体,尽管在具体的感知过程中,呈现于主体之前的,常常只是对象的某一或某几个方面,但主体仍能将对象(所知)作为整体来把握。这里便渗入了某种推论:在已有之知识经验背景下,主体无须穷尽对象的一切方面,便能由对象所呈现的若干方面,推知其整体。同时,知觉对整体的把握,往往并不是逐一或分别地感知对象的各个规定,而是一下子再现其整体。如对人的外貌,常常不需要对耳、目、口、鼻、四肢、身体等逐一地加以观察,便能直接地形成知觉形象。这种直接的、顿然的再现方式,显然内含着直觉的作用。此外,知觉常常离不开"看""注视",后者同样并非仅仅是单纯的感知行为。日常语言中有所谓"察言观色",这里的"观"便既是感性的"看",也包含着理性层面的理解。

前文已提及,知识形态可以区分为关于"是什么"之知、关于"如何做"之知,以及关于"是否有价值或是否应当"之知。"是什么"更直接地与认知相联系,"是否有价值或是否应当"则已涉及价值的评价。作为同一主体的相关方面,关于"是什么"之知与关于"是否有价值或是否应当"之知统一于广义的认识过程中。与此相应,如前一章所指出的,认知和评价也并非彼此分离。认知所指向的,主要是对象本身的性质、规定;评价则涉及对象与人的意义关系。认识固然以敞开对象自身的性质为题中之义,但它同时始终无法略去人本身。从认知要求的提出、认知对象的确认,到知识对人所具有的意义的断定,价值评价渗入认识的各个环节;同样,评价过程本身也受到认知的制约:除了涉及人的需要、价值规范等之外,评价总是要以认知所提供的真实知识为依据。认知与评价的如上统一,从另一方面体现了认识主体的具体性:作为"整个的人",认识主体在现实的认识过程中展开为多重向度。

波普尔曾提出三个世界的理论,其中世界 1(world 1 or the first world)由外部的物理对象构成,世界 2(world 2 or the second world)主要是主观经验及思想过程,世界 3(world 3 or the third world)则包含陈述、观念、问题及理论本身等。① 从认识论上看,世界 2 可以被视为认识的活动及过程(knowing),世界 3 则可归入广义之知识(knowledge)之列。这种区分对把握不同存在形态的各自特点无疑是有意义的,但如果过于执着于知识(knowledge)与认识过程(knowing)之分,则似乎容易导致在知识与认识过程之间截然划界。作为历史地、社会地积累的成果,知识当然有其相对独立的一面,但严格而言,在进入现实的认识过程之前,知识只具有可能的形态;知识意义的真正实现,离不开现实的认识过程。知识与认识过程的融合,以化知识为能知为其前提。所谓化知识为能知,既是指知识融入主体的意识结构,成为主体认识的背景,又意味着知识内化于认识的能力系统,并由此提升人的认识能力:正如语言的掌握扩展了人把握

---

① K. Popper, *Objective Knowledge: An Evolutionary Approach*, Chapter III, IV, Claredon Press,参见《客观知识》,上海译文出版社,1987 年,第三、第四章。

世界的能力一样,知识的积累和深化也增强了人进一步认识对象的能力。以意识结构的形式表现出来的认识背景和认识的能力系统,同时构成了人存在的具体方面:意识背景展示了人的综合的精神形态,认识能力则表征着人作用于对象所可能达到的深度和广度。通过化而为广义的能知,知识既获得了现实的品格,也参与了认识的实际过程:在知识与人之"在"的融合中,知识(世界3)与认识过程(世界2)呈现出内在的统一性。

以化知识为能知为前提,知识与认识过程的交融,同时也蕴含着"知"(knowing)与"在"(being)的统一。在日常经验的层面上,身体因某种原因而导致的"疼痛",与个体对这种疼痛的感知,往往具有同时性。也就是说,并不是先发生疼痛的现象,然后个体才感知到疼痛,在神经系统正常而又未用解痛药物的情况下,个体常常是在发生疼痛时,也同时感知到疼痛。疼痛是一种可以用器官的损伤、变化来加以解释的存在状态,对疼痛的感知则属于广义之知;"疼痛"的状态与感知到疼痛这二者的同一,也从一个方面表明了"知"与"在"的统一。"在"往往通过行为过程而得到体现,从而,"知"与"在"的关系每每具体涉及"知"与做或知与"行"。波兰尼曾以艺术(如钢琴演奏)、体育(如游泳)、医生的诊断等技艺性(skill)活动为例,讨论了"知"(knowing)与"做"(doing)的关系。在他看来,在这些活动中,"二者事实上很少相互分离,我们常常看到的毋宁是二者的融合(a blend of the two)"①。技艺性活动诚然包含着认知,但这种认知往往同时渗入主体的行为过程,并与整个存在融为一体。以钢琴的演奏而言,成功的演奏当然需要了解乐谱、弹奏要领以及钢琴的结构、性

---

① *Knowing and Being: Essays by Michael Polanyi*, Edited by Marjorie Grene, The University of Chicago Press,1969, pp.125-126.

能,等等,但在具体的演奏过程中,这些知识应与主体的整个行为融合为一,如果音乐与钢琴方面之知识和弹奏的行为过程相互分离,则演奏便会显得艰涩生硬,无法达到行云流水般的浑然一体性,从而,也难以取得理想的演奏效果。

孟子曾从"体"与知之辨上,对知与能知(人的存在)之间的关系做了考察:"君子所性,仁义礼智根于心。其生色也,睟然见于面,盎于背,施于四体,四体不言而喻。"①仁义礼智是指自觉的道德意识,在孟子看来,这种自觉意识植根于人的本善之性,同时又形之于外,体现于人的外在肢体(四体)。道德意识包含着实践理性层面之知识,四体(身)则是人的个体存在的表征,这里的内在含义在于:自觉的道德意识,总是凝聚、内化于人的存在。同时,身(四体)又与人的行为过程相联系。所谓"施于四体",意味着道德意识落实于通过四体的活动而展开的实践过程。而在这一过程中,道德意识本身又逐渐沉淀于以身为外在表征的个体存在,并进而使个体在行为中达到某种自然中道的境界(所谓"四体不言而喻")。不难看到,四体的不言而喻,是以实践理性(包括道德知识)与人的整个存在的合一为前提的。广而言之,这种关系同时涉及其他领域。在谈到"规矩"与"巧"的关系时,孟子指出:"梓匠轮舆能与人规矩,不能使人巧。"②规矩是指导行为的准则,包含着"如何做"之知识(knowledge of how),"巧"则已与个体的能力相融合,并呈现为个体在实践中的存在形态。从知识意义上的"规矩"到存在形态上的"巧",其间包含着知识向个体存在内化的过程。

"知"与"在"的统一,在默会之知(tacit knowing)中得到了更具

---

① 《孟子·尽心上》。
② 《孟子·尽心下》。

体的体现。① 波兰尼曾对默会之知做了较多考察。他首先对专注性意识(focal awareness)与非专注或隐附意识(subsidiary awareness)做了区分,前者是明晰的意识,后者则是非明晰的意识。默会之知总是渗入了隐附意识,它接受某种尚不明晰的对象,并将我们自己与世界联系起来;与默会之知相对的明晰之知则"依存于默会地理解和运用。从而,一切知识或者是默会的,或者植根于默会之知"②。作为知识更本源的方面,默会之知的特点之一在于尚无法以明晰的语言加以表述:"我们所能知道的,多于我们所能表述的。""默会之知首先表现为一种方式,这种方式使我们可以获得比可表述之知更多之知识。"③质言之,默会之知潜含于明晰的、可表达的知识形态之后,构成了认识更深沉的基础。

　　波兰尼强调默会之知的本原性以及默会之知对明晰之知的作用,无疑在某些方面存在忽视明晰之知对默会之知的影响以及认识的社会性向度等问题,但他对默会之知与人的存在关系的考察,却显然不无所见。认识过程固然主要专注于某一对象或对象的某一方面,但认识过程所达到的成果,却并不限于所专注的那一方面,它往往包含着超出所专注方面的内容。这一方面之知识固然未必为主体

---

　　① 汉语中的"会"含有理解、明觉等义,在"领会""会意""体会"等用法中即可看到这一点。默会之"会",也易于做类似理解(按字面解释,"默会"似乎有无言的领会或默默体会之义)。但事实上,tacit knowing or tacit knowledge、特别是与之相联系的 subsidiary awareness 恰恰含有隐而未显、尚未"觉"等义。因此,以"默会之知"翻译 tacit knowing or tacit knowledge 似乎不是很确切,更适当的译名也许是"隐默之知"。但"默会之知"这一译名在学界已较普遍地使用,在做如上说明之后,这里也姑且用之。

　　② 参见 *Knowing and Being: Essays by Michael Polanyi*, p.144。

　　③ Michael Polanyi, *The Tacit Dimension*, Doubleday & Company, Inc., 1966, p.4, pp.17－18.

所明晰地把握,但却同样构成了广义之知识。同时,明晰之知识在相关的专注性认识终结以后,常常逐渐沉淀于已有之知识结构,并在某种程度上由明晰形态转换为隐含或隐默的形态。溢出专注过程之知识与转换为隐含形态之知识固然不一定为主体所自觉意识,却依然以独特的形式存在着。这种存在形态的特点即在于它已内化、融合于主体的意识结构,并作为主体意识、精神的有机组成而与主体同在。以背景性的认识资源为形式,隐默之知或默会之知同时构成了能知的重要方面。

不难看到,与所知一样,能知也有其本体论的维度。就其形态而言,能知不同于抽象的逻辑形式,而是首先表现为具体、真实的存在,所谓"有真人而后有真知",已彰显了认识过程中人的存在的优先性。作为真实的存在,能知具有整体性的品格,而非仅仅是理智的化身,这种整体性既展开为感性、理性、直觉、想象等认识能力之间的相关性,也体现为认知与评价以及理智和情意等之间的互动。从过程的角度看,能知的本体论规定进一步取得了"知"与"在"统一的形式,后者既以波普尔意义上的世界2与世界3的沟通为内容,又表现为知识通过化为能知而与人同在。

三　知识客观有效性的形上根据

对所知和能知的以上讨论,具有分析性的形式。就现实的过程而言,所知与能知并非互不相关:知识的形成,总是涉及能知与所知的沟通和互动。从本体论或形而上的角度考察认识过程,同样难以回避所知和能知的关系。

以能知与所知之间的互动为现实的内容,知识的形成展开为一个具体的过程。然而,对知识的理解,往往存在抽象化的趋向。当代认识论中的所谓"盖梯尔(E. Gettier)问题",便较为典型地体现了这一点。在当代西方哲学中,知识常常被理解为经过辩护或确证的真信念(justified true belief),这种知识观念的源头,每每又被追溯到柏拉图。20世纪60年代,盖梯尔在《分析》(Analysis)杂志发表了《得到辩护的真信念是知识吗?》("Is Jusified True Belief Knowledge?")一文,对以上知识观念提出质疑。在该文中,盖梯尔主要通过假设某些反例来展开其论证。他所设想的主要情形为:假定史密斯和琼斯都申请某份工作,又假定史密斯认为自己有充分根据形成如下命题:"琼斯将获得那份工作,并且琼斯口袋里有10个硬币。"(命题1)以上命题又蕴含如下命题:"将获得工作的那个人口袋里有10个硬币。"(命题2)盖梯尔又进而假定,史密斯了解命题1蕴含命题2,并且在相信命题1有充分根据的基础上接受了命题2。这样,他对命题2的信念,既是真的,又得到了辩护。而按照前面的知识定义(知识即经过辩护的真信念),这种得到辩护的真信念即应同时被视为知识。由此,盖梯尔又进一步假定,最后是史密斯而不是琼斯获得了那份工作,而史密斯碰巧也有10个硬币在口袋。根据这一最后的结果,则命题1(琼斯将获得那份工作,并且琼斯口袋里有10个硬币)并不真,而从命题1中推论出的命题2(将获得工作的那个人口袋里有10个硬币)则是真的,因为最终获得工作的那个人——史密斯本人——口袋里确有10个硬币。然而,尽管史密斯关于命题2的信念得到了辩护,但他实际上并不真正具有关于命题2的知识,因为在形成命题2之时,他既不知道最后获得工作的是他本人,也并不清楚自己口袋里有多少硬币。由此,盖梯尔对"经过辩护的真信念即为知识"这一知识观念提出质疑。①

---

① 参见 E. Gettier, "Is Justified True Belief Knowledge?" in *Analysis*, Vol. 23, No.6, 1963, pp.121 - 123。

这里暂且不讨论被认为是源自柏拉图的知识界说是否合理,也先不议盖梯尔一连串假定的随意性(包括将"获得某份工作"与"口袋有多少硬币"这些外在事项随意地牵连在一起),而首先关注盖梯尔在知识论域中的以上推理过程。按其性质,被视为知识表现形式的信念,同时涉及广义的意向:作为认识主体的意识,信念包含意向性。从意向的维度看,信念总是内含具体的指向性:"将获得工作的那个人口袋里有 10 个硬币"这一知识信念,具体地指向特定背景中的事实或关系。在以上例子中,它以"琼斯将获得那份工作,并且琼斯口袋里有 10 个硬币"为具体的指向。同样,知识信念中的相关概念、名称或广义的符号,也总是指向具体的对象,在"将获得工作的那个人口袋里有 10 个硬币"这一信念中,"将获得工作的那个人"非泛指任何人,而就是指琼斯:所谓"将获得工作的那个人口袋里有 10 个硬币",其实质的内涵就是"琼斯将获得那份工作,并且琼斯口袋里有 10 个硬币"。既然琼斯实际上并没有获得那份工作,那么,命题 1("琼斯将获得那份工作,并且琼斯口袋里有 10 个硬币")就并非真正基于充分的根据之上。换言之,尽管史密斯"认为"自己有充分的根据形成琼斯将获得工作的"真"信念,但这种信念一开始就缺乏可靠的基础,不能在现实的意义上被赋予"真"的品格。与之相应,从没有真实根据的命题 1 推出的命题 2,也无法真正被视为得到辩护的信念。

　　不难看到,盖梯尔对知识的讨论方式,呈现出明显的抽象性趋向:这不仅仅在于它基本上以随意性的假设(包括根据主观推论的需要附加各种外在、偶然的条件)为立论前提,而且更在于:其推论既忽视了意向(信念)的具体性,也无视一定语境之下概念、语言符号的具体所指,更忽略了真命题需要建立在真实可靠的根据之上,而非基于主观的认定(如前面例子中史密斯"以为"自己有充分的根据推断琼斯将获得工作）。从能知与所知的关系看,这种讨论方式基本上限定于能知之域,而未能关注能知与所知的现实关联。进而言之,在盖梯尔的以上例子中,"琼斯将获得那份工作,并且琼斯口袋里有 10 个硬币"与"将获得工作的那个人口袋里有 10 个硬币"被视为可以相互替换的命题,这种可替代性又基于"琼斯"与"将获得工作的那个人"的可替代性。然而,从逻辑上说,"琼斯"与"将获得工作的那个人"之可彼此替代,其前提即是两者所指为一,即两者指涉的是同一所知。一旦将能知与具体的所知隔绝开来,则往往将导向抽象的意义转换。盖梯尔把"将获得工作的那个人"之具体所指(琼斯)转换为琼斯之外的他人(史密斯),便表现为一种抽象的意义转换。从现实的形态看,无论就意向言,抑或从概念看,其具体的意义都不限于单纯的能知,而是同时关涉所知。忽略了能知与所知的真实关系,仅仅限定于抽象的能知之域,便将使信念(意向)和概念失去具体的所指,从而既无法把握所知,也难以达到对知识的确切理解。

如前文所提及的,将知识理解为经过辩护或确证的真信念通常被归源于柏拉图,在盖梯尔的上述论文中,也蕴含着对这一点的肯定。① 这种看法无疑有其依据,因为柏拉图在《泰阿泰德篇》中,曾借泰阿泰德之口,提及了当时关于知识的一种观点:"伴随解释(逻各斯)的真实信念(true belief),就是知识,未伴随解释的信念则不属于知识的范围。"②然而,在同一篇对话中,柏拉图又通过苏格拉底之口指出,"不论是知觉,还是真实的信念或真实的信仰加上解释,都不能被当作知识。"③不难看到,对泰阿泰德提及的以上知识观念,柏拉图

---

① 参见 E. Gettier "Is Justified True Belief Knowledge?"一文中的脚注 1。
② Plato, *Theaetetus*, 201d, p.908.
③ Ibid., p.918.

并没有完全予以认同。柏拉图的正面看法体现于以下界说:"对'什么是知识'这一问题,我们的定义是:正确的信念加上对差异之知(correct belief together with a knowledge of a difference)。"①尽管柏拉图也肯定后者(对差异之知)与解释相涉,但这一关于知识的定义与"经过辩护的真信念"的观念显然并不完全重合。就此而言,通常被视为柏拉图关于知识的界说,明显不能全然归之于柏拉图。

从更本源的层面看,将知识视为"经过辩护的真信念",本身很难被视为对知识的恰当理解:一方面,如前所述,以信念为知识的形态,在逻辑上容易导向主观的心理之域并在实质上略去了能知与所知的关系;尽管"信念"之前被加上了"经过辩护""真"的前缀,但在以上的知识论视域中,这一类规定往往更多地限于逻辑层面的关系和形式,而未能在"信念"与"所知"之间建立起现实的联系。

上述形态的知识观念,既是盖梯尔责难的对象,又对其关于知识的理解构成了内在限定:盖梯尔之未能超出能知、指向所知,与他的知识视域始终未超出西方哲学史中所谓传统的知识观念不无关系。事实上,盖梯尔之设想诸种例子质疑"经过辩护的真信念"这一知识观念,并非旨在完全否定对知识的这种理解,而是试图通过提出相关问题,使他所概述和批评的这种知识观念在回应上述问题的过程中走向完善。历史地看,在盖梯尔提出问题之后,当代西方哲学中的认识论确实也做了种种努力,以完善以上的知识观念。当然,传统知识论与盖梯尔问题中内含的疏离能知与所知的偏向,又决定了这种努力往往并不成功。

所知与能知之间的直接中介,常常被视为"所与"(the given)。

---

① Plato, *Theaetetus*, 201d, p.918.

作为沟通所知和能知的环节,"所与"同时也被理解为最原始的认识材料。① 从所知的角度看,"所与"主要表示对能知的单纯给予或作用,就能知而言,"所与"则意味着对所知的被动接受。② 然而,就现实的形态而言,直接的认识材料并非仅仅表现为所知对能知的单向给予,它同时也是能知从所知中的一种获得(the taken)。杜威曾强调了后一方面,在他看来,知识的材料(the data of knowledge)是"获得(taken)而不是给予的(given)",③"获得"隐含着对能知作用的确认。当然,杜威以"得"排斥"与",似乎又忽视了认识材料的被给予性,这种倾向与实用主义消解所知的自在性存在着逻辑的联系。④ 相形之

———————————

① "所与"作为认识论的术语,在刘易斯那里得到了较多的考察,它在当代哲学中的流行,也似乎与刘易斯的工作相联系。在刘易斯看来,经验包括二重要素,其一为"直接的材料"(immediate data),另一为形式、结构或解释;前者即所与。尽管刘易斯也肯定所与往往与解释相联系,但在逻辑上,他仍强调所与的直接性(C. I. Lewis, *Mind and the World-Order: Outline of Theory of a Knowledge*, Charles Scribner's Sons, 1929, pp.36–66)。齐硕姆在评述所与理论时,曾对其做了如下概括: 1. 知识有如结构或大厦, 2. 作为其基础的感觉材料即是所与(R. M. Chisholm, The Myth of the Given, in *Philosophy*, Engle-wood Cliffs, Prentice-Hall, 1964, p.261)。这里也指出了一般对所与的理解都侧重于其直接的被给予性。

② 这里也许可以略提洛克的简单观念论。洛克对简单观念(simple idea of sensation)的解释,主要运用了因果关系的模式;尽管他所说的"因"不限于外部对象,但当他将外部对象视为简单观念之"因"时,简单观念便主要被理解为外部对象作用于感官的直接产物(参见 J. Locke, *An Essay Concerning Human Understanding*, Book II, W. Baynes, 1817, Chapter 8)。以直接的被给予性规定"所与",似乎近于这种单向的因果解释模式。

③ J. Dewey, *Logic: The Theory of Inquiry*, Henry Holt and Co. Inc., 1938, p.124.

④ 比较而言,刘易斯尽管在强调"思想与行动之间具有连续性"(C. I. Lewis, *Mind and the World-Order: Outline of Theory of a Knowledge*, p.4)、"知识是实用的",其价值主要是为行动服务(Ibid., p.145)等方面与其他实用主义者一致,但他对所与及认识论中其他若干问题的考察,往往不限于以融认知于评价及注重知识的效用等为特点的实用主义论域。

下,作为中国古典哲学代表之一的张载,则更注重"合":"人谓己有知,由耳目有受也;人之有受,由内外之合也。"①耳目之知是最直接之知识,而在张载看来,这种直接知识即源于"所"(外)与"能"(内)的统一(合)。完整地看,认识的直接材料既是"所与",又是"所得"。以视觉而言,所知给予的是物理学意义上一定的光波,但在能知中它却形成为一定的"色"(目遇之而成色);同样,在听觉上,所知给予的是一定的声波,但在能知那里,它却形成为语音、乐声等有意义的声音或噪声等无意义的声音(耳得之而为声)。② 这里无疑存在着所知和能知的交互作用:没有所知给予的光波或声波,"色"与"声"均无从形成;但无能知的"遇"和"得",则光波或声波仅仅是物理现象,而难以成为"色""声"等认识材料。如果我们将呈现(appearance)理解为认识的直接材料,那么在这种呈现中,所与和所得具有内在的统一性。③

所与和所得的统一,使认识一开始便建立在关系之上。从本源上看,所知与能知的沟通,实现于实践过程;作为二者联系的直接形态,所与和所得的统一,也以实践为背景。前文曾论及,"知"与"在"难以相分,而人之"在"的过程,总是更深刻地展开为人之"行"(实践)。艺术活动中理解和掌握的统一、劳动过程中操作程序(规矩)与技能(巧)的统一,以及明晰之知与默会之知的互动,等等,都形成并

---

① 张载:《正蒙·大心》,《张载集》,第 25 页。

② "目遇之而成色""耳得之而为声"出自苏轼《前赤壁赋》,金岳霖在说明所与是客观呈现时,曾引用此语。参见金岳霖:《知识论》,商务印书馆,1983 年,第 130 页。

③ 金岳霖在肯定所与是客观呈现的同时,又指出所与之中包含着人的"类观"(具有人类正常感官的人之视界),其中似乎也包含着对所与和所得统一性的确认。参见金岳霖:《知识论》,第 147 页。

体现于实践过程。在此意义上也可以说,"知"与"在"的关系奠基于知与行的关系之上。

作为人的存在的确证,实践既指向对象,并相应地以主体与对象的关系为题中之义,也涉及主体与主体之间的关系。实践领域关系的双重性,同样制约着认识过程。所知与能知的沟通,固然以主体和对象的相互作用为内容,但认识的形成同时又离不开共同体中不同主体之间的联系和交往:新的认识,应以共同体中已有的成果为出发点,观察和实验的结果,应当能够为不同的主体所重复;概念、命题、理论,应当能为不同的主体所理解和批评;如此等等。

从所与和所得的统一,到主体间的互动,认识的形成涉及不同层面的关系;从本体论或形而上的层面看,这一关系特征又可以追溯到"知"与"在"的相关性。知识的关系之维(包括知识与人的存在的相关性)本身并无难以理解之处,但其中却隐含着可能使人困惑的问题:关系似乎具有相对性,当关系项包括人(能知或主体)时,它还涉及主观性。这样,在知识与不同意义上的存在相关的情况下,如何担保其客观有效性? 对这一问题,可以从不同的方面加以回应,而形而上学层面的考察,则是其中不应忽略的进路之一。

以本体论或形而上学为视域,便可注意到,知识的关系性质首先涉及心、物、理。心包括意识及其活动,物即对象(包括其内在的法则),理通常被赋予多方面的内涵,在此其含义近于波普尔意义上的世界3,即概念、理论等。就终极的意义而言,心、物、理是存在本身分化的产物。存在本无心、物、理之别,随着统一的存在形成了天人之际及与之相联系的能知与所知之分的出现,心、物、理等区分才随之彰显。作为存在本身的分化,心、物、理也可以视为同一存在的不同形态:如果说物是对象性的存在,那么心、理则是广义的观念性存在(这里可暂时悬置心、理所内含的意识过程和概念形式等分别)。三者之间的统一既表现为整体性（心、物、理表现为同一存在的相关规定），也展开为连续性（作为存在分化的产物，心、理是同一存在的观念形态）。心、物、理的如上统一，一方面规定了知识的关系性质：概念形态的存在与心、物的相关性，一开始便将知识置于关系之中；另一方面又从本体论上担保了知识的客观有效性：作为同一存在的不同形态，以概念等形式存在的真理性知识仅仅改变了存在的方式，而并没有从根本上改变存在本身。

知识所涉及的关系当然不限于本体论上的心物之辨，它常常呈现更具体的特点；但不管取得何种形式，关系本身同样也是一种客观的存在。感知与主体的关系，往往被认为可能导致某种不正确的存在图景，但事实上这种关系也并非以人的观念为转移。以"错觉"而言，直的木棒置于水中，会在视觉中呈现弯曲的形态，这种感知常常被认为是主体感官的介入而引发的"错觉"。然而，问题似乎并非如此简单。这里涉及二重关系，即空气中的木棒与人的感官的关系，以及水中木棒与人的感官的关系；在前一种关系中，木棒呈现直的形态，在后一种关系中，由于光的折射方式有所变化，木棒呈现弯曲的形态。这二重关系本身都是一种客观的关系，与之相联系的感知也具有客观的性质：在其他条件不变的前提下，当感官（眼睛）与水中之棒相遇时，后者（木棒）必然显示为弯曲之状，此时如果呈现"直"的视觉，那倒可能是真正的错觉。可以看到，在这里，感知与主体的相关性，并没有使之失去客观有效性。当然，如果主体在看到水中之棒后，略去"水中"这一条件，不加限定地判定"这是一根弯曲的木棒"，显然也容易导致认识上的错误。但此时，错误的根源并不是感知、对象与主体的关系，而恰恰是忽视了这种具体条件下的关系。

就其内涵而言，知识所涉及的关系，可以从内在性与外在性等不同方面加以考察。从历史上看，一些哲学家较多地关注所知与能知关系的内在性,首先可以一提的是康德。在康德看来,作为所知的现象,也就是为感性和知性所作用的对象,它只能存在于这种关系中;感性和知性固然无法超越现象之域,但现象若离开了感性和知性,同样也无从呈现(现象在时空形式、因果关联等方面,分别依存于感性和知性)。康德对现象与感性、知性关系的如上理解,显然主要基于二者关系的内在性。柏格森强调存在的真实形态只能在直觉中才能呈现,则突出了知识与能知关系的内在性。同样,实用主义把所知规定为认识过程的产物,并着重在价值关系的背景中理解知识的含义(融认知于评价),其注重之点,也在于所知与能知、知识与主体关系的内在性。① 与以上看法相对,洛克将能知视为白板,并以所知的作用为知识的来源,则似乎更为关注能知与所知关系的外在性。②

从其真实的形态看,关系的内在性和外在性并非彼此排斥;知识所涉及的关系本质上既具有内在性,也具有外在性。就能知与所知的关系而言,所知作为认识对象,已不同于本然的存在,而在相当程度上表现为为我之物。所知的这种"为我"之维,展示了它与能知的难以分离性,后者同时也规定了二者关系的内在性。但另一方面,如

---

① 杜威已明显地表现出这一倾向。作为新实用主义者,罗蒂进一步重申了上述立场:"我们实用主义者认为如下观念是没有意义的:我们应该为了真理而追求真理。我们无法把真理当作探索目标。探索的目标在于人与人之间就做什么达成共识,在于就想要达到的目标以及为此而使用的手段达成共识。"(参见罗蒂:《后形而上学希望》,上海译文出版社,2003 年,第 105 页)这一看法一方面以关于如何做的认识(know how)取代了关于是什么的认识(knowing that),另一方面又以评价(判断认识是否对达到某种目的有意义)消解了认知(对客体本身的把握)。以关于如何实现目的或目标的共识为指向,认识显然主要依存于主体或能知。

② 当然,在白板说之外,洛克又提出了两种性质的学说。他对第二性质的分析,已不同于单纯的外在关系论,这种现象反映了哲学家思想的多方面性。这里主要是就白板说的逻辑内涵而言。

前所述,所知的"为我"之维并没有消解其自在性和独立性,正是所知对能知所呈现的这种自在性和外在性,使二者的关系同时具有外在的性质。白板说注意到了所知和能知关系的外在性,但它同时又在逻辑上将二者理解为互不相涉的存在,这种看法无法说明能知和所知如何沟通,并相应地难以解决能知如何达到对象的问题。康德、实用主义等有见于所知与能知关系的内在性,但却多少掩蔽了二者关系的外在性这一面。与此相关,他们同时又将认识理解为人单向地给自然立法(康德)或主体自身不断摆脱问题情景、由疑问走向确定(实用主义)的过程。对认识关系的这种理解,显然很难使知识的客观有效性得到落实。

知识与主体是认识过程涉及的另一重基本关系。前文已论及,"知"与人之"在"无法相分。严格而言,知识只是相对于人才有意义,离开了人,知识既无从形成,也难以存在。这一现象已从一般常识的层面上决定了知识无法与人的存在分离。从"知"与"在"的这种相关性看,二者的关系无疑具有内在性。然而,知识既有形式的方面,又有具体的内容,无论就其形式的规定,抑或实质的内容而言,知识都包含着非特定主体所能限定的方面。知识最一般层面的规定涉及逻辑的形式,而逻辑形式无疑具有超越特定个体的公共性、普遍性;①同样,就知识内容而言,如果它是真实的,那么其实质无非是以观念的形式存在的所知,作为存在的观念形态,它同样具有不以主体为转移的性质。从这方面看,知识与人的存在的关系无疑又具有外在的性质。

①　康德在界定作为所知的现象时,着重强调了所知对能知(包括感性直观形式与知性范畴)的依存性。不过,当他强调知性范畴具有先天性而非形成于人的经验活动时,他固然表现出先验论的倾向,但同时也注意到了知识形式超越于特定个体以及与之相联系的普遍性特点。这里也可以看到康德哲学的复杂性。

可以看到,认识所涉及的能知与所知、知识与人的存在等关系,在总体上表现为内在性与外在性的统一。认识关系的这种双重性,既为能知与所知的沟通提供了可能,又使知识的客观有效性在认识的本源处得到了落实。如果说,心、物、理的统一为知识的客观有效性提供了本体论的根据,那么,认识关系中内在性与外在性的统一,则通过认识论与本体论的交融和互摄,为这种客观有效性提供了更具体的担保。

自康德完成所谓哥白尼式的革命后,认识论中的主体性一再被强化,与之相联系的则是客观性原则的走弱。在现代哲学中,这一趋向似乎在不同层面有了进一步的发展。现象学尽管提出了回到事物本身的口号,但它对事物的理解往往与意向过程相联系,与之相关的是悬置存在以及对纯粹自我及纯粹意识的注重;在存在主义那里,个体、自我进而被提升为第一原理;哈贝马斯对主体间性的考察和关注,似乎对主体性有所超越,但同时又多少将对象性的关系视为消极意义上的工具—目的关系;此外还有前文提及的各种形式的内在关系论。从某种意义上看,近代以来,主体性、主体间性已浸浸然压倒了客观性原则。主体性及主体间性的确认在认识论、本体论等领域无疑都不可或缺,它对扬弃素朴实在论、机械论等也具有不可忽视的意义,然而,同样重要的是,不能因此而放弃或否定客观性原则。① 主体性、主体间性与客观性并不是互不相容的,就认识与存在的关系而言,其真实形态在于三者的统一。

① 当代一些哲学家已开始注意到这一点,这里特别值得一提的是诺齐克。在其最后一部著作(*Invariances: The Structure of Objective World*)中,诺齐克通过对不变性的论述,以独特的方式将客观性问题重新提了出来,该书的副标题即为"客观世界的结构"。参见 R. Nozick, *Invariances: The Structure of Objective World*。

四 知识、智慧与人之"在"

认识与存在的统一,不仅表现为"在"作为本体论前提制约着"知",而且在于"知"对存在本身的影响。如前所述,以化知识为能知为形式,"知"首先融入人的存在过程,并在不同的层面改变着人的存在。孟子曾从道德认识与人的关系上,强调"无是非之心,非人也"①。是非之心以对理义的把握为内容,②可以看作道德认识与道德认识能力的统一。孟子将其理解为人之为人的基本规定之一,无疑从一个方面注意到了认识对人的存在的意义。认识对人之"在"的影响当然不限于善。广而言之,从日常的世界到多样的实践领域,存在的不同方式往往折射着不同的认识境界。在此意义上,认识与人的存在的关系,似乎不仅仅在于"有真人而后有真知",而且也在于"有真知而后有真人"。

在自然的维度上,人的存在首先受制于其物种的结构;物种的限制同时也构成了存在的界限。然而,作为社会的产物,知识在相当程度上改变了人的这种存在形态:它在使人从一个方面获得社会性规定的同时,也为人走出或突破自然的存在限度提供了可能。如果说,知识本身赋予人以不同于单纯肉体(身)的观念性存在,那么,知识的物化形态——工具则延长了人的感官。与观念的其他形态(包括善的理念、美的意境等等)相辅相成,知识使人不断地超越自身,由自在达到自为,并逐渐走向更完善的境界。怀特海曾指出:"通过真理关系(truth relation),现象在实在深处召唤出新的情感资源。"③对真理

---

① 《孟子·公孙丑上》。

② 孟子:"心之所同然者何也? 谓理也,义也。"参见《孟子·告子上》。

③ 参见 A. N. Whitehead, *Adventures of Idea*, The Macmillan Co. 1933, p.343。

关系的把握属广义知识之域,这里的情感资源则与美和善的追求相联系。以上看法已注意到,以真为内容的知识,同时提升着人的整个观念形态的存在。不难看到,在上述意义上,知识既扩展了人的存在,也深化了人的存在。

知识的本体论意义,在海德格尔那里也得到较为深入的考察。如前所述,海德格尔曾着重探讨了真理与人的存在之间的关系。在他看来,真理问题属于基础本体论之域,①其本质即是去蔽(uncover, disclose),陈述之为真,主要在于它"让存在以其未遮蔽的形态为人所见(lets a beings be seen as its discoveredness)","它去存在之蔽,使之以是其所是的形式呈现出来(shows itself as the very same thing)"。②海德格尔所说的基础本体论,主要以人自身的存在(此在)为对象,所谓"蔽"也相应地主要相对于存在与人的关系。以去蔽为真理的本质,首先似乎不同于康德意义上的人给自然立法:这里着重的不是人以先天的形式给存在规定什么,而是让存在以自身的形式为人所见(to be seen);同时,去蔽也有别于存在的单纯自在:它所追求的,是存在之向人敞开。在这里,认识形式及内容与对象的关系已处于真理问题边缘,而人与存在的关系则成为关注的中心:当存在未向人敞开时,人往往处于被遮蔽的形态(存在的遮蔽,本质上表明的是人自身有蔽);存在之去蔽,则意味着人从有蔽走向无蔽。也正是在如上意义上,海德格尔强调,"真理的本质展现自身为自由"(the essence of truth reveal itself as freedom)③。这里的自由既是指让存在以无遮蔽的形式存在,④也意

① M. Heidegger, *Being and Time*, p.197.

② Ibid., p.201.

③ M. Heidegger, "On the Essence of Truth", in *Basic Writings: Martin Heidegger*, Routledge, 1993, p.128.

④ Ibid.

味着此在自身通过敞开存在而达到无蔽的形态。与此相应,对海德格尔来说,通常被视为认识形式的真理,其意义主要也在于人的存在形态的转换。

海德格尔以追寻人的本真存在形态为指向,而真理则是宽泛意义上的"真知"。如果说,强调无此在则无真理,①主要侧重于有真人而后有真知,那么,肯定真理的去蔽意义,则似乎包含着有真知而后有真人之意(去蔽既是对象的敞开,也是人走向无蔽的本真形态)。对真理与存在关系的如上考察,无疑从不同的方面注意到了知与人的存在之间的深层互动。当然,海德格尔仅仅在基础本体论的论域中讨论真理问题,则不仅多少淡化了真理的认识论的意义,而且往往容易进而忽略认识本身多方面的丰富内涵。事实上,从更广的视域看,知识对存在的制约,并不限于"知"与人之"在"的关系。以人的实践为中介,知识也改变着作为对象世界的存在。当近代哲学家肯定"知识就是力量"(培根)时,他们所侧重的,首先也是知识在变革对象世界中的作用。对象世界的存在境域改变到何种程度,往往与实践过程中知识所达到的深度和广度相联系。与对象世界的变革相一致,能知与所知的关系也每每发生相应的变化:所知常常已非原始的洪荒之域,作为人化世界的存在,它们越来越呈现为具有知识负载的对象。以实践为物化的力量,知识既变革对象世界,也改变着所知。

实践过程中展开的能所互动,总是交错着主体间的关系。在主体间的交往中,主体所面对的,已不是对象性的存在,而是他人(另一主体)。与对象性的关系有所不同,主体间的交往首先指向不同主体之间的相互理解和沟通,其间相应地涉及认识的维度。哈贝马斯曾分析了建立合理交往关系的条件,其中的真理性、可理解性与认识过

①　参见本章第 2 节。

程显然很难相分。主体间的对话,每每需要一定的背景知识以及对论题涉及对象的了解,相关知识的缺乏或相关知识的非真理性,往往会成为理解和沟通的障碍。在这里,知识无疑制约着以主体间交往为形式的存在过程。

从不同主体间的关系回到知识形态本身,常常涉及知识、无知与智慧的关系。一般而言,在涉及"是什么"(knowledge of that)等问题上,知识可以视为对特定所知(某一对象或对象的某一方面、某一层面等)的断定,这种断定同时建立在一定的根据之上(justified);无知则往往被理解为知识的缺乏。与知识主要指向存在的某一方面或层面有所不同,智慧以性与天道为内容,展现为对存在的整体领悟和把握,并相应地具有形而上的内蕴。同时,知识首先与能知相联系,能知主要展示为与所知相对的存在规定,而人的存在并不限于能知这一维度;相形之下,智慧凝结了人的全部生活,表现为基于整个实践过程而达到的具体的精神形态。较之对存在的分别把握,智慧可以看作存在的具体性在观念领域或精神领域的体现;作为人的存在形态,智慧又具有境界的意义。

知与无知、知识与智慧无疑体现了人自身存在的不同形态,但在现实的过程中,它们并非彼此截然悬隔,波兰尼对默会之知及隐附意识的分析,已从一个方面涉及这一点。在波兰尼看来,"任何与实在相关之知,都包含着未来可能呈现、现在尚不确定的范围"①。如果知识的基础是默会的,"那么,我们的知识可能包含着远远超出它们所能表达的内容"②。这里的值得注意之点,是将知识及与知识相关的意识理解为一个统一的系统,其中既包含着已经自觉意识到并取

---

① *Knowing and Being: Essays by Michael Polanyi*, pp.140-141.
② Ibid., p.133.

得明晰形态的内容,也包含着现在尚未自觉意识、具有隐而未显特点的内容。随着认识过程的展开,这种隐附之知可以转换为明晰之知。这样,对主体而言,知与无知之间的界限便不再是截然分明的:现在所处的"无知"状态,并不意味着绝对的无知,它可能只是表明此时"知"对主体来说还具有隐含的性质,而尚未达到明晰的形态。在这里,知识的连续性和统一性,从观念的形态上,赋予人的存在以连续性和统一性。

同样,知识与智慧之间也并非彼此对峙。智慧作为境界,体现了人的内在统一及自我整合;作为对存在的整体把握,智慧又从形而上的层面构成了进一步认识世界的背景。如前所述,认识的主体是整个的人,智慧则以境界的形式确证了这种整体性和具体性;作为主体的现实存在形态,智慧的整体性、具体性总是以不同的方式影响和制约着认识过程。康德对理念与知性范畴做了区分,理念超越经验而属理性之域,它与经验知识相对而更接近于这里所说的智慧。尽管康德强调理念不能作为建构性的概念而运用于经验领域,但他仍肯定了理念作为范导原则与理智活动的联系,并认为理念的作用在于将理智的使用引导到全面性、完整性和综合统一性上去,"没有这种统一性,我们的知识就是支离破碎的"①。这一看法已注意到,智慧层面的理念可以为知识经验的统一、整合提供某种担保。

知识与智慧的关系当然不限于智慧对知识的范导。作为具体的精神形态,智慧同时也包含着知识经验。知识的单纯积累和增加,固然不一定意味着智慧的形成,但智慧如果缺乏知识内容,也将流于空泛、玄虚、混沌,从而难以成为真正意义上的智慧。在化知识为能知

① 参见康德:《任何一种能够作为科学出现的未来形而上学导论》,第137页。

的过程中,知识不仅成为认识主体的有机构成,而且通过融合于人的存在,为智慧提供了内在的资源。如果将认识理解为一个与人的整个存在相联系的广义过程,那么,知识在以智慧为背景的同时,又不断地丰富着智慧的内容。二者在本质上并不是彼此分离或前后相继的,而是展开为互融、互渗、互动的关系。① 通过赋予智慧以新的活力,知识也进一步深沉地影响着人的存在过程。

与知识和智慧的统一相一致,认识论的视域和本体论的视界本质上也具有彼此沟通的性质。知识从不同的方面敞开了对象世界,尽管在知识形态中,存在是以"分"而非"合"的方式呈现出来,但正如知识的拓展和深化往往推进着智慧的发展一样,对世界的分别敞开同时也为从总体上把握存在提供了前提。② 在广义的认识过程中,以所知为对象的知识与形而上的智慧彼此互动,经验世界的理解和性与天道的领悟相辅相成,人既不断敞开真实的存在(具体存在),也逐渐地提升自身的存在境域。知识与存在的如上交融,同时也展示了认识论与本体论的内在统一。

---

① 佛教所说的"转识成智",在逻辑上蕴含着"识"与"智"相继而起、以"智"取代"识"之意,这种看法似乎未能注意到知识与智慧之间互融、互动的关系。

② 有些论者(如 Ledge Wood)将本体论的对象(ontological object)与认识论的对象(epistemic object)分离开来,认为指称(reference)仅仅指向认识论的对象,而不涉及本体论的对象(参见 Ledge Wood, *The Analysis of Knowledge*, Princeton University Press, 1942, pp.22f.)。这似乎容易导致对存在的抽象分割。

第四章

存在与方法

广义的认识过程不仅追问"什么"（何为真实的存在），而且关联着"如何"（怎样达到这种存在），后者进一步涉及方法论的问题。作为当然之则，方法既以现实之道为根据，又规范现实本身。从形而上的维度看，思维的秩序、行动的秩序、存在的秩序相即而非相离，这种相关性在本体论的层面体现了方法、实践、存在之间的深沉联系。以理解为形式，通过世界的敞开与自我的去蔽，方法在切入存在的过程中，又进一步融入人自身之"在"。存在与方法的如上关系在沟通人的存在与世界之在的同时，也具体地展示了本体论与方法论的内在统一。

一　当然之则和必然之道

就宽泛的意义而言,方法可以视为达到某种认识或实践目标的规则、程序、手段或方式：在认识的层面,方法规定了达到真理的途径；在实践的领域,方法则更多地与价值理想的实现过程相联系。作为达到真理及实现价值理想的规则、程序和手段,方法所规定的,主要是知、行过程"应如何",后者首先具有规范的意义。规范大致归属于"当然",与当然相关的则是"实然"；以规范性为内涵,方法无疑涉及当然与实然的关系。

在形而上的层面,"当然"体现了人的目的,并蕴含着对"实然"的理解、要求和规定；"实然"则包含事与理。事即事实,理作为事实间的联系,往往同时表现为普遍或特殊形态的秩序。从本源的意义上看,"当然"总是难以离开"实然",这不仅仅在于无"实然","当然"便失去了作用的对象,而且更在于,以事与理为内容,"实然"为"当然"提供了内在的根据。当然与实然的如上关系,同样制约着作为当然之则的方法。

以真理为指向,方法具有多样的形态。它可以体现于具体的领域,表现为某一或某些学科把握世界的特定方式和手段,也可以与一般的探索过程相联系,获得超越于特定领域的意义。就最普遍的层面而言,方法以逻辑为题中之义。逻辑以思维形式为对象,并规定了思维的程序、规则(包括有效推理或正确推论的条件及原则)。从外在形态看,逻辑似乎仅仅涉及思维的形式,而与对象世界无关。然而,进一步的分析则表明,无论是逻辑之域的思维规律,抑或其推论的规则,都并非隔绝于作为实然的存在。形式逻辑最根本的规律是同一律,作为思维的根本法则,后者也构成了探索过程必须遵循的方法论原则。以 A＝A 为公式,同一律的基本含义是:在一定的论域中,每一概念都应有确定的意义,在概念与概念所表示的对象之间,必须有确定的对应关系,概念的意义及概念与对象的关系,不能随意改变。可以看到,同一律所体现的,首先是思维的确定性或稳定性,这种确定性是正确的思维所以可能的条件。同一律对思维过程的以上规定,其根据何在? 解决这一问题的前提之一,是引入本体论的视域。逻辑所直接涉及的,固然是思维的形式,但作为把握存在的方式,它总是无法离开存在本身。作为思维所指向的对象,存在具有相对稳定的状态。就具体事物而言,某一事物之为某一事物有其质的规定性。在一定的条件下,每一事物都是其自身,它不能同时既是它自身,又是他物。思维所指向的事物的这种自我同一(identity),构成了思维本身遵循同一律(the law of identity)的前提。同时,就概念等思维形式与存在的关系而言,前者(概念等)的有效性也以它与对象之间相对确定的对应关系为基础。这种对应关系在认识的历史发展过程中,已超越了个体性、随意性而具有公共的、普遍的性质。对象的相对稳定状态及思维形式与事物的对应关系,可以看作同一律的客观根据。①

从逻辑的层面考察方法,推理无疑是另一个不可忽视的方面。如前所述,对有效推理或正确推论的条件及原则的规定,是逻辑的重

---

① 形式逻辑的另一基本规律是矛盾律,最早将其作为法则加以概括的是亚里士多德。值得注意的是,亚里士多德首先是在研究存在的普遍原理的《形而上学》中论述这一法则:"同一属性在同样的条件下不能同时既属于又不属于同一主词。"(Aristotle, *Metaphysics*, 1005ab15－20, p.736)将作为思维法则的矛盾律放在存在的理论(形而上学)中加以考察,其前提是肯定思维的法则与存在形态难以分离。亚里士多德的以上思路,既涉及形而上学与逻辑学的联系,也有见于思维的逻辑有其本体论的基础。

要内容。宽泛而言,推理是从一个或一些命题中引出另一个命题的思维程序,其依据是命题之间的蕴含关系。前提作为推论的理由,通常表现为结论的充分条件或必要条件。这种充分条件和必要条件在推理过程中固然不直接涉及具体内容,但它们亦并非先天的设定。从其内在的根源看,逻辑推理的理由,往往折射了现实的因果关系。推理中的充分条件和必要条件,本身植根于现实世界中的事物之间的条件关系,而事物之间的充分条件与必要条件关系,则体现了广义的因果联系。尽管我们不能将逻辑推论中的理由与现实世界中的原因加以简单等同,但从本体论上看,与充分条件和必要条件关系相关的因果联系,无疑为基于蕴含关系的逻辑推理提供了客观的依据和基础。①

逻辑的以上形态主要从形式的、相对静止的方面研究思维的程序,与之相对的是逻辑的辩证形态或辩证逻辑。② 较之形式逻辑,辩证逻辑更注重于思维形式与思维内容的联系,并要求超越相对静止的状态,从辩证变化的层面,理解思维的过程并进而把握现实世界;质言之,通过概念的辩证运动以把握对象,构成了辩证逻辑的基本特点。对事物的如上把握方式,无疑更多地体现了方法论的意义。与形式逻辑一样,辩证逻辑对思维过程的规定也有其客观的根据。就现实的存在形态而言,事物既有其相对稳定的一面,又展开为一个运动变化的过程。仅仅停留于相对静止的规定,往往难以把握事物的

---

① 冯契已对此做了深入论述,参见冯契:《逻辑思维的辩证法》,华东师范大学出版社,1996 年,第 244 页。

② 关于辩证逻辑是否属于逻辑,学界往往有不同的看法。对辩证逻辑的合法性加以质疑者,一般持狭义的逻辑观(亦即主要从形式的、静态的层面理解逻辑)。这里所说的逻辑是就广义而言,包括对思维形式、方法、过程的辩证规定,所谓辩证逻辑,主要涉及后者。

具体形态,唯有在思维的辩证进展中,才能不断敞开真实的存在。在这里,存在的辩证本性,无疑制约着思维的辩证运动。

从哲学史上看,康德曾在"先验逻辑"的框架下,对概念、判断等做了考察,其基本的倾向,是赋予思维的形式以先天的性质。在先验的形式下,逻辑与存在的关系似乎主要表现为前者(逻辑)对后者(存在)的单向立法,而逻辑本身则相应地呈现为先天的规定。尽管康德强调先验逻辑为知识的普遍必然性提供了担保,但与存在的隔绝,却使它本身难以真正摆脱主观性。黑格尔在谈到康德的批判哲学及先验逻辑时,曾指出:它"由于害怕客体,便给予逻辑以一种本质上是主观的意义"①。这种主观性根源于仅仅面向自我意识:"他(康德——引者)的主要思想,是向作为主观自我的自我意识索取范畴。由于这种规定,他的观点仍停留在意识与它的对立之内,除了感觉和直观的经验的东西而外,还剩下某种不由进行思维的自我意识来建立和规定的东西,即一个自在之物,一个对思维来说是陌生的、外在的东西。"②范畴是康德所理解的基本思维形式,作为规范经验材料的手段,它同时具有重要的方法论意义。所谓向自我意识索取范畴,意味着将范畴等思维形式与现实存在分离开来,而思维与自在之物之间的对立,则是这种分离的逻辑结果。黑格尔的以上批评似乎已注意到,忽视了逻辑的客观基础,便很难避免思维与存在之间的紧张。

与康德不同,黑格尔将逻辑与真理联系起来:"逻辑须要作为纯粹理性的体系,作为纯粹思维的王国来把握。这个王国就是真理。"③这里的"真理"所侧重的,是主观与客观之间的统一:"逻辑据此而把

---

① 黑格尔:《逻辑学》上卷,商务印书馆,1974 年,第 33 页。

② 同上,第 46 页。

③ 同上,第 31 页。

自身规定为纯粹思维的科学,它以纯粹的知为它的本原,它不是抽象的,而是具体生动的统一,因为在它那里,一个主观地自为之有的东西和另一个客观地自为之有的东西在意识中的对立,被认为是已经克服了。"①在此,以真理为指向,"客观自为"的存在与逻辑之间的联系得到了更多的呈现。黑格尔所理解的逻辑,已不限于一般的形式逻辑,他在达到真理的前提下,将逻辑与存在统一起来,无疑较康德更深刻地切入了逻辑的真实本质。

逻辑的本体论根据,在中国哲学中也较早地得到了关注。公孙龙已指出:"故彼彼止于彼,此此止于此,可。彼此而彼且此,此彼而此且彼,不可。"②后期墨家在解释"正名"时,也表达了类似的观念:"彼:正名者,彼此。彼此可:彼,彼止于彼;此,此止于此。彼此不可:彼且此也。"③以"彼"之名指称"彼"之实或以"此"之名指称"此"之实,一方面体现了形式逻辑同一律的要求(名应有确定的含义),另一方面又涉及思维形式(名)与存在(实)的关系;换言之,名不仅与自身同一($A=A$),而且与被指称或表示的对象具有对应关系。

荀子进一步从同异、动静等方面对逻辑思维的形式做了考察:"名也者,所以期累实也;辞也者,兼异实之名以论一义也。辨说也者,不异实名以喻动静之道也。"④概念固然与对象具有对应性,但它同时又概括了同类事物中的不同个体(如"马"这一概念,可以指称属于马的所有个体)。判断(辞)通过不同概念的统一来表达一定的意义,推理和论证则在遵守同一律(不异实名)的前提下,揭示事物的变化法则(动静之道)。在此,思维的辩证性质,无疑折射了存在本身的

---

① 黑格尔:《逻辑学》上卷,商务印书馆,1974 年,第 44 页。
② 《公孙龙子·名实论》。
③ 《墨经·经说下》。
④ 《荀子·正名》。

辩证过程。如果说,以"彼"喻彼、以"此"喻此主要在形式逻辑的层面彰显了逻辑的本体论根据,那么,以概念、判断、推理把握事物的同异关系及动静之道,则从另一个侧面表明,思维的辩证法难以离开存在的辩证法。

逻辑所涉及的,首先是思维的形式、程序、法则,对存在的把握当然不限于逻辑的规范或程序。作为一个创造性的过程,它还包含逻辑的程序难以范围的方面。[①] 首先可以一提的是想象。无论是在科学研究,抑或是在艺术的创造中,想象都是一个不可忽视的环节。想象不同于对当下情景的描述,它总是超越了既成的事实或存在境域,指向当前没有或尚未直接呈现的形态。想象所及,可以包括个别的事物或规定,但在更多的情况下,它所涉及的,是不同规定、事物之间的联系。康德曾将想象与综合联系起来,认为知识的形成既需要直观所提供的杂多,也离不开杂多的综合,而这种综合便是通过想象而实现的:"为了获得所有对象的先天知识,首先必须给予的是纯粹直观的杂多;第二个因素则是由想象力而形成的这种杂多的综合。"[②]这里所说的综合,便是不同杂多之间的联结。作为感性直观的产物,杂多往往缺乏内在的关联,欲使这种杂多形成为统一的表象,便必须想象其间的联系;换言之,杂多的综合,以想象为其中介。

同样,在科学发现的过程中,也需要借助想象。科学研究常常运用模型的方法,模型可以是物理的模型(如火箭、飞船的模型),也可以是思想的模型或概念的模型。模型每每超越时间与空间的界限,以理想化的方式,对以往认识活动中获得的规定、材料、信息重新加

---

① 这里所说的"逻辑的程序难以范围"或"逻辑形式之外",不能被理解为非理性或反逻辑。所谓"逻辑形式之外"主要是就想象、直觉等方法非限定于形式化的逻辑程序而言,如后文将讨论的,想象、直觉等并不排斥广义的逻辑思维。

② Kant, *Critique of Pure Reason*, p.112.

以组合,形成现实所没有直接提供的事物模型或存在图景,以此把握对象的内在联系。模型的建立,不能仅仅依靠逻辑的推论,毋宁说,它更需要创造的想象。模型是一种现实中不存在或尚未存在的形态,唯有对已有的认识材料或信息做新的组合,才能在物理或观念的层面使之呈现。这里涉及对既成存在形态的超越、确立新的联系及整合方式,等等。而新的联系和整合方式的发现,既成模式的突破,则离不开创造性的想象。

可以看到,作为把握世界的方法,想象首先表现为对现实存在的超越或突破。由此引发的问题是:在超越现实的前提下,想象本身是否还有本体论的根据? 这一问题的解决,离不开对想象的进一步考察。如前所述,想象的特点之一在于展示现实存在中尚未呈现于主体的联系,或者说,以不同于现实形态的方式,整合认识过程中获得的信息和材料。按其本源,想象所运用的形象性或概念性材料,并不仅仅来自想象本身,它们在本质上表现为不同形式的存在规定。在更内在的层面,想象所形成的各种联系或整合形式,同时展示了存在所内含的可能的关系或可能的联结:通过超越当下呈现的现实形态,想象总是以独特的形式涉及了可能的形态。借助想象而整合、联结某些存在的规定,同时也意味着确认某种或某些可能。在此意义上,想象的方法论内蕴,就在于展示或敞开不同的可能。以康德所说的杂多的综合而言,通过想象而将杂多整合为表象,既要借助主体所获得的质料及时间、空间等直观形式,也离不开现实所隐含的可能。一旦隔绝于现实所提供的可能,则综合往往将流于纯粹的主观构造。从形而上的层面看,源于现实的可能同样展现为存在的规定,并相应地具有本体论的意义。总起来,想象既以认识过程中获得的规定为材料,又以可能为指向,二者从不同的方面赋予想象以本体论的根据。

在想象之外,有别于逻辑的另一种把握世界的方式,是直觉。直觉的英语表达形式（intuition）来自拉丁文 *intueri*，其含义首先与视觉相联系，表示"看""观察""注视"等。作为一种方法，直觉的特点在于不限定于形式化的程序，直接洞察或把握事物，获得某种知识或领悟某种意义。爱因斯坦在谈到其科学研究活动时，便明确指出"我相信直觉"①。确实，在科学发现的过程中，直觉往往构成了重要的手段。即使在数学这一类抽象的学科中，直觉也具有不可忽视的作用。数学家希尔伯特在分析数学研究时，曾写道："在算术中，也像在几何学中一样，我们通常都不会循着推理的链条去追溯最初的公理。相反地，特别是在开始解决一个问题时，我们往往凭借对算术符号的某种算术直觉，迅速地、不自觉地去应用并不绝对可靠的公理组合。这种算术直觉在算术中是不可缺少的，就像在几何学中不能没有几何想象一样。"②

以直接地把握事物及事物之间的关系（包括数量关系）为特点，直觉无疑更多地呈现了与逻辑思维的差异。然而，由于强调这种差异，一些哲学家常常忽视了二者的联系。事实上，如果把认识理解为一个统一的过程，则不难看到，直觉与逻辑思维并非彼此排斥。一方面，逻辑思维的过程亦需要借助直觉这种非程序化的探索方式，如希尔伯特已注意到的，即使在数学这种主要以逻辑运演为手段的研究中，也离不开直觉。另一方面，直觉的形成，往往需要以逻辑思维的积累为前提；直觉所达到的领悟，也只有经过进一步的逻辑论证，才能成为可以在主体间加以交流、讨论的知识。正是直觉与逻辑思维的如上关系，使直觉不同于个体的神秘体悟。

在直觉与逻辑思维的关系之后，蕴含着直觉与它所指向的存在

---

① 《爱因斯坦文集》第 1 卷，商务印书馆，1976 年，第 284 页。
② 引自《希尔伯特》，上海科技出版社，1982 年，第 99 页。

或所把握的对象之间的关系,后者具有更本源的意义。相对于逻辑的分析,直觉更侧重于对事物的整体把握。从整体上把握对象,当然并不仅仅表现为主体意识的扩展,而是始终受到对象本身的制约。按其作用方式,直觉可以区分为感性与理性二重形态。与"看""注视"的原始含义相应,直觉往往表现为对感性对象的直接把握,事实上 intuition 一词便同时具有感性直观之意;直觉亦可以指向事物的内在规定和本质的联系,亦即在理性的层面把握事物的整体。在现实的认识与探索过程中,感性层面的直观与理性的洞察往往相互关联,爱因斯坦已指出了这一点:"物理学家的最高使命是要得到那些普遍的基本定律,由此世界体系就能用单纯的演绎法建立起来。要通向这些定律,并没有逻辑的道路,只有通过那种以对经验的共鸣的理解为依据的直觉,才能得到这些定律。"①这里所说的经验便包含感性的直观,直觉则涉及有别于逻辑推绎的理性洞察(insight)。直觉以经验为依据,意味着理性的洞察无法离开感性直观。物理学家海森伯也提出了类似的观点。在他看来,科学家"由于大量占有实际现象的材料,从而使他有可能直观地理解现象之间的联系,而不是从这些现象形式地推导出其间的关系"②。所谓"直观地理解",便既与感性的直观相涉(以"大量占有实际现象的材料"为前提),又以理性的洞察为题中之义,二者的根据,则是存在本身的整体性:事物在现象的层面的具体关联与本质层面的具体联系,赋予事物以统一的品格,正是后者,为直觉地再现对象提供了可能。

宽泛而言,把握世界的方式与敞开世界的概念、范畴、理论并非彼此隔绝:当概念、范畴、理论等运用于把握世界的过程时,它们本身

① 《爱因斯坦文集》第 1 卷,第 102 页。
② 海森伯:《物理学和哲学》,商务印书馆,1981 年,第 216 页。

便获得了方法论的意义。《易传》已注意到这一点,在其作者看来,《易》的卦象从不同的方面把握了万物的真实形态("类万物之情")。作为事物的表征,卦象具有范畴或类概念的含义,而由卦象(范畴)构成的《易》,同时又具有方法论的功能,所谓"制而用之谓之法"[1]。具体而言,它可以在把握对象的过程中"当名辨物,正言断辞"[2],并"知幽明之故"[3],亦即辨明事物之类,并揭示其因果关系。理论系统在普遍性程度上可以各异,一般而言,以性与天道为对象的哲学理论总是具有较广的涵盖性,而具体学科的理论则涉及世界的某一方面或某一层面,因而其概念系统主要与一定的存在领域相涉。然而,无论是表现为一般世界观的哲学观念,抑或是科学领域的理论,都可以进一步被运用于对世界的认识和变革,并以不同的方式规范这一过程。冯契曾提出"化理论为方法"的看法,这一论点既意味着以智慧探索的成果为观察问题、解决问题的原则,由此指导我们的认识和实践;又是指通过逻辑思维的范畴,将认识的辩证法转化为方法论的一般原理。[4] 同样,具体科学的理论也可以为相关领域的研究过程提供自觉的导向。如生物进化的理论便通过自然选择等核心的观念,引导人们在生物学的研究中从生物与环境、遗传与变异的互动等方面考察生物的变迁发展。在此,进化的理论对生物学的研究无疑具有方法论意义上的规范作用。

　　理论在知、行过程中获得方法论的意义,其前提是理论本身对现实的摹写。方法在本质上无非是以现实之道还治现实之身;理论唯有切入实然(存在本身),才能进而化为当然之则并作用于实然。《易

---

① 《易传·系辞上》。

② 《易传·系辞下》。

③ 《易传·系辞上》。

④ 参见冯契:《逻辑思维的辩证法》,第 244 页。

传》在谈到《易》与天地之道的关系时,曾指出:"《易》与天地准,故能弥纶天地之道。"①如前所述,《易》在此表现为一种范畴系统,《易》与天地准,意味着《易》本于现实存在(天地)并与之一致。事实上,在解释《易》之形成过程时,《易传》已强调了这一点:"古者包牺氏之王天下也,仰则观象于天,俯则观法于地,观鸟兽之文,与地之宜,近取诸身,远取诸物,于是始作八卦,以通神明之德,以类万物之情。"②取法天地,强调的是天地对于《易》这一范畴系统的本源性;按《易传》作者的看法,正是以天地为本,才使《易》能全面地把握天地之道。在此,同于现实(与天地准)构成了规范现实(弥纶天地之道)的本体论前提,这一关系同时折射了现实存在(实然)、概念系统(理论)、当然之则(方法)之间的统一性。

爱因斯坦也提出了类似的看法。在肯定物理学等论域的科学概念在研究过程中具有规范意义的同时,爱因斯坦又指出:"物理学中没有任何概念是先验必然的,或者先验正确的。唯一地决定一个概念的'生存权'的,是它同物理事件(实验)是否有清晰的和单一而无歧义的联系。"③物理事件可以视为进入物理学研究过程的实在,作为概念非先验性的确证,概念与物理事件的"单一而无歧义"的联系,意味着概念对实在的依存性。爱因斯坦以二者的以上关联为概念生存权的决定者,在逻辑上同时也肯定了概念的规范性奠基于概念与存在的统一或一致。如果说,《易传》将"与天地准"视为"弥纶天地之道"的前提还具有思辨的性质,那么,爱因斯坦的以上论点则基于科学研究的实践,可以看作对实然与当然关系的理论反省和总结。

---

① 《易传·系辞上》。
② 《易传·系辞下》。
③ 《爱因斯坦文集》第 1 卷,第 118 页。

不难看到,从逻辑的法则、想象与直觉,到具有规范意义的概念及作为概念系统的理论,方法在不同的层面内含着本体论的根据:作为达到真理的手段,方法并非仅仅表现为人的自我立法,它在本质上植根于存在。在敞开世界的过程中,方法与存在、当然与实然展示了其内在的统一性。

二 思维的秩序、行动的秩序与存在的秩序

作为方法的本体论根据,现实之道以存在的秩序为其内在规定;方法本身所指向的,则是思维的秩序。如前所述,存在与方法的统一具体展现为以现实之道还治现实之身,后者同时也体现了存在的秩序与思维秩序的相关性或一致性。由此引发的问题是:存在的秩序如何化为思维的秩序? 换言之,思维的秩序是如何形成的? 对这一问题的追问,进一步涉及思维与行动、方法与实践的关系。

首先应当关注的,是方法的逻辑之维。逻辑在方法论上往往表现为思维的秩序。如前所述,以逻辑的法则、程序等为形式,思维的秩序有其客观的根据。然而,作为把握存在的方式,思维的秩序并不是存在秩序的直接复本,唯有引入行动或实践,才能具体地理解存在的秩序与思维的秩序之间的关系。

黑格尔曾把目的性的活动及目的与手段的关系理解为推论的过程:"目的通过手段而活动","但这些过程,如它们自身所表明的,是通过自身而回到目的之中。假如最初手段对有待于运用的外在客体的关系,是一种直接的关系,那么,这种关系就更早地表现出自己已经是一个推论,因为目的证明了自身是这种关系的真正的中项和统一"。[①]

---

① 黑格尔:《逻辑学》下卷,商务印书馆,1976 年,第 436、437 页。

"因此,关于目的性的活动可以说,在这个活动中,终结即开始,结论即根据,结果即原因。"①以目的与手段的互动为内容,目的性活动也就是人的实践活动。在黑格尔看来,目的与手段之间的这种相互作用,同时展现为一种推论的关系:就目的唯有凭借手段才能达到而言,手段构成了目的的前提;就手段指向目的而言,目的又表现为手段的根据。

将实践或目的性活动视为一种推论,意味着肯定实践的逻辑意义。列宁对黑格尔将逻辑与目的性活动联系起来的这一思想予以了高度重视和评价,认为这一观点是"非常深刻的"。② 从具体内容看,实践的推论性,首先表现为其结构性、程序性。就实践所涉及的目的与手段关系而言,在人的活动中,目的规定着手段,手段又构成了达到目的的前提。广而言之,实践的不同环节之间,往往存在先后、传递、同一等关系。如目的与手段之间,便既互为条件,又呈现为先后关系;在相同的条件下,同一行动往往产生同一结果;同一主体在同一时间中,不能既做什么,又不做什么;如此等等。这种关系、程序构成了行动的模式。

行动的模式的展开过程,总是与思维的过程相互作用。从历史的层面看,行动模式的不断重复,也内在地影响与制约着人的思维过程,并形成为某种思维的定势。随着语言的形成,行动的模式往往获得了脱离具体时空关系而在形式的层面凝结和传承的可能。而在人类的历史演进过程中,这种模式又经过重复、沉淀、形式化,进一步凝化为思维的模式。这是一个极为漫长的过程,其中的具体环节、机制需要研究、再研究。黑格尔从哲学的层面揭示目的性活动的推论意

① 黑格尔:《逻辑学》下卷,商务印书馆,1976 年,第 439 页。
② 列宁:《哲学笔记》,人民出版社,1974 年,第 203 页。

义,并将其纳入逻辑学的考察领域,对于理解思维模式的起源以及逻辑与历史实践的关系,无疑提供了重要的视角。列宁在考察了黑格尔的如上思路后,曾做了以下阐发:"人的实践活动必须亿万次地使人的意识去重复各种不同的逻辑的格,以便这些格能够获得公理的意义。""人的实践经过千百万次的重复,它在人的意识中以逻辑的格固定下来。这些格正是(而且只是)由于千百万次的重复才有着先入之见的巩固性和公理的性质。"①这一看法更为明确地指出了实践、思维(意识)与逻辑之间的联系,并从一个方面肯定了实践对于逻辑的本源意义。

《易传》在解释《易》的起源及社会功能时,曾做过值得注意的历史追溯。在《易传》看来,历史的发展经历了不同的形态,从包牺氏(伏羲)、神农、黄帝,直到尧、舜,每一个历史人物都对应于一定的历史阶段。这些不同的历史阶段总是有其具体的实践形态或样式,后者又以某一卦象为依据:"古者包牺氏之王天下也,仰则观象于天,俯则观法于地,观鸟兽之文,与地之宜,近取诸身,远取诸物,于是始作八卦,以通神明之德,以类万物之情。作结绳而为罔罟,以佃以渔,盖取诸离。包牺氏没,神农氏作,斫木为耜,揉木为耒,耒耨之利,以教天下,盖取诸益。""黄帝、尧、舜垂衣裳而天下治,盖取诸乾坤。刳木为舟,剡木为楫,舟楫之利,以济不通致远,以利天下,盖取诸涣。服牛乘马,引重致远,以利天下,盖取诸随。"②包牺氏(伏羲)、神农、黄帝等是传说中的历史人物,这里重要的不是这些人物是否在历史上真实存在,而是他们所具有的历史象征意义:他们在此主要被理解为一定历史阶段的象征或标志。"离""益""涣""随"属不同的卦象,如

---

① 列宁:《哲学笔记》,第 203、233 页。
② 《易传·系辞下》。

上所述,这些范畴分别表示不同的范畴或类概念。结网而渔、揉木为耒、剡木为舟、服牛乘马,等等,都是制造工具或运用工具而进行的实践活动。在《易传》作者看来,它们出现于不同的历史阶段,并构成了这些阶段的发展特征。从外在形式看,所谓"取诸"某卦,似乎主要强调了历史演化中的实践活动以卦象为依据,然而,它的更实质的意义,应从另一方向加以考察。对《易传》而言,卦象的形成以"观象于天,观法于地"为前提。与之相应,《易传》将一定的实践形式与一定的卦象加以对应的真实含义,在于以独特的(逆向的)形式,指出卦象与历史实践之间的相关性:卦象之为实践所效法(取法),其根据是卦象本身本于存在、来自实践;在实践形式"取诸"某卦的背后,是卦象与一定的历史活动之间的联系。① 正是基于如上思路,《易传》在做了历史的回溯以后,又进而引出了如下结论:"是故《易》者,象也。象也者,像也。"②"像"有表征、象征、把握等义,以实践过程的历史回顾为前提肯定卦象具有"像"的意义,其内在含义便是强调卦象是在结网而渔、服牛乘马等实践的历史展开中表征或把握世界。

不难看到,《易传》的如上考察涉及文明的历史演化、实践的历史发展、思维成果或思维形式的历史形成。从包牺氏(伏羲)到尧、舜,社会文明展开为一个不断向前演进的过程。与此相联系的,则是制造工具及运用工具的历史实践(一定的文明阶段相应于一定的实践形式)。而被取法的卦象,则既折射了实践的历史演化,也凝结、沉积

①　张载在分析《易传》的如上论述时,曾指出:"《易》说制作之意盖取诸某卦,止是取其义与象契,非必见卦而后始有为也。"(张载:《横渠易说·系辞下》,《张载集》,第214页)这一看法已注意到,《易传》所说的"取诸",其意主要不在于强调人的制作(实践)活动取法于卦象,而是卦象与这种活动的关联或一致(相契)。

②　《易传·系辞下》。

了实践过程所达到的认识成果及思维形式。前文已论及,卦象作为一种广义的范畴系统,既表征着不同的事物,又具有规范对象的意义。通过肯定卦象与实践形态之间的对应性,思维成果及形式与实践的历史发展之间的联系也进一步得到了彰显。在这里,实践无疑展示了其本源性:它既构成了文明演化的动因,也制约着以卦象形式表现出来的思维成果及其作用。①

《易传》对卦象与制作(制造工具等活动)关系的看法,从类与历史的层面触及了思维的形式与实践形态的联系,后者与黑格尔肯定目的性活动的推论意义并将这种活动纳入逻辑学的考察领域,在某些方面呈现了相近的趋向。当然,黑格尔的论点主要表现为思辨的洞见,《易传》的看法则多少基于历史的直观和猜测。相对于此,皮亚杰对逻辑和思维方式的研究展示了不同的视域。与《易传》及黑格尔以类的历史活动为关注之点相异,皮亚杰侧重于个体心理发展过程的考察;较之黑格尔的思辨推论与《易传》的历史猜测,皮亚杰的进路更多地体现了实证研究的特点。

逻辑及思维方式的发生或起源,是皮亚杰所关注的问题之一。

---

① 思维方式与社会活动及其历史发展的联系,不仅体现在思维方式的形成过程中,而且也表现于思维方式的变迁之中。以存在于人类社会早期的巫术而言,其思维方式的特点在于"错误地应用了人类最简单、最原初的思维过程,即观念由相似或相近而联结"(J. G. Frazer, *The Golden Bough: A Study in Magic and Religion*, The Macmillan Company, 1940, p.49, p.54)。这种思维方式曾深刻地影响了原始时代人们的生活,而对它的扬弃,则经历了一个漫长的历史过程:正是在长期的生活、实践过程中,人们渐渐发现巫术的思维方式并不能有效地引导人运到实践的目的,对以上现象的把握又进一步促使人们怀疑并最后放弃这种思维方式(Ibid., p.57)。这一过程从另一个侧面表明,思维方式与人自身的社会活动难以分离:不仅合理的思维方式的形成,而且不合理的思维方式的终结,都根源于长期的社会实践过程。

他首先对逻辑实证主义提出了批评,认为逻辑实证主义将逻辑视为语言的派生物,并没有真正揭示逻辑的起源。同样,对皮亚杰而言,乔姆斯基将逻辑理解为先天的结构,也过于极端。① 在皮亚杰看来,儿童的认知能力的形成与发展可以区分为四个阶段,即感知运动、前运演、具体运演、形式运演,而整个发展则奠基于行动或活动之上;要理解思维逻辑的发生和起源,便必须将行动纳入研究的领域。② 在感知运动的层面,儿童已开始对不同动作进行协调,如把某些活动联系起来或分解开来,对这些活动加以归类、排列顺序,等等。③ 这种协调活动逐渐取得了结构化、模式化的特点,并为尔后思维结构的形成提供了前提。

儿童行为和活动的协调结构,同时呈现出格式化的特点:"凡是在动作中可以重复和概括的东西,我们称之为格式(scheme),而且我们主张有一种格式的逻辑。"④这种格式首先体现为包含关系:"一个格式可能由一些子格式或子系统所组成。如果我们移动一根棍子,在这个格式里便有一个在手和棍子间的关系子格式,有一个在棍子和对象间的关系的子格式,有一个在对象和它的空间地位间的子格式,等等,这就是包含关系的开端。"⑤移动棍子在此可以视为总的行动系统,这一行动系统涉及手和棍子、棍子和对象、对象和其空间地位等多重关系。后者同时也构成了一种行动的子系统,在行动的总系统与子系统之间,便涉及某种包含关系。

① 参见皮亚杰:《发生认识论》,《皮亚杰发生认识论文选》,华东师范大学出版社,1991 年,第 58—59、63、66 页。
② 皮亚杰:《发生认识论原理》,商务印书馆,1981 年,第 22—57 页。
③ 同上,第 26—27 页。
④ 皮亚杰:《发生认识论》,《皮亚杰发生认识论文选》,第 78 页。
⑤ 同上。

行动格式的另一重形式展开于目标与手段之间："为了完成一个目标,我们务必得通过一定的手段,在这个例子中,在手段和目标之间便有了秩序。""正是这种实践的秩序关系,成为后来逻辑数理的序列结构。"①皮亚杰的这一论点使我们自然联想到黑格尔有关目的性活动的看法:当黑格尔将目的性活动规定为一种推论时,他同时也确认了目的与手段的这种秩序关系。不过,与黑格尔对上述关系的思辨理解有所不同,皮亚杰肯定目的与手段关系的秩序性与逻辑性,以儿童心理的实证研究为其基础,其中包含着客观的确证。

除了包含关系以及目的和手段之间的秩序,行动的格式还包括对应关系:"当一个婴儿模仿一个模型时,在模型和模仿之间便有一种对应关系。即使在他模仿自己时,即使在他重复一种行动时,在先做的那个动作和后做的那个动作之间也有一种对应的关系。"②模仿与被模仿之间既蕴含着先后秩序,又具有相对确定或稳定的联系,这一意义上的对应性,相应地表现了行动结构的稳定性或确定性特征。

行动的格式以及行动之间的比较稳定的协调关系,本身已具有逻辑的意义,皮亚杰将其称为行动的逻辑或动作逻辑。这种逻辑固然还不同于思维的逻辑,但它却构成了后者的基础:"在感知—运动智慧中,有一定的包含逻辑、一定的秩序逻辑和一定的对应逻辑,我认为这些逻辑就是逻辑数理结构的基础。"③质言之,思维的逻辑导源于行动的逻辑。行动逻辑(包括作为行动格式以及体现格式之间协调关系的包含逻辑、秩序逻辑、对应逻辑)向思维逻辑的转换,具体展开为一个内化的过程,这种内化的含义则是概念化:"活动的内化就

---

① 皮亚杰:《发生认识论》,《皮亚杰发生认识论文选》,第 79 页。

② 同上。

③ 同上,第 78—79 页。

是概念化,也就是把活动的格局转换为名副其实的概念。"①行动的格式、行动中的协调关系,往往处于一定的时空关系中,并呈现为某种感性的形态。内化或概念化,意味着扬弃行动模式的实质规定,在思维或概念化的层面将其格式或模式加以确立和凝固,使之获得形式化的形态,从而成为思维的逻辑。

如前所述,行动的逻辑内化为思维的逻辑,主要侧重于个体心理的发展过程。在生物学的层面,个体的发育往往再现了类的生命发展过程。与之相近,个体思维与认识的发展过程,也在一定意义上以简约或浓缩的形式重复了人类思维和认识的发展历史。个体发展与类的发展之间的如上联系,使有关个体思维起源、演化的研究,同时为类的思维过程的研究提供了旁证或参照。事实上,皮亚杰对行动逻辑与思维逻辑关系的研究,确乎从个体心理发展的角度,为黑格尔、《易传》关于逻辑或一般思维形式与人类活动关系的思辨讨论及笼统直观,提供了某种具有实证意义的说明。

在哲学史上,具有经验论倾向的哲学家往往较多地关注思维的秩序与存在的秩序之间的关系。对他们而言,思维的秩序或逻辑思维的形式,无非是对外部存在加以直观的产物。洛克便认为,"关系"等具有逻辑意义的一般概念,均由简单观念组合而成,而简单观念则是对外物的直接感知。② 这一看法基本上悬置了思维形式与行动秩序之间的关系。相对于此,皮亚杰肯定行动逻辑对于思维逻辑的本源意义,无疑扬弃了经验论的直观性,并更具体地把握了思维逻辑的形成过程。不过,由此,皮亚杰又进一步强调:"它们(逻辑、数学——

---

① 皮亚杰:《发生认识论原理》,第 28—29 页。

② 参见 J. Locke, *An Essay Concerning Human Understanding*, Book II, Chapter 13, Dover Publication INC., 1959。

引者)是依存于活动或运演的特性,而不是依存于客体的特性的。"①
这里涉及两重关系,即思维的秩序(逻辑)与存在的秩序的关系,以及
思维的秩序(逻辑)与行动的秩序的关系。而在皮亚杰看来,二者似
乎具有彼此相斥的性质。事实上,在确认思维的逻辑与行动的逻辑
之间联系的同时,皮亚杰又一再指出逻辑数理的结构"超越于客体
之上"。②

　　与行动逻辑的引入相应,思维的逻辑与方法客观上涉及三项,即
思维的秩序、行动的秩序与存在的秩序,三者之间的关系包含多重向
度;其中,行动的秩序与思维的秩序这两者的关系无疑具有更为直接
的特点:按其实质,无论是从动态的过程看,抑或就静态的结构而言,
行动和思维都是人的不同存在方式。二者的这种切近联系,使行动
的协调过程中形成的模式、秩序、结构经过长期的重复、沉积之后,可
以进一步凝化为同一主体的思维模式、秩序、结构。质言之,作为同
一主体的相关存在方式,行动的秩序既包含着向思维秩序转换的可
能,又以较为直接的形式构成了思维秩序的基础。然而,另一方面,
行动的秩序与思维的秩序又无法隔绝于存在本身的秩序。无论是在
个体的层面,抑或是在类的层面,行为的方式、结构都受到存在秩序
的制约。行动在时空中的协调(不同动作的相继发生及其在空间中
的展开),往往相应于对象在变化、运动过程中的秩序或法则;活动的
确定性(在条件不变的前提下,同一行动总是产生相同的结果),与对
象及其关系的相对稳定性常常呈现出某种一致的形态;较为复杂的
行动系统或格式与活动的子系统或子格式之间的包含关系,每每折
射了整体与部分、类与个体之间的从属关系或包含关系;如此等等。

---

① 皮亚杰:《发生认识论原理》,第 84 页。
② 同上,第 15 页。

可以看到,行动的秩序在规定思维秩序的同时,本身又以存在的秩序为其本体论的根据。皮亚杰认为逻辑数理的结构"超越于客体之上",显然未能对上述关系予以充分的注意。

以行动的秩序为中介,思维秩序与存在秩序的相关性也得到了进一步的确证。前文已论及,在本体论的意义上,表现为逻辑及思维方法的思维秩序以存在的秩序为其客观基础。作为存在秩序的折射,行动逻辑向思维逻辑的内化,同时也从一个方面体现了存在秩序对思维秩序的规定:不妨说,正是以这种内化为现实的环节,存在秩序对于思维秩序的本源性超越了思辨的形态而获得了具体的意义。在这里,存在的秩序、行动的秩序与思维的秩序无疑展示了内在的一致性与相关性,而思维秩序的方法论内涵,则使上述关系同时也体现了方法、实践与存在的统一。

从另一视域看,如前所述,作为把握存在的手段,方法内在地蕴含着规范的意义,后者既以对象的敞开为指向,又体现于理想的形成及化理想为现实的过程。《易传》曾对《易》的作用做了如下解释:"夫《易》何为者也? 夫《易》,开物成务,冒天下之道,如斯而已者也。""制而用之谓之法。"①"开物"即揭示事物的真实状况,"成务"意味着根据人对世界的把握及人的价值理想还治对象(所谓"制而用之"),"冒天下之道"则指出了道的普遍涵盖性,后者蕴含着必然与当然的统一。在《易传》看来,《易》作为范畴体系,既敞开了世界,又整治着世界,二者的统一,相应于道的普遍涵盖性(普遍之道包含必然与当然的统一)。不难看到,方法的以上二重功能,与本体论意义上有关存在"是什么"与"应当成为什么"的二重追问,具有内在的对应性。

———————————

① 《易传·系辞上》。

从"成务"这一维度看,首先应关注的是在观念的层面对存在的规范或"修正"。斯特劳森曾区分了两种形而上学,即描述的形而上学(descriptive metaphysics)与修正的形而上学(revisionary metaphysics),后者(修正的形而上学)"关注于产生一个更好的结构"。① 借用斯特劳森的术语,在观念的层面,方法的规范意义首先表现在以修正的方式规定存在。所谓修正,也就是按照人的理想,超越存在的现实形态而勾画应然的存在图景。较之以描述的方式敞开存在,对存在的修正同时意味着在价值的论域中赋予存在以为我之物的性质。

为我之物的观念图景,唯有通过实践过程才能化为现实存在。包含内在秩序的实践(活动)过程在沟通存在之秩序与思维之秩序的同时,又构成了当然之则在现实层面规范存在的中介:以观念地"修正"存在为前提,当然之则及敞开存在(开物)的理论又以实践为环节,实际地变革存在。所谓化理想为现实,也就是基于感性的实践,使观念上被先行修正的存在图景获得现实的形态。在这里,方法的规范意义不仅表现在以理论的方式说明存在,而且体现在以实践的方式改变存在。王夫之在谈到"辞"与"器"的关系时,曾指出:"辞所以显器而鼓天下之动,使勉于治器也。"②"辞"作为思维形式,指命题或判断,"器"则是具体的存在,以辞显器,是以判断或命题敞开、把握具体对象。"治器"则是通过人的活动化"天之天"为"人之天",二者在不同的维度上体现了"辞"(思维形式)的方法论意义。王夫之认为"辞"既具有"显器"的作用,又最后落实于"治器",无疑亦有见于对存在的理论把握与实践变革的一致性。

要而言之,思维秩序、行动秩序、存在秩序的相关性,从逻辑与方

<hr>

① P. E. Strawson, *Individuals: An Essay in Descriptive Metaphysics*, p.9.
② 王夫之:《周易外传》卷五,《船山全书》第 1 册,第 1029 页。

法的现实根据及历史起源等方面,彰显了方法、实践、存在之间的本体论联系;以实践为中介修正与变革对象,则在"以辞治器""开物成务"(以当然之则规范存在)的意义上,展示了方法、实践、存在的统一,以上二重关系同时也使"得之现实之道还治现实之身"这一方法的内在本质得到了深沉的体现。

三　理解与涵养

按其本质,实践或行动既作用于对象,又是人自身存在的方式。就人自身的"在"而言,方法往往涉及理解或解释。理解或解释通常被视为人文科学把握世界的方式,但从广义上看,它并不限于人文之域,而是具有普遍的意义。波普尔已注意到,人文科学的理解与自然科学的理解具有相通之处。① 伽达默尔也确认了艺术与科学的相互渗透,并对海德格尔将自然科学的认识方法视为理解的一种变体这一看法予以了肯定。② 作为兼及人文之域与科学之域的普遍方法,理解或解释具体展开于人"在"世的过程。

以把握这个世界为题中之义,理解总是具有对象的指向性。在自然科学之域,尽管理解并不像观察、实验那样提供有关对象的具体材料,但对观察、实验材料及结果的解释,却最终指向这个世界并构成了对其加以理解的必要环节。同样,人文的解释虽然以文本或文献材料为对象,③但通过对凝之于文字、概念的文化、认识成果的解

---

① 波普尔:《客观知识》,上海译文出版社,1987 年,第 194—195 页。

② 伽达默尔:《真理与方法》,上海译文出版社,1992 年,第 214、333 页。

③ 波普尔曾指出:"正是对第三世界客体的理解构成了人文学科的中心问题。"(《客观知识》,第 172 页)他所说的第三世界,是"概念性的东西的世界"(同上,第 165 页)。在此,波普尔亦主要将人文科学的理解与概念化的认识成果联系起来。

释,主体也获得了对外部世界(包括他人)的理解。就上述方面而言,理解和解释无疑表现为一个不断敞开对象世界的过程。

与对象的敞开相关的,是人(主体)自身的去蔽。对象的敞开以认识和把握世界为其具体的内容,人自身的去蔽则既涉及认识世界与认识自我,又意味着人自身从自在走向自为。对人而言,昧于对象、昧于自我都是一种"蔽";"蔽"不仅仅表现为无知,而且是一种存在的形态:在"蔽"而不明之时,人往往"行焉而不察"、日用而不知,处于自在的状态。理解的过程在敞开对象的同时,也使人自身逐渐地去蔽或解蔽;通过去蔽,人的存在亦不断地获得自为的性质。自为的存在本质上是一种自由之境,由理解、去蔽而达到自为的存在,同时意味着走向自由之境。即使在理解一个文本的过程中,也往往包含着自由的向度,伽达默尔已指出了这一点:"谁理解一个文本(或者甚至一条法律),谁就不仅使自己取得对某种意义的理解,而且——由于理解的努力——所完成的理解表现为一种新的精神自由的状态。"[1]

理解所内含的去蔽意义及自为指向,无疑体现了理解过程与人自身存在的切近关系。人的自为走向总是包含着陶冶的过程,按照伽达默尔的看法,黑格尔所考察的从自在到自为的自我意识发展过程,便内在地涉及"陶冶"。[2] 伽达默尔本人则进一步肯定了以理解为

---

① 伽达默尔:《真理与方法》,第 335 页。

② 参见同上,第 15 页。"陶冶"中译本原译为"教化",英译本则为 culture;教化比较侧重于外在的塑造,陶冶则既涉及外在的引导,也包含自我的涵养。意识的自我发展及广义上人的存在境域的提升,并非仅仅是一种外在塑造,而是同时展开为自我塑造、涵养的过程。依此,这里据英译本改"教化"为"陶冶"。参见 Hans-Georg Gadamer, *Truth and Method*, Second Revised Edition, translation revised by J. Weinsheimer and D. G. Marshall, Continuum, 1998, p.9, pp.12 – 13。

方式的精神科学与"陶冶"之间的联系:"陶冶是精神科学赖以存在的要素。""精神科学之所以成为科学,与其说从现代科学的方法论概念中,不如说从陶冶概念的传统中更容易得到理解。"①陶冶所涉及的是人自身的完善,精神科学则首先诉诸理解。如前所述,理解并非仅仅指向对象,它同时以人自身的去蔽及精神的提升为内容,后者确乎蕴含着陶冶、涵养之维。从方法与存在的关系看,以陶冶为精神科学赖以存在的要素,其重要的意义在于同时肯定了作为精神科学方式的理解与人的完善之间的联系。

世界的敞开与自我的陶冶、涵养之间的相关性,在中国传统哲学中同样得到了确认。《易传》关于"穷神知化,德之盛也"②的论点,已将把握及理解这个世界与人自身德性的提升联系起来。儒家的另一早期文本《中庸》进而提出"尊德性而道问学"之说③,尊德性的具体内容,不外乎人格的陶冶和培养,道(导)问学则以认识世界和认识自己为内容,后者在宽泛的意义上包括对天道的理解与把握以及对经典文献的解释。④ 按儒家的看法,德性的陶冶和培养不能离开问学的过程,而问学过程又总是指向德性的完善。尽管在儒学的演化过程中,不同的学派和人物对德性与问学每每各有所侧重,但从总的方面看,尊德性与道问学的相辅相成无疑构成了主导的趋向。二者的上述关系,内在地蕴含着理解与涵养的统一。

从理论上看,理解与涵养的相关性,源于理解本身所具有的特

---

① 伽达默尔:《真理与方法》,第 18、21 页,引文据英译本略有改动。参见 Hans-Georg Gadamer, *Truth and Method*, p.15, p.18。

② 《易传·系辞下》。

③ 《中庸·二十七章》。

④ 朱熹:"道问学,所以致知而尽乎道体之细也。"(朱熹:《四书章句集注·中庸》)所谓"尽乎道体之细",便蕴含着对道的深入理解和把握。

点。作为把握存在的方式,理解所面对的问题不仅仅是"是什么",而且也包括"意味着什么"以及"应当成为什么",后者与人自身的存在显然具有切近的联系。① 作为对存在的追问,"是什么"与"意味着什么"分别展示了意义的不同向度:前者涉及事实的层面,后者则以价值的领域为指向。如果说,"是什么"的追问首先要求世界的真实呈现,那么,"意味着什么"则将问题引向人自身存在境域的提升,而在"应当成为什么"的提问中,后一论域的意义探寻又进一步与人自身的完善联系起来。理解过程的以上结构在沟通意义的澄明与人自身之"在"的同时,也使理解与尊德性(涵养)的交融获得了内在的根据。

冯友兰认为,人作为一种特定的存在,其根本特征在于有觉解:"人生是有觉解的生活,或有较高程度觉解的生活。这是人之所以异于禽兽,人生之所以异于别的动物生活者。"②"解"即是了解,"觉"则是自觉。了解是借助概念而展开的活动,自觉则是自我的一种反省意识;前者主要指向对象,后者则与自我的反思和领悟相联系。冯友兰的以上看法注意到了把握存在的过程既表现为对象性的了解,又以主体对自身存在状态的反思为内容。宽泛而言,理解的二重维度也可以看作"解"与"觉"的统一:敞开对象侧重于"解",自我的去蔽则更多地涉及"觉"。

从另一方面看,理解所涉及的以上问题,亦体现了理解与意义之间的联系。如前所述,理解总是离不开意义的探索与澄明。在这一过程中,意义既不是预成的,也不是既成的,而是在主体的解释中逐渐生成的。意义的生成与人自身之"在"同样难以分离。就"是什么"这一维度的追问而言,对象在哪些方面及在何种程度上被敞开,总是

① 参见本书第二章。
② 冯友兰:《三松堂全集》第四卷,河南人民出版社,1986年,第522页。

受到理解者自身的存在背景、视域、意向以及文化积累的制约。对价值意义的领悟,则在更深沉的层面体现了意义与人的存在境域的联系。海德格尔曾指出,理解与意义"植根于此在的生存论形态"(existential constitution of Dasein)。① 这里所说的意义,更多地着眼于价值之维。在世过程的具体形态(包括社会境遇、精神境界等),往往影响着对世界的理解;世界的意义是在人自身的历史展开过程中逐渐呈现的。以价值意义的领悟为内容之一,理解总是诉诸体验,后者又与人的整个生命融合在一起:"每一个体验都是由生活的延续性中产生,并且同时与其自身生命的整体相联。"②生活的延续展示了存在的历史性。作为理解的具体形式,体验与人的生命整体的相联,从一个方面表明:人正是在自身之"在"中不断领悟存在的意义。

理解借以实现的存在过程,并非仅仅体现为个体性的规定。理解总是涉及前见或先见,③这种先见或前见固然常常取得个体观念或意见的形式,但并不仅限于个体之域。作为理解的出发点,前见的形成有其社会、历史的根据。伽达默尔已强调了这一点:"早在我们通过自我反思理解我们之前,我们就以某种明显的方式在我们所生活的家庭、社会和国家中理解了我们自己。"④与前见的以上特点相应,理解已不再仅仅是个体性或主体性的行为:"理解甚至根本不是一种主体性的行为,而要被认为是一种置身于传统过程中的行动。"⑤在这里,作为理解背景的存在境域,已超越了个体之维而指向更广的社会

---

① M. Heidegger, *Being and Time*, p.143.

② 伽达默尔:《真理与方法》,第 89 页。

③ 伽达默尔:"一切诠释学条件中最首要的条件总是前理解。"伽达默尔:《真理与方法》,第 378 页。

④ 伽达默尔:《真理与方法》,第 355 页。

⑤ 同上,第 372 页。

历史领域。不难看到,无论是就其形成过程,抑或就其在理解中的先行性而言,前见都折射了存在的形态,并具有本体论的意义。

作为意义的澄明者和阐释者,人并不是一种既定的存在。按海德格尔的看法,存在总是具有时间之维,而在时间的不同向度[1],未来又具有特殊的意义:正是未来,蕴含了存在的可能规定。以可能为内在规定,人之"在"世,在个体与类的层面都展开为自我筹划、自我塑造的过程。换言之,走向未来与可能的存在为现实的存在,表现为相关的两个方面。二者的以上统一,一方面使未来的走向不同于空洞的时间之流,而是包含了具体的社会内容,另一方面又赋予人的存在以历史的意义。人的历史品格,同时也决定了理解的历史向度:理解的历史性最终植根于存在的历史性。

与存在形态对理解过程的规定与作用相辅相成的,是理解过程对人的存在形态的制约。理解本身在广义上也是人"在"世的方式,[1]通过世界的敞开与自我的去蔽,理解同时也不断地影响着人的存在形态。上文曾提及,冯友兰以觉解为人的根本特征,作为人的存在之维,觉解本身又有程度的不同,与之相应的是不同的人生境界。按冯友兰的看法,境界不同于外部存在,它主要表现为宇宙人生对人(存在主体)的不同意义。根据觉解程度的高低,冯友兰将人生境界区分为四种,即自然境界、功利境界、道德境界、天地境界;从自然境界到天地境界,人的存在相应地展开为一个层层提升的过程。如前所述,觉解既指向对象,又表现为自我的领悟;同样,理解也包含敞开对象、自我去蔽二重内涵,二者具有内在的相通性。与此相应,觉解对人生

---

① 海德格尔:"如果我们把理解解释为一种基本的存在论规定,那么,我们可以看到这种现象同时也被认为是此在之在的基本方式。"M. Heidegger, *Being and Time*, p.134.

境界的影响,也折射了理解对人的存在境域的制约,后者同时可以被看作理解所内含的陶冶、涵养意义的具体体现。

人的存在形态构成了理解过程借以展开的背景,理解作为存在的方式又影响并制约着人的存在过程,这里似乎包含着理解与存在之间的循环;与解释学的循环相近,这种循环也具有本体论的意义:海德格尔曾认为解释学循环体现了"此在自身的生存性前结构"(the existential fore-structure of Da-sein),①扬弃其思辨的表述,则可以将理解与存在的以上循环视为存在、方法与活动之间的互动。在这里,理解既是人把握世界的方式,又是这种方式具体运用的过程;思维的方式(the way of thinking)、行动的方式(the way of doing)与存在的方式(the way of being)相互交融。以此为本体论前提,对象世界的敞开、变革与人自身存在境域的提升本质上也展开为一个统一的过程。

① M. Heidegger, *Being and Time*, p.143.

第五章
语言的形上意蕴

作为把握存在的方式,以现实之道还治现实的过程离不开语言。语言既是广义的存在形态,又是把握存在的形式,这种双重品格,使语言一开始便与存在形成了本源性的联系。历史地看,语言与存在的关系很早已进入哲学的论域,古希腊哲学家对逻各斯(logos)的讨论,①先秦哲学的名实之辨,都以不同的方式涉及了语言与存在的关系。语言能否把握实在? 对世界的描述与规范是否彼此分离? 语言与人自身之"在"是否相关以及如何相关? 等等。作为语言与存在关系的

---

① Logos 一词源自希腊文动词 *legein*,后者表示言、说。这种词源关系,一开始便决定了逻各斯(logos)与语言具有无法分离的关系。

具体展开,上述问题既涉及认识论、逻辑学,也指向本体论或形而上的领域。然而,20世纪初以来,随着分析哲学的兴起,逻辑分析浸浸然占据了语言哲学的主导地位,语言的形上之维则渐渐被置于视域之外。这一背景,使对语言与存在关系的再考察,成为难以回避的问题。

一　以名指实和以名喻道

以中国哲学而言,语言与实在关系的讨论,可以追溯到先秦的名实之辨。先秦哲学的总结者荀子,已将名实关系的讨论具体化为"制名以指实"的理论①,所谓"指实",意即以"名"指称或表示实在。从指实的维度看,名实之辨首先涉及名(语词、名称等)与具体对象(物)的关系。在二者之中,名以物为指向,其意义亦来自物,荀子以前的《管子》已指出了这一点:"上圣之人,口无虚习也,手无虚指也,物至而命之耳。"②"以其形,因为之名,此因之术也。名者,圣人之所以纪万物也。"③因物而命,以名指物,名与物之间呈现的是一种对应的关系。

在指物这一层面,名每每呈现"分"的特点:它将不同的对象区分开来,分别地加以指称,从而使物能够以不同于混沌的形态呈现出来;在此意义上,以名指物同时也意味着以名辨物。名对于物的指称关系的确立,是进一步把握与讨论事物的前提。荀子已指出:"名定而实辨。"④在同一意义上,王弼也强调:"不能定名,则不可与论实也。"⑤

---

① 参见《荀子·正名》。
② 《管子·白心》。
③ 《管子·心术上》。
④ 《荀子·正名》。
⑤ 王弼:《老子指略》,《王弼集校释》,中华书局,1980年,第199页。

这里的名定（定名）之"定"，便是指特定的名与特定对象之间的对应性，①它既使名获得了具体的内涵，也为超越浑然未分的形态而分别地把握对象提供了可能。

名在语言学的层面主要以词为形式，在逻辑学的层面则表现为概念。从认识论上看，单纯的词或概念并不构成本来意义上的知识，如仅仅说出"马"，并不表明获得了具体的知识，唯有形成"这是马"或"马是动物"等命题或判断，才意味着对事物有所知。维特根斯坦已明确肯定了这一点："只有命题才有意义；只有在命题的前后联系中，名称才有意义。"②在语言形式上，命题或判断具体表现为语句或句子。词往往以"分""定"为特点，语句则将不同的词联结起来；词所指称的是不同的对象，而作为语句内涵的命题则指向对象之间的联系。早期维特根斯坦曾强调了命题与实在之间的相关性，所谓"命题是实在的图像"，③便表明了这一点。在维特根斯坦看来，命题之有真假，是以命题成为实在的图像为前提的："只有作为实在的图像，命题才能是真的或是假的。"④尽管如后文将进一步讨论的，在维特根斯坦那

---

① 历史地看，名与实的指称关系的形成，具有约定俗成的性质，荀子已注意到这一点："名无固实，约之以命实，约定俗成谓之实名。"（《荀子·正名》）然而，在以一定的名指称一定的实之后，二者之间便具有了稳定的联系，如一旦以"火"之名指称火之实，则"火"之名便不能随意地用以指称水或其他事物，否则将导致混乱或"不宜"："约定俗成谓之宜，异于约则谓之不宜。"（同上）所谓名与实的对应关系，是就后者而言。

② 维特根斯坦：《逻辑哲学论》3.3，商务印书馆，1985 年，第 32 页，译文据英译本做了改动。参见 L. Wittgenstein, *Tractatus Logico-Philosophicus*, Translated by C.K.Ogden, Dover Publication, Inc., 1999, p.39。

③ 维特根斯坦：《逻辑哲学论》4.01，第 38 页，译文据英译本做了改动。参见 L. Wittgenstein, *Tractatus Logico-Philosophicus*, p.45。

④ 维特根斯坦：《逻辑哲学论》4.06，第 42 页，译文据英译本做了改动。参见 L. Wittgenstein, *Tractatus Logico-Philosophicus*, p.49。

里,语言对实在的表示,并不是一种直观的摹写,而更多地表现为逻辑上的对应性,但上述看法无疑注意到了命题的真假与实在的关系。宽泛而言,名对物的指称与命题对现实的描述,在不同层面展示了语言与实在之间的联系。

如前所述,以名指物无疑有其约定俗成的方面:以何种名指称何种物,并非只有一种选择,亦非先验预定。然而,以名分别地把握事物,却有其本体论的根据:通过不同的名将事物区分开来,从而超越混沌的形态,是以事物之间本身存在内在的差异为前提的;唯有事物本身具有可分性,以名辨物才成为可能。《管子》认为:"物固有形,形固有名。"①"形固有名"如果理解为"名"与物俱来,当然并不确当,但它肯定名不能完全离开物各自的规定(亦即确认名之殊基于物之异),则并非毫无所见。名或语词如此,语句也并不例外:语句所蕴含的语词联结,同样只有本于现实的关系,才能获得意义。"三角形比长方形热"这一类语句之所以无法理解,就在于它脱离了事物之间的真实联系。

就形式的层面而言,以名指物还涉及事物的形态与语言的结构之间的关系。维特根斯坦曾指出:"每一种图像,不管具有何种形式,要一般地描述——正确地或错误地——实在,必须与实在具有共同的东西,这种共同的东西就是逻辑形式,亦即实在的形式。"②在此,语言的逻辑形式与实在形式的一致性,被理解为语言描述实在的前提。

实在有其自身的结构,这种结构可以看作事物形式的规定。从内在的层面看,语言的逻辑形式与实在形式之间的一致性,首先在于

---

① 《管子·心术上》。

② 维特根斯坦:《逻辑哲学论》2.18,第27页,译文据英译本做了改动。参见 L. Wittgenstein, *Tractatus Logico-Philosophicus*, p.34。

二者都涉及内在的秩序。尽管存在的秩序与思维的秩序并非直接同一，但二者内含的秩序规定，却为语言有序地描述事物（实在）提供了可能。维特根斯坦后期在《哲学研究》中曾指出："语法告诉人们某种事物属于哪个对象类。"[①]语法是语言秩序的集中体现，事物的类别，则体现了事物的秩序，正是这种秩序性，使有序地辨物获得了某种担保。[②] 作为逻辑地描述事物所以可能的前提，事物的秩序在更内在的层面构成了以名指物的根据。

以名指物，当然并不意味着凡名都必然指称或表示现实的存在，名与实在之间也可以具有某种距离，人们常常列举的"飞马""金山"，便似乎没有直接对应的指称对象。这是否表明"名"缺乏现实的根据？显然不能简单地做此断论。就词的构成而言，"飞马""金山"是对"飞（翼）"与"马"、"金"与"山"的组合。分别地看，"飞（翼）"与"马"、"金"与"山"都是现实的存在，从而，尽管"飞马""金山"之名无实际的对应物，但其形成却并非完全与现实存在无涉。广而言之，"飞马""金山"同时也表示了事物可能的存在方式：它们不同于"黑的白"之类的表述，不涉及逻辑矛盾。从逻辑上说，凡不包含逻辑矛盾者，都属可能的存在。可能世界的含义较现实存在更广（在逻辑上，现实存在只是可能世界的一种形态），与可能的存在形态相应，"飞马""金山"等名亦有其广义的本体论根据。

除了表示存在的可能形态外，名往往涉及曾经存在而现已不复存在的对象，这种名既可以表示某类对象（如恐龙），也可以表示特定

---

① 维特根斯坦：《哲学研究》，第 174 页。

② 上述观点表明，尽管维特根斯坦后期不再坚持语言的图像说，而是强调生活形式、具体存在情景对把握语言意义的重要性，但他并没有完全否定语言的秩序性与事物的秩序性之间的联系。在这一方面，维特根斯坦的前期思想与后期思想似乎也存在某种连续性。

个体(如汉武帝)。恐龙、汉武帝现在都已由存在转化为非存在,分别表示二者的"恐龙""汉武帝"之名,相应地已失去了指称的对象。在指称对象已不复存在的情况下,名的根据何在? 这无疑是一个需要进一步讨论的问题。名与物的如上关系,同时也从另一个方面表现了名的相对独立性。然而,上述情形并不表明名可以游离于实在。此处似乎应当引入时间的规定或历史之维。从本体论上看,时间的意义不仅仅在于赋予存在以间断性,而且也在于使之获得连续性;曾经存在而现已不在的对象,不同于虚无或非存在,作为历史中之"在",它所具有的曾在性并没有消解于时间的流逝过程;相应地,涉及这一类对象之名,也非基于非存在,而是以曾在的事物(历史中的存在)为其根据。①

语言的内在生命在于意义。就意义而言,语言不仅仅与指称对象(所指)相联系,而且涉及具体的存在境域。早期维特根斯坦的语言图像说,较多地关注语言意义与对象的关系,后期维特根斯坦的语言游戏说,则突出了生活情景及境域对语言意义的制约作用,二者从不同的方面彰显了语言与存在的相关性。从语言与存在境域的关系看,同一语词或语句,在不同的情景中,往往会获得不同的意义。当我们在校园中看到一位妇女对某位学生很关心,我们也许会说:"他的老师对他真好!"假如事实上这位妇女并不是那位学生的老师,那么,"老师"一词的意义在此便发生了某种变化:从语义上说,"老师"是从事教学活动的工作者,但在以上的具体情景中,它却获得了另一种意义:指称那位关心学生的妇女。这里,"老师"一词的特定指称意

---

① 在语言哲学中,指称对象已不存在之名,往往被理解为有含义而无指称,这一看法以含义与指称的区分为前提。但问题在于,如以上分析所表明的,这里的"含义"并非仅仅体现为语词的逻辑内涵或逻辑关系,它更有其本体论上的根据。对此,语言哲学往往未能予以充分注意。

义,显然与相关的存在情景无法分离。

即使某些具有重言形式的命题,其语词的含义,往往也受到特定语境的制约。例如,在经历了一场酷烈的战争之后,面对战争所带来的破坏及战争遗留下来的废墟,人们往往会感慨:"战争就是战争!"从形式上看,这似乎表现为一个逻辑上的重言式(同义反复),然而,稍做分析便可看到,在上述命题中,前一"战争"与后一"战争"并非简单的同义反复:前者指在特定时间、地区发生的战争(即刚刚结束并留下了种种后果的那一场战争),后者则泛指一般意义上的战争。在此,表现为重言式的命题是否为真正逻辑意义上的重言式,便取决于相关的语境。

名言与对象及存在境域的关系,首先涉及经验世界与日常生活,与后者相对的是所谓形上之域。名言能否把握形上之域?哲学史上曾一再出现对此的怀疑。《老子》区分了可道之道与常道、可名之名与常名,其中包含着形上之道超越于名言之域的观念。维特根斯坦也在可说与不可说之间加以划界,认为对不可说者,应保持沉默,而所谓不可说之域,即涉及形而上的对象:"哲学的正确方法也许是这样:除了能说的东西以外,什么也不说,而所谓能说的东西,也就是与哲学无关的自然科学的命题。于是当别人想说某种形而上学的东西时,总是应向他表明:在他的命题中,他并没有赋予相关记号以任何意义。"①《老子》所说的可名、可道之域与维特根斯坦所谓能说的东西,主要是经验领域或物理世界的事物(维特根斯坦将"自然科学的命题"视为能说的东西,便表明了这一点)。把握经验领域或物理世界的事物,一般以描述为方式。从语言与存在的关系看,以经验领域

---

① 维特根斯坦:《逻辑哲学论》6.53,第97页,译文据英译本做了改动。参见 L. Wittgenstein, *Tractatus Logico-Philosophicus*, pp.107 - 108。

或物理世界为对象,相应地意味着突出语言的描述、指称功能。当描述、指称被视为名言指物的主要乃至唯一的功能或方式时,无法直接描述或指称的领域往往便被理解为超名言之域。

将名言的作用仅仅限于对经验对象的指称和描述,显然未能把握其全部的内涵。尽管对不同的存在,名言往往有不同的表示方式,但就其本来形态而言,名言不仅指向经验对象,而且同样涉及形上之域。荀子已注意到了这一点,在肯定制名以指实的同时,荀子又强调:"不异实名,以喻动静之道。"①制名以指实,首先关涉名言与经验对象的关系,动静之道,则包含形而上的原理;作为表示经验对象的方式,"指实"以指称、描述为内容,对"道"的把握,则既基于同一律(不异实名),又以"喻"为形式。相对于"指"的描述、摹状性,"喻"似乎更多地表现为澄明、彰显,其中既包含着对象的敞开,又渗入了主体的领悟、理解、阐释。不难看到,作为名言与存在联系的二重方式,以名指实和以名喻道分别展示了言说经验对象与言说形上之域的不同特点。

从词源上看,西语中涉及言说的词往往与照亮、显示等相联系。约翰·麦奎利曾对此做了追溯:"希腊语的'说'(*phemi*)与'显示''照亮'(*phaino*)有联系,所以与'光'(*phos*)也有联系。拉丁语的'说'(*dicere*)与希腊语的 *deknumi* 和德语的 zeigen 同源,都有'显示'的意思,而这三个词都可以追溯到古印欧语系的词根 *di*,它表示'光亮'或'照耀'。"②显示、照亮,意味着从人的视域之外进入人的视域之中,在此意义上,以名指物和以名喻道与认识世界的过程具有一致

① 《荀子·正名》。
② 约翰·麦奎利:《神学的语言与逻辑》,四川人民出版社,1992 年,第 54—55 页。

性。当然,以名指物主要是对特定对象的描述,相对于此,以名喻道更多地表现为对世界的整体把握;前者显示的是存在的某一方面或层面,后者所敞开、澄明的,则是存在的统一性、具体性。

王弼曾对"名"与"称"做了区分:"名也者,定彼此者也;称也者,从谓者也。名生乎彼,称出乎我。"①"名"以对象为根据,它按对象的不同特点,将其彼此区分开来;"称"则本于主体,是主体对存在的规定;前者侧重于描述,后者则涉及命名。在王弼看来,道可称而不可名:"夫道也者,取乎万物之所由也,……而不名也。""故涉之乎无物而不由,则称之曰道。"②在肯定"称出乎我"的前提下,将道列入"称"之域,无疑过分地强调了主体对道的规定。不过,如果扬弃王弼对道的理解而借用其关于"名"与"称"的表述,则可以将"喻道"的名言视为生乎彼之"名"与出乎我之"称"的统一。作为澄明、显示形上之道的形式,名言既以必然为根据,又隐含着当然:喻道的过程,往往渗入了人对存在的规定。"以名指物"着重指向"实然",相对而言,在"以名喻道"中,实然、必然、当然更多地呈现为相互交错的关系:人所喻之"道"(以语言把握的"道")既不同于形式化的数学语言,也非纯粹的逻辑表述,它总是渗入了人的意向、情感,包含着关于世界应当如何的观念。例如,"和"作为表示多样性统一的原理,可以视为形上之道的表现形式,而当我们以"和"来说明存在时,便既涉及"和实生物",又兼指"和而不同",前者(和实生物)表示存在的实际形态(实然),后者(和而不同)则同时规定了如何"在"(应然)。

对存在的进一步考察往往指向体用关系。就体、用之域而言,"体"是否可以说? 王夫之曾对此做了分析。在谈到"言"与"体"的

---

① 王弼:《老子指略》,《王弼集校释》,第 197 页。
② 同上,第 196、197 页。

关系时,王夫之指出:"盖凡天下之为体者,可见,可喻,而不可以名言。如言目,则但言其司视,言耳,则但言其司听,皆用也。"①这里的"体",既指个体或个体的特定部分(如耳、目),也指形而上的存在根据。作为具体存在的"体"(如耳、目)具有"可见"的性质,作为存在根据之"体"具有"可喻"的一面,但它们却不可直接言说,可说者主要是"用"。王夫之的这一看法,以其对体用关系的理解为前提。在王夫之看来,"体"的实在性,可以由"用"的实在性来确证:"天下之用,皆其有者也。吾从其用而知其体之有,岂待疑哉!"②与由用证体相一致的,是由用而得体:"善言道者,由用以得体。不善言道者,妄立一体而消用以从之。"③由用证体所蕴含的,首先是一种本体论的视域;由用得体则更直接地展示了认识论的立场,二者同时又都制约着名言与道(体)的关系。在本体论上,离开了"用","体"往往被玄虚化;在认识论上,抽去了"用","体"常常流为思辨的对象。同样,从言说方式看,在"用"之外就"体"而言"体",也难以达到"体"的真实内涵。不难看到,与《老子》、维特根斯坦有所不同,王夫之所说的"体"不可以名言,并非无条件地赋予形上之域以超名言的性质,而是强调不能离用而言体、离器而言道。事实上,在反对离开用、就体而言体的同时,王夫之又肯定"有微言以明道""道抑因言而生,则言、象、意、道,固合而无畛"④。

王夫之对"体"与名言关系的看法,从体用之辨等方面涉及了"以名喻道"的特点。从"得"(达到)的层面看,形上之道的敞开,不能离开形下之器;从"达"(表达)的层面看,道的澄明,同样无法隔绝于形

---

① 王夫之:《读四书大全说》卷六,《船山全书》第 6 册,第 788 页。
② 王夫之:《周易外传》卷二,《船山全书》第 1 册,第 861 页。
③ 同上,第 862 页。
④ 王夫之:《周易外传》卷五,《船山全书》第 1 册,第 1002、1040 页。

而下之器。在这里,形上之域与形下之域并不呈现为名言之域与超名言之域之间相互对峙的关系,对形上之域或道的澄明,也非疏离于对形下之域或"用"的言说。相反,对后者(形下之域或"用")的言说,同时也从一个方面指向形上之"道"的现实存在形态。荀子提出的"不异实名,以喻动静之道",亦已蕴含了类似的观念:"实名"意味着名与具体存在的联系,以实名喻道,表明"以名指实"与"以名喻道"具有一致性。

作为"指物"与"喻道"的统一,名言具有超越于人的一面。海德格尔已注意到这一点,在对语言做考察时,海德格尔提出了一个基本命题,即"语言说"。① 这一命题("语言说")当然并不意味着否定人具有言说的能力,但其中又蕴含着不能将语言仅仅归属于人之意,后者在海德格尔对"主体性的形而上学"的批评中表现得颇为明显:"在现代的主体性形而上学的统治之下,语言几乎不可遏止地脱落于它的要素了。语言还对我们拒不给出它的本质,即:它是存在之真理的家。语言倒是委身于我们的单纯意愿和推动而成为对存在者的统治工具了。"②"主体性形而上学"以人自身为关注中心,语言也相应地仅仅被视为人的工具;换言之,它主要从主体或人的方面理解语言,而忽视了语言与存在的关系。在海德格尔看来,语言之说包含着命名,命名的实质则在于召唤和邀请:"它邀请物,使物之为物与人相关涉。""这些被命名的物,也即被召唤的物,把天、地、人、神四方聚集于自身。这四方是一种源始统一的并存。"③这里特别值得注意的是将物与人的关系引入语言的讨论。语言通过召唤物而使物与人相涉,

---

① 海德格尔:《在通向语言的途中》,商务印书馆,1997年,第3页。

② 海德格尔:《路标》,第373页。

③ 海德格尔:《在通向语言的途中》,第11页。

这种表述无疑具有思辨的意味,但在它之后却蕴含着如下重要观念:语言的本质在于沟通世界之"在"与人自身的存在。质言之,语言所指向的,是存在的统一。①

如前所述,在"以名指物"这一层面上,名言往往具有"分"或区分的一面,这里所说的"分"既指对"所说"(对象)的分别把握,也涉及"说"与"所说"的区分。然而,名言在对存在做区分的同时,又不仅再现对象之间的联系,而且也将人与世界联系起来:"语言之说令区分到来。区分使世界和物归隐于它们的亲密性之纯一性中。"②通过以名指物,物被照亮和敞开,并进入人的视域。在此意义上,也可以说,名言把物带入人的近旁,使之相互关涉。就以名喻道而言,名言进一步超越了对具体对象之"分",而更多地以总名、共名的形式指向整体或统一体。其沟通世界之"在"与人的存在的意义,也相应地得到了更深沉的体现。

---

① 海德格尔的以上看法与罗蒂显然有所不同。罗蒂在谈到语言时,曾借用戴维森的表述,对语言的媒介性与工具性做了区分:媒介性涉及自我与实在之间的沟通,工具性则体现了语言应对世界的功能。罗蒂主张抛弃关于语言具有媒介性的观念,而将其仅仅理解为应对世界的偶然工具(参见罗蒂:《偶然、反讽与团结》,商务印书馆,2003年,第11—35页)。这种论点单纯地强调了语言之属人的性质,而忽视了其沟通世界之"在"与人的存在这一面。从逻辑上看,罗蒂的以上看法首先与他否定语言的再现功能相关。在罗蒂看来,语言是"应付客体而不是再现客体的工具"(参见罗蒂:《后形而上学希望》,第50页)。"再现"以对象为指向,"应付"则本于人的目的(事实上,罗蒂同时认为,语言的作用在于"替不同目标提供不同的工具",参见同上),以"应付"否定"再现",突出的是语言对人的从属性。就更内在的方面而言,罗蒂对语言的如上理解,又与其突出存在的偶然性不无关系:对罗蒂而言,语言、自我、社会都由偶然性所主导,而在一个主要由偶然性支配的世界,存在往往更多地呈现破碎、间断、脱序的特点,其统一、连续、秩序等规定则难以获得定位。较之罗蒂的语言观,海德格尔对语言的理解似乎更为深沉。

② 海德格尔:《在通向语言的途中》,第22页。

以名指物与以名喻道的统一,表明名言既能以描述的方式分别地敞开存在,也可以通过存在的澄明以把握世界的统一性原理。当然,相对于名言,实在无疑更为丰富:无论在物的界域,抑或在道的层面,其可"指"可"喻",并不意味着它已完全被纳入名言之域。事实上,实在总是包含着尚未进入名言之域的方面。就此而言,实在似乎亦内含超名言之维。① 同时,从人自身之"在"看,其在世过程,亦往往涉及名言难以范围之域。《庄子》曾借轮扁之口,对出神入化的斫轮境界做了如下论述:"斫轮,徐则甘而不固,疾则苦而不入。不徐不疾,得之于手而应于心,口不能言,有数存焉于其间。"②斫轮过程中所达到的"不徐不疾""得手应心"之境,可以看作一种实践的智慧,它具体地表现为心与手之间的默契,而无法完全以名言加以描述和表达。《庄子》认为实践的智慧完全超出名言之域,无疑具有怀疑论倾向,但实践智慧确乎不仅仅以言说为其存在方式,它往往同时显现为实际的"在"。存在与名言的以上关系,在从不同方面展示存在的具体性、丰富性的同时,也表现了存在对名言的制约意义。

二 解释世界与变革世界

作为把握存在的方式,以名指实与以名喻道同时也从不同的层面展示了语言在敞开世界中的作用。如前所述,语言与存在的关系已较早地受到各种形式的关注。20 世纪初以来,语言的意义一再被强化,它在某种意义上甚而成为哲学论辩的中心。随着语言问题的

① 在实在较语言更丰富的意义上,即使经验对象亦有超乎名言的一面。从这一维度看,所谓名言之域与超名言之域的区分,无疑仅具有相对的意义。然而,对形上之道的可言说性加以质疑的哲学家,却往往忽视了这一点。

② 《庄子·天道》。

中心化,语言本身往往被赋予本体的性质,后者内含着多重理论意蕴。

在其前期著作《逻辑哲学论》中,维特根斯坦曾指出:"我的语言的界限意味着我的世界的界限。"①此处的"我",同时被理解为"形而上学的主体",②我的语言则不同于私人语言,而是指一般意义上的名言之域,因此上述观点同时又表述为:"语言(我所理解的唯一的语言)的界限,意味着我的世界的界限。"③这里值得注意的是将语言与世界的界限联系起来。从逻辑上说,把语言规定为世界的界限,表明人所达到的世界总是囿于名言之域。在此,语言已被赋予某种本体论的意义。

以语言为世界的界限,意味着对存在的考察无法超越语言。维特根斯坦之后的分析哲学家,往往在不同程度上沿袭了上述思路。斯特劳森曾区分了修正的形而上学与描述的形而上学,并将描述的形而上学视为形而上学的合理形态,而描述的形而上学的目标,又被理解为"揭示概念结构的最一般的特征"④。形而上学在宽泛意义上属存在的理论,"概念的结构"与语言的逻辑形式则往往被归入同一序列。⑤ 以揭示概念的结构为目标,意味着将作为存在理论的形而上学限定于语言的分析。奎因提出了本体论承诺,其中无疑亦蕴含着对存在问题的关注。然而,奎因同时又将"实际上什么东西存在"的问题从本体论的承诺中剔除出去,而将其仅仅圈定于对"说什么存在"问题的讨论,并认为后者"差不多完全是与语言相关的问题,而什

---

① 维特根斯坦:《逻辑哲学论》5.6,第 79 页。

② 同上,5.641。

③ 同上,5.62。

④ P. E. Strawson, *Individual: An Essay in Descriptive Metaphysics*, p.9.

⑤ 戴维森便明确地肯定了这一点:"我们可以把概念图式认同为语言。"戴维森:《真理、意义、行动与事件》,商务印书馆,1993 年,第 112 页。

么存在则属另一个问题"①。质言之,奎因的本体论承诺,主要涉及对存在的言说和表述。由此,奎因认为,关于什么存在的争论可以在语义学的层面展开。② 在这里,对存在的把握同样不越语言之界。

与肯定语言是世界的界限相联系的,是存在与语言的某种重合。戴维森在谈到语言与存在的关系时,曾指出:"我们共有一种语言(在这里是为交流所必需的任何一种含义上)时,也就共有一幅关于世界的图景,这幅图景就其大部分特征而论必须是真的。因此,我们在显示我们的语言的大部分特征时,也就显示了实在的大部分特征。"③语言与存在的图景在这里被理解为一种合而为一的关系:拥有共同的语言,同时也就拥有共同的存在图景;正是二者的合一,决定了语言的特征可以折射实在的特征。这种观点不仅为分析哲学所反复申述,而且也存在于 20 世纪的其他哲学系统。以解释学而言,在谈到语言与存在的关系时,伽达默尔便一再强调:"谁拥有语言,谁就'拥有'世界。"④拥有语言与拥有世界之间的一致性,是以语言与存在本身的同一为前提的。当伽达默尔宣称"能被理解的存在就是语言"⑤时,便已确认了这一点:语言在此被视为存在的一种形态("被理解"的形态)。

就其外在形式而言,化存在为语言似乎同时确认了存在对人的敞开。然而,在语言被规定为存在界限的背景下,问题显然并没有如此简单。当语言与存在图景彼此合一或被视为存在形态时,主体实

---

① 参见 Quine, *From a Logical Point of View*, Harvard University Press, 1980, pp.15 - 16。

② Ibid.

③ 戴维森:《真理、意义、行动与事件》,第 130 页。

④ 伽达默尔:《真理与方法》下卷,第 579 页。

⑤ 同上,第 606 页。

质上始终没有超出语言：他所达到的，只是语言，而不是存在本身；换言之，语言作为界限，同时表现为走向真实存在的屏障。事实上，戴维森在肯定共有一种语言也就是共有一幅世界的图景的同时，便强调"研究形而上学的一种方式便是研究我们语言的一般结构"①，而在斯特劳森将形而上学的主旨理解为"揭示概念结构的最一般的特征"、奎因把存在的问题归结为语义学的问题等立场中，我们已可以看到同样的倾向。

语言本来是把握存在的形式和手段，然而，当存在被限定于语言或语言被规定为存在的界限时，则语言之外的真实存在便成为某种"自在之物"。确实，在语言成为界限的前提下，主体显然难以达到"界限"之外的真实存在。按其本来形态，语言似乎具有二重性：作为一种有意义的符号系统，它本身既是特定形态的存在，又是达到存在的方式。如果过分强化语言所体现的存在规定，便可能将这种特定的存在形态不适当地夸大为终极的乃至唯一的存在；另一方面，语言的后一功能（即作为达到存在的方式这一功能）中则隐含着如下可能：手段或方式本身被赋予本源的性质。或者说，达到对象的方式，被等同于对象本身。不管处于以上的何种情形，都可能导致对真实存在的掩蔽。

赋予语言以终极性质，往往又以强调语言的解释功能为其前提。在这一视域下，以名指实，通常便被理解为以经验的方式说明世界；以名喻道，则被视为以思辨的方式解释存在。当语言的终极性与语言的解释性重合时，人与世界的关系便相应地仅仅停留在对世界加以理解、说明的层面。这里似乎存在着某种悖论：一方面，语言的本体化及终极化，最终将导致真实存在的掩蔽；另一方面，这种本体化

---

① 戴维森：《真理、意义、行动与事件》，第130页。

和终极化,又以解释和说明世界为其指向。如果说,前者从把握世界的方面表现了语言本体化的实质后果,那么,后者则从人与世界更广义的关系上,彰显了语言本体化、终极化的内在意蕴。

单纯地从解释、说明的层面理解人与世界的关系,这一倾向不仅仅存在于分析哲学的系统中,在 20 世纪的其他哲学家中,我们也每每可以看到类似的思维趋向。首先可以一提的是海德格尔。后期海德格尔对语言予以了相当的关注,在谈到语言与存在的关系时,海德格尔曾做过如下的著名论述:"语言是存在的家。人居住在语言的寓所中。思想者和作诗者乃是这个寓所的看护者。只要这些看护者通过他们的道说把存在之敞开状态(Offenheit des Seins)带向语言并且保持在语言中,则他们的看护就是对存在之敞开状态的完成。"①"把语言从语法中解放出来,并使之进入一个更为源始的本质构造中,这是思想和作诗的事情。"②所谓"把存在之敞开状态带向语言并且保持在语言中",也就是通过言说以彰显存在并使之凝结于语言的形态,"进入一个更为源始的本质构造",则是在更内在、更深刻的层面阐释存在。这里所说的存在,既是指世界之"在",也指人自身之"在"。与此相应,以语言为存在的家,既肯定了语言是把握存在的方式,也意味着将说明世界(以语言为手段说明世界)规定为人的"在"世方式。事实上,在海德格尔那里,以名喻道意义上的"澄明",其含义往往也主要呈现为对存在的敞开或解释。

在语言本体化的前提下,将解释世界视为人的存在方式,意味着略去人与世界关系中的实践之维。事实上,在斯特劳森疏离"修正的形而上学"而推崇"描述的形而上学"、海德格尔强调"语言即存在之

---

① 海德格尔:《关于人道主义的书信》,《路标》,第 366 页。
② 同上,第 367 页。

家"等立场之后,我们都可以看到注重对存在的解释而忽视对现实世界的变革等趋向:"描述的形而上学"以表示存在的语言作为解释的对象,这种对解释的再解释不仅拒斥了在观念层面对存在的修正,而且更在实践的层面远离了对存在的变革;同样,以语言为存在之家,也趋向于将理解视为人的本真存在形态,后者往往使如何变革世界的问题难以落实。

语言作为"表达观念的符号系统",①首先与意义相联系。这里所说的意义,不仅仅限于认知或描述,而且也涉及评价与规范。中国传统哲学已注意到了这一点。《吕氏春秋》便曾对名言的特点做了如下概述:"言尽理,而得失利害定矣。"②在此,"尽理"属认知之域,"得失利害"则具有价值意义。在《吕氏春秋》看来,名言在认知意义上的"尽理",同时蕴含着对"得失利害"等价值规定的确认。《易传》对此做了更明确的肯定:"辨吉凶者存乎辞。"③与定"得失利害"相近,辨"吉凶"也属于评价之域,以"辞"为辨吉凶的方式,相应地意味着确认其价值意义。类似的看法亦见于荀子。在谈到"制名以指实"的意义时,荀子便着重从"上以明贵贱,下以辨同异"的角度做了解释④,这里的"贵贱"同样具有价值的内涵:如果说,"辨同异"具有事实描述的意义,那么,"明贵贱"则涉及价值的评价;把"制名以指实"与"明贵贱"联系起来,同时也肯定了名具有评价性和规范性。

当我们将语言与其实际运用过程联系起来时,它所蕴含的评价、规范意义便表现得更为明显。就名称而言,"名"对事物的标识,固然包含着描述的意义,但其中往往又渗入了某种价值的内涵。例如,

---

① 索绪尔:《普通语言学教程》,商务印书馆,1985 年,第 37 页。
② 《吕氏春秋·开春》。
③ 《易传·系辞上》。
④ 参见《荀子·正名》。

"狗"作为名称,一般用以指称狗这类动物,但是,当人们用"狗"来称呼自己的爱犬或以"狗"来隐喻某一类人时,这一词语便内含了不同的价值意蕴。进而言之,从其实际作用来看,名言在指称事物的同时,又具有识别、区分事物的功能(荀子所谓"辨同异"即涉及此),后者无疑表现了某种规范的意义。

　　奥斯汀曾提出了"言语行为"(speech act)的理论。在他看来,当我们用语言做出某种表述时,我们往往并不是在记述或报道某种行为,而是同时在完成这一行为。例如,"当我说'我把这条船命名为伊丽莎白女王号'时,我不是在描述这个命名仪式,我实际上是在完成这次命名"[①]。类似的情况也存在于有关允许、道歉、指责、赞成、请求等的表述之中,这种言语行为常常又被称为"以言行事"(illocutionary acts or to do things with words)。相对于逻辑实证论以是否具有真值来判断语句有无意义,奥斯汀无疑更多地注意到了语言与行为的关系:真值(语句的真假)基于语句的描述性,"以言行事"则具有行为的指向性。此处所涉及的,是语言在社会交往过程中的具体表现形式(言说形式)。宽泛而言,言说本身也是一种行为:虽然它不同于身体力行意义上的"行",但作为主体间的交往方式,它也具有行为的特点。当我在踩了别人的脚之后说"对不起"时,我便完成了一种道歉的行为,在做这一表述时,我同时承认了踩别人的脚是一种过失——亦即肯定了其负面的价值意义。这里,"对不起"的表达形式便既表现为行为,又以评价为其内容。言说不仅本身展现为行为,而且可以引发相关的行为,这一意义上的言说不仅仅以指令、要求等形式出现,而且可以取得其他形态。例如,在窗子开着而我希望它关上的场

　　[①]　奥斯汀:《完成行为式表述》,载 A.P.马蒂尼奇编:《语言哲学》,商务印书馆,1998 年,第 211 页。

合,我既可直截了当地提出"关窗"的要求,也可以用"我感到有些冷"等陈述来含蓄地表达同一意思;无论在哪一种情况下,言说行为都包含着规范的意义,其作用在于引起或促发某种行为(例如关窗)。

对以言行事的肯定,无疑有别于仅仅强调语言的描述功能。在这一方面,奥斯汀以及其他接受言语行动理论的哲学家确乎多少逸出了分析哲学满足于"阐释之阐释"的视域。不过,在注重以言行事的同时,奥斯汀又存在自身的偏向,后者首先表现在过分地强调语言的行动指向。在奥斯汀那里,话语曾被区分为完成行为式或操作式(the performative utterance)和记述式(the constative utterance),前者与以言行事相联系,后者则具有描述的性质。对他而言,记述式话语似乎归根到底也是一种行为,即记述行为:"'我陈述……'这个习惯用语十分类似于'我警告……'这个习惯用语;正如我们所说的,这个习惯用语是用于说明我们正在完成一种什么样的言语行为;而且,我们不能说出任何话语而不完成某种有关的言语行为。"①这里多少表现出以完成行为式话语涵盖记述式话语的倾向,后者的逻辑内涵,则是以语言的行动指向消解其描述或记叙意义。② 这种看法似乎并没有超越描述与规范之间的对峙。

从另一方面看,以言行事所侧重的,主要是主体间的关系。许诺、请求、评论、指责、道歉等言语行为,涉及的范围大致限于主体间

---

① 奥斯汀:《记述式与完成行为式》,《语言哲学名著选辑》,生活·读书·新知三联书店,1988年,第211页。

② 奥斯汀后来对以言行事(illocutionary acts)与以言表意(locutionary acts)及以言取效(prelocutionary acts)做了区分,其中以言表意与记述式有相通之处。在奥斯汀看来,"我们也许可以说,一般而言,完成以言表意也就是或本来就是完成以言行事"。(J. L. Austin, *How To Do Things With Words*, Harvard University Press, 1999. p.98)与此相应,奥斯汀往往将语言的理论与关于"一般行为的理论"联系起来(Ibid. p.106),这里同样可以看到上述倾向。

的交往,言语行为的规范意义,也首先在于协调主体间的关系。当我因某一过失而向人"道歉"时,我的这一言语行为往往旨在得到他人的谅解或其他形式的正面反应。如果他人确实做出了这一类的反应,则我的内疚感也许可能得到某种缓解。在这里,言语行为是通过影响人的态度、观念,以规范调节主体间的关系的。不难看到,上述意义上的以言行事主要基于人与人之间的相互理解,其作用的领域基本上不超出主体间的交往过程。

语言在现实生活中的规范意义,当然并不仅仅表现为影响或协调主体间的关系,它同时在广义上涉及对世界的变革。孔子曾提出了正名之说:"名不正则言不顺,言不顺则事不成,事不成则礼乐不兴。"[①]这里的"名",是指与某种体制或规范系统相联系的名称,正名,则要求行为方式合乎"名"所表示的体制及规范系统。同一意义上的所谓"君君,臣臣,父父,子子"[②],便是指君、臣、父、子都应遵循相关名称所体现的规范。值得注意的是,孔子将这一正名的过程与"成事"及"兴礼乐"联系起来。"事"泛指人的实践活动,"礼乐"则包括政治、文化的制度,通过正名而达到"成事""兴礼乐",相应地意味着肯定"名"在政治文化体制建构中的作用。

孔子的上述思想在后起的其他哲学系统中也得到了肯定。《管子》便认为,"有名则治,无名则乱,治之以其名"[③]。类似的看法亦见于《吕氏春秋》:"名正则治,名丧则乱。"[④]"治"既可以在宽泛意义上表示对事物的标识、辨析,也涉及政治领域的实践,这里更多地指后者。以"名"之有无、正丧为达到"治"的前提,无疑也注意到了名言与

---

① 《论语·子路》。
② 《论语·颜渊》。
③ 《管子·心术上》。
④ 《吕氏春秋·正名》。

政治实践的联系。荀子对此做了进一步的分析:"故王者之治名,名定而实辨,道行而志通,则慎率民而一焉。……如是,则其迹长矣。迹长,功成,治之极也。"①王者之"治名",首先与政治实践领域相关,而"治之极"则是治国过程所达到的完善之境,后者同时被理解为"名"的规范作用在政治实践领域中的体现。正是以此为前提,荀子对名家(惠施、邓析)提出了批评:"甚察而不惠,辨而无用,多事而寡功,不可以为治国纲纪。"②注重名言的辨析是名家的特点,然而,在名家那里,这种辨析并没有导向对现实生活积极的或正面的引导。从而,名言在实践过程中的规范意义也未能获得合理定位。对名家的以上批评,从另一个方面强调了名言在社会运行过程中的作用。

名言的规范意义当然不仅仅体现于社会政治领域。广而言之,在变革对象的不同实践过程中,都可以看到其现实作用。《易传》已指出:"言、行,君子之所以动天地也。"③"动天地",隐喻着对外部世界的影响,而"言"则与"行"相联系,被视为产生上述影响的现实力量。在相近的意义上,《易传》强调:"鼓天下之动者存乎辞。"④"辞"以名言为其形式,认为"辞"可以"鼓天下之动",同时也蕴含着对名言作用的肯定。王夫之对此做了进一步的解释和发挥:"辞,所以显器而鼓天下之动,使勉于治器也。"⑤"显器",侧重于对外部世界的描述和说明,"治器",则以变革外部世界为内容;以辞"显器"与以辞"治器"的统一,在不同层面上涉及了名言与现实的关系。

中国哲学对名言作用的如上考察,较之描述的形而上学及"以言

---

① 《吕氏春秋·正名》。
② 《荀子·非十二子》。
③ 同上。
④ 同上。
⑤ 王夫之:《周易外传》卷五,《船山全书》第 1 册,第 1029 页。

行事"说无疑展示了更广的视野。语言作为"表达观念的符号系统"，与概念、命题以及展开于概念、命题的理论难以分离；语言的基本单位语词、语句便分别以概念、命题为其内涵。当概念、命题、理论所构成的思想以不同的方式影响、变革现实时，语言也相应地展示了其规范的作用。事实上，中国哲学中的"名"，便往往同时包含了思想内容（概念）与语言形式（语词）两重含义。"正名"或以"名"（辞）治器，也总是同时涉及以上两个方面。从另一视域看，名言既通过"说"而与人"在"世的过程相联系并制约着后者，又通过"行"而影响现实。就前者而言，言说本身也是一种存在的方式，就后者而言，名言又展现为改变世界的力量。换言之，语言不仅仅涉及主体间的理解、沟通，而且作为一个内在环节而参与了现实的变革。不难看到，"说"与"在"、解释世界与变革世界本质上具有内在的统一性。

三 语 言 与 人

"说"与"在"的统一，不仅在一般意义上展示了语言与现实的关联，而且从一个方面体现了语言与人的相关性。广而言之，以敞开与变革世界为指向，语言与人的联系呈现于多重方面。

历史地看，语言并不仅仅是一种形式化的体系，它的形成与人的知、行过程的历史展开难以分离。逻辑经验主义单纯地关注语言的逻辑之维，并试图将其化约为一种形式的系统，显然未能把握语言的社会、历史品格。从实质的而不仅仅是形式的层面考察，显然不能略去语言与人之"在"的关系。以社会性为内在的品格，人一开始便不是以孤立的个体形态存在，离开了荀子所说的"群"，人便失去了生存的基本前提。正是在化自在之物为为我之物的社会交往及知、行过程中，语言的形成获得了其历史的根据。语言与人存在的历史需要之间的联系,从社会或类的维度,较为具体地表明了语言无法疏离人之"在"。当索绪尔强调"语言是一种社会制度"①时,他无疑也注意到了这一点。

当然,语言的社会之维往往也会使之取得某种超乎"个体"的形态,从"语言"与"言语"之分中,便多少可以看到这一点。在做上述区分时,"语言"通常被理解为普遍的、公共的、同质的系统,其中的语法、词汇等等,都独立于语言的具体运用者之外;"言语"则与个人相涉,带有偶然的、异质的特点。② 然而,就其现实形态而言,语言的社会功能及意义的实现,离不开其实际的运用过程;在交往过程之外,语言本身往往呈现可能或潜在的性质,而并不具有现实的生命力。维特根斯坦曾指出:"每一个记号就其本身而言都是死的。是什么赋予了它以生命呢? ——它的生命就在于使用。"③这里的记号虽不限于语言符号,但无疑包含后者。按其实质,语言确乎是在具体的运用过程中获得其内在生命并展示现实的力量。在这里,我们同时可以看到"语言"与"言语"的互动:如果说,"语言"为"言语"提供了普遍的规范和准则,那么,"言语"则构成了"语言"的现实确证。相对于普遍的、公共的语言,"言语"与人的存在无疑有更切近的联系:较之"语言"的某种超乎个体的性质,"言语"更多地体现为个体在具体情景中的运用过程。作为语言意义的实现方式,言语的以上特点,同时也进一步从现实及个体的维度展示了语言与人的相关性。④

① 参见索绪尔:《普通语言学教程》,第 37 页。
② 参见同上,第 36 页。
③ 维特根斯坦:《哲学研究》432,第 193 页。
④ 海德格尔以"语言说"肯定了语言包含超越于人的一面,这无疑注意到了语言非单纯地与人相关,而是具有沟通人与世界的意义。但若仅仅强调这一点,似乎也容易忽视了语言与人的相关性。

以"言语"为视域,同时也涉及"意味"的问题。"意味"(significance)与"意义"(meaning)有所不同,相对于意味的"意义"更多地与语言的公共性相联系,它可以取得"指称"或"含义"等形式,"意味"则往往包含着个体的情感、意向,等等。以"牛"这一词而言,其最宽泛的意义是反刍的食草动物、可以用来耕田及运输的家畜等,但在以耕种为生的农民那里,"牛"却具有特定的意味:它往往被视为生产单位(如家庭)中的独特"成员"、劳动的伙伴、家产的构成,等等。正是这种特定的意味,使"牛"一词每每能在农民那里唤起或引发一种特殊的亲切感。语言的这种"意味"负载,不同于所谓语言的私人化。语言的私人化或私人语言主要涉及"意义"的层面("私人语言"通常被视为唯有个体自身才能理解的语言系统),"意味"则与语言在交往及实践过程中的运用相联系,是具体的存在背景在语言之上打上的印记。作为语言在实际运用中的呈现形态,"意味"从另一个方面彰显了语言与人的存在之间的联系。

弗雷格曾区分了所指(或指称)与含义:"与某个指号相对应的是特定的含义,与特定的含义相对应的是特定的指称,而与一个指称(对象)相对应的可能不是只有一个指号。"[1]弗雷格以暮星与晨星为例,对此做了说明:"暮星和晨星的所指虽然是同一个星辰,但这两个名称具有不同的含义。"[2]暮星与晨星所指称的对象都是金星,但二者的含义却并不相同,在具体使用时,往往不能相互替代。含义与指称或所指的如上区分,无疑体现了语言的相对独立性。它表明,语言的含义并非仅仅为指称的对象所限定。然而,从另一方面看,语言符号在含义上的差异,又与人的存在难以分离。以暮星与晨星而言,二者

---

① 弗雷格:《论涵义和所指》,载 A.P.马蒂尼奇编:《语言哲学》,第 377 页。
② 同上,第 367—377 页。

含义的不同,唯有对作为"类"的人才有意义:同一对象(金星)之获得晨星和暮星的不同含义,在相当程度上乃是基于人的生活实践(包括作息方式)。与此类似,对某一国家的国旗,该国的人民以"国旗"来指称,而该国之外的人则也许仅仅称之为"彩旗"。二者所指为同一对象,但含义却不同,这种含义的差异,同样以人(个体或群体)的不同存在背景为根据。

含义与指称的分别,首先在"名"或语词的层面,体现了语言与人的相关性,类似的联系也存在于语句与命题之分中。[①] 一般认为,语句的意义是命题,而命题则可以由不同的语句来表达。例如,"今天继续在下雨"与"又是一个雨天"如果是在同一天说的,则二者表达的是相同的命题("今天是雨天"),但二者的语句却有所不同。按弗雷格的看法,语句往往可以有各种附加的成分:"'可惜''谢天谢地!'这样的词属于这种成分。在诗歌中这种句子成分表现得更为突出,在散文中也不乏这样的东西。"[②] 广而言之,即使表达科学观念的语句,也难以完全撇开外在的附加。相形之下,命题所表达的思想,则通常略去了上述成分。语句的附加往往渗入了人的情感、态度、立场,等等,后者不仅可以通过某些词的增减来表达,而且可以借助说话的语气、音量等来传递,比如,"载人飞船成功发射了!"是一个感叹句,与之相对应的是"载人飞船成功发射了"。后者具有陈述句的形式。尽管二者包含相同的命题(意义),但前者通过特定的语气表达了某种激动、兴奋之情,从而较之后者具有更多的情感负载。语句的附加既使语句变得更为复杂,也使之较命题显得更为丰富。就其略

---

① 事实上,弗雷格对含义与指称的区分,同时也着眼于句子,其中蕴含着如下观念:句子的意义与思想相联系,句子的指称或意谓则涉及真值。参见王路:《走进分析哲学》,生活·读书·新知三联书店,1999年,第101页。

② 《弗雷格哲学论著选辑》,商务印书馆,1994年,第119页。

去了各种外在的附加而言,命题似乎可以视为语句的逻辑抽象;与之相对,语句则表现为命题的现实存在形态:离开了语句,命题便无法表达。作为思想及意义实际而非逻辑的存在方式,语句的情感、态度等附加同时也表明,在现实形态上,语言与人的存在难以分离。

语言与人的如上关系,无疑表现了人的存在对语言的本体论意义。以人自身发展的历史需要为根据,语言同时又多方面地制约着人的存在,后者从另一意义上展示了语言与人的相关性。在个体的层面,语言对人的影响首先在于它以特定的方式参与了个体精神世界的建构。社会地形成、积累的文化成果,往往以语言为其载体;进而言之,科学知识、价值系统、审美经验,等等,常常既通过语言而得到凝结,也借助语言而在历史过程中延续和传承;从而,在掌握语言的过程中,个体也同时接受、承继了社会地积累起来的知识、价值系统。凝之于语言中的这种知识、价值系统不仅随着语言的掌握而化为个体的存在背景,而且在社会历史等层面影响与制约着个体精神世界的形成;从个体认知能力的发展、道德意识的培养,到审美趣味的提升,等等,都不难看到这一点。

语言在参与个体精神世界构成中的作用,并不仅仅表现为对个体或自我的外在塑造。个体的"在"世过程,往往伴随着某种"独语",认识论意义上的默而识之、德性涵养层面的反身而诚、审美领域中自我精神的净化和提升,等等,都包含着不同形式的"独语"。在宽泛的意义上,"独语"以自我为对象,可以被视为无声的言说。以"思"或反省为形式,"独语"既意味着化外在的社会文化成果为个体的内在精神世界,又以自我人格理想的实现和潜能的完成为指向。面向自我的"言说"或反思,每每使个体逐渐扬弃自在的形态,由存在的自觉而走向自为的存在。王夫之曾从成德的角度,肯定了"默"的意义:"圣人见道之大,非可以言说为功;而抑见道之切,诚有其德,斯诚有其道,知而言之以著其道,不如默成者之厚其德以敦化也。"①这里的"默",并非完全隔绝于"言",而是主要区别于外在或外向的言说,它可以被视为"独语"的一种特定形态。② 对于"道",固然要以理性的方式加以把握和表述,但如果仅仅停留在"知"与"言"的层面,则依然是外在的,唯有以反思和反省的方式把见道的过程与自身的涵养结合起来,才能真正成其德。这一意义上的"默"所着重突出的,不是绝对的无言,而是成就自我这一指向;而所谓"德",也并不仅仅是狭义上的道德品格:它同时是本体论意义上的精神世界。

作为人的存在形态,广义的言说与内在的精神世界之间呈现为互动的关系。《易传》曾指出:"君子进德修业,忠信所以进德也。修辞立其诚,所以居业也。"③"修辞"涉及言说的方式,"立其诚"则既指向表达的真诚性,也涉及德性的真诚性。在此,如何言说与德性培养之间的相关性无疑得到了确认。从另一方面看,内在的精神世界往往又制约着人的言说方式。《易传》曾对此做了如下论述:"中心疑者,其辞枝。吉人之辞寡。躁人之辞多。诬善之人,其辞游。失其守者,其辞屈。"④认为一定的精神形态与一定的表述方式之间具有直接的对应性,这当然未必确当,事实上,二者的关系远非如此简单。但是,肯定心与言并不是互不相关,则显然不无所见。以人格、境界等形式表现出来的精神世界,总是有其形之于外的一面,后者既展开于

---

① 王夫之:《读四书大全说》卷七,《船山全书》第 6 册,第 870 页。

② 这里也许可以将独语与王夫之所说的"自言"做一区分。王夫之认为"言"指自言,"语"则意谓语人。但他同时将"有所论辨而著之于简编"也列为"言"的形式(参见《读四书大全说》卷七,《船山全书》第 6 册,第 870 页)。在此意义上,言或自言也具有外在的指向性。相形之下,"独语"则更多地与个体自身的完成、实现相联系,从而与王夫之所说的"默"相通。

③ 《易传·乾·文言》。

④ 同上。

"行",也体现于"言"。从形式的层面看,个体的不同修养程度,常常使言说呈现"文""野"之别;就实质的维度而言,个体在精神境界上的差异,则每每使言说形成"诚""伪"等区分。

与人的社会性品格相应,语言本质上并不限于主体之域,而总是指向主体间的关系。从广义上看,以文献或文字为中介的交流,也涉及主体间的关系:即使对历史文本的解读,也往往以特定的方式渗入了作者与解读者之间的发问、回应;而在言说的过程中,这种交往进一步取得了"在场"的性质。在以文献解读、阐释为形式的文化交往中,不仅文化成果的公共性得到体现,而且其内含的普遍价值也得到了确认和实现;通过这一过程,一方面,新的价值创造获得了历史前提和出发点(前人所创造的成果构成了文化进一步发展的基础);另一方面,在与前人的精神对话中,主体自身的精神世界也得到了充实和提升。

就言说过程而言,其在场的性质使主体间能够展开更直接的交往和对话。言说涉及"说"与"听"的互动,在交谈及对话中,"说"者意欲表达的东西与他实际给予"听"者的内容,往往并不一致,"所说"的较之"欲说"的,常常更为丰富。这里既涉及语义学层面上说者是否真实地表达了某种观念,也关联着在语用学层面上说者究竟拟传递何种意义。通过表达与回应的往复交替,所说的内容不断地得到澄清,说者与听者也每每由此而加深了彼此之间的理解。不难看到,在"说"与"听"之后,是主体之间的关系。与之相联系,听言与知言的实际含义之一,是知人。孔子已将知言与知人联系起来,并把知言视为知人的前提:"不知言,无以知人。"[1]扬雄对此做了更具体的阐释:"面相之,辞相适,捈中心之所欲,通诸人之嚍嚍者,莫如言。弥纶天

---

[1] 《论语·尧曰》。

下之事,记久明远,著古昔之唔唔,传千里之忞忞者,莫如书。故言,心声也;书,心画也。声画形,君子、小人见矣。"①"知人"意味着把握作为社会存在的人,其中既蕴含着本体论内涵,又涉及价值的定位(分别君子与小人)。言说表现为面对面的交流(面相之,辞相适),文字(书)则超越了特定的时空;通过直接的对话及文献的解读,可以从一个方面了解人。在这里,言说与理解同时呈现了本体论与价值论的向度。

广而言之,言说及对话不同于纯粹形式化的、逻辑的推绎,它以生活世界中有生命的、呈现多样人格特征的人为现实主体。作为人的实际交往方式,言说与对话使参与者彼此走近,形成并建立某种现实的社会联系,从而为主体间的沟通提供了前提。在以语言为中介的交往过程中,交往的参与者既共同面对外部世界的对象,并借助能够彼此理解的同一语言系统而对这些对象获得共识,又通过言说和对话而达到相互理解。这种共识与理解一方面构成了主体间关系形成的条件,另一方面又为生活世界中的"共在"及广义实践过程的展开提供了某种担保:实践过程中目标的理解与落实、具体规划的贯彻、主体间行动的协调与合作、对实践结果的评价,等等,都离不开语言的作用。不难看到,语言及言语不仅制约着个体的精神世界,而且也从一个方面建构着主体间关系及生活世界。②

言说与对话过程中形成的交往关系,本身也是社会领域的存在形态,并相应地具有本体论意义;而从价值观的角度看,通过对话而展开的交往过程,则涉及合理性的问题。荀子曾对此做了多方面的

---

① 扬雄:《法言・问神》。

② 哈贝马斯曾对此做了考察,参见 J. Habermas, *The Theory of Communicative Action*, Vol. One, Beacon Press, 1984。

考察。在《正名》中,荀子首先将"仁心""公心"等提到了重要的地位:"以仁心说,以学心听,以公心辨。不动乎众人之非与誉,不治观者之耳目,不赂贵者之权执,不利传辟者之辞,故能处道而不贰,吐而不夺,利而不流,贵公正而贱鄙争,是士君子之辩说也。"[1] "仁心"涉及动机的端正,"学心"内含谦逊之意,[2] "公心"则既意味着以平等之心参与讨论,也要求公正地对待不同意见。这里特别值得注意的是对"公心""公正"等态度的强调,荀子将这种态度与外在的毁誉、鄙争及权贵之势加以对照,其中蕴含着对两种不同论辩或对话方式的区分:前者出于平等之心、持以公正态度,后者则为外在的舆论、权势等所左右。在荀子看来,唯有前一种论辩才是君子之辩。按其实质,不同的论辩方式之后,蕴含着主体间的不同对话、交往形式,在权势等外在力量支配之下的对话,往往导致主体间关系的扭曲,而合理的论辩方式则以合理的主体间关系为指向。

与公心、公正相联系的是兼听、兼覆:"有兼听之明,而无奋矜之容;有兼覆之厚,而无伐德之色。说行则天下正,说不行则白道而冥穷,是圣人之辩说也。"[3] 辩说过程中的兼听、兼覆,既作为全面性的要求而与偏听、偏信相对,又表现为一种宽容的立场。[4] 言说与对话的过程不能仅仅执着于一偏之见而强词夺理(奋矜),也不应当自以为

---

[1] 《荀子·正名》。

[2] 王先谦:"以学心听,谓悚敬而听它人之说。"参见王先谦:《荀子集解·正名》。

[3] 《荀子·正名》。

[4] 在《非相》中,荀子曾指出:"故君子之度己则以绳,接人则用抴。度己以绳,故足以为天下法则矣;接人用抴,故能宽容,因求以成天下之大事矣。故君子贤而能容罢,知而能容愚,博而能容浅,粹而能容杂,夫是之谓兼术。"(《荀子·非相》)这里在更广的意义上涉及如何处理"己"与"人"的关系,"兼听""兼覆"与此处所表达的"容"或"宽容"的观念,无疑具有一致性。

是、以势压人(伐德),合理的对话不仅要求拒斥片面性,而且应以宽容为原则,后者具体表现为肯定对话参与者的言说权利、容许他们表达不同的意见,等等。不难看到,这种宽容的原则和实质,是主体之间的相互尊重,后者同时从另一方面为建立合理的主体间关系提供了前提。

在对话过程中,公正、宽容等主要关涉如何对待其他的参与者,就主体自身而言,则往往面临真诚与否的问题。在对言说与对话做进一步考察时,荀子提出了如下看法:"君子之言,涉然而精,俛然而类,差差然而齐。彼正其名,当其辞,以务白其志义者也。"①所谓"白其志义",是指真诚地表达自己的观点和意见。从表述方式看,"务白"以强化的语气,突出了在言说过程中,真诚具有不可忽视的意义。就社会交往而言,真诚是主体之间相互信任的前提,如果在言说与对话中言不由衷、曲意掩饰自己的真实想法,则对话的参与者之间便容易彼此隔阂、疏离。在这里,言说的真诚性既从一个方面担保了对话、交往主体的相互理解与沟通,又为主体间关系走向健全形态提供了可能。②

在沟通人与世界的意义上,语言固然并非仅仅归属于人,但作为人把握世界及"在"世的方式,语言则既以人自身的存在为根据,又内

---

① 《荀子·正名》。

② 在当代哲学中,哈贝马斯曾对主体间的交往关系做了较为系统的考察。按哈贝马斯之见,交往行动的合理性离不开有效的言说,这种有效性需满足多重条件,其中不仅包括真实性或真理性(涉及言说与客观世界[objective world]或事实的关系)、正当性(涉及言说与社会世界[social world]或社会规范系统的关系),而且也兼及真诚性,后者所关涉的是言说与主观世界(subjective world)的关系(参见 J. Habermas, *The Theory of Communicative Action*, Vol. One, Beacon Press, 1984, pp.38–39, pp.99–100)。荀子关于辩说及辩说对建构主体间关系之意义的理解,在某些方面与之似有相通之处。

在于人的存在过程。以独语、对话为形式，语言不仅在个体之维影响着自我的存在过程及精神世界的形成，而且在类的层面上构成了主体间交往和共在以及实践过程、生活世界的建构所以可能的前提。如果说，人的存在对语言的本源性主要从语言的现实形态上展示了语言的本体论维度，那么，语言对人的存在方式的制约则表明：语言之后所蕴含的更内在的本体论意义，在于人自身存在的完善。语言与人的如上关系，既是语言与存在之辨的展开，也是后者更深沉的体现。

第六章
美的本体论意义

认识、方法以及语言与存在的关系,更多地指向真实的存在。如前所述,存在的现实形态内含价值之维。就广义而言,"真"的追求无疑也具有价值的意义,认识、理解等过程与人自身存在的联系,已表明了这一点,但价值的规定不仅仅体现于"真",它总是同时展开于美、善等向度。从形而上的层面把握存在,便不能忽略审美的维度。美既涉及对象性的规定,又表征着人与对象的关系;存在的审美之维,也相应地既折射了存在的形态,又同时表现为对存在的把握方式。在审美的层面,存在的秩序以不同于逻辑结构的形式得到了展示,而美的内在意蕴则指向存在自身的完美;就美与人的关系而言,审美过程以不同方式确证了人自身之"在"的自由本质;作为价值形态,美与真、善相互关联,后者同时从审美之维展示了存在的具体性。

一　审　美　秩　序

　　存在不仅意味着"有",而且内含秩序;对存在的理解,也相应地涉及对存在秩序的把握。[①] 从终极的层面看,存在的秩序往往指向道;[②]就秩序本身的呈现方式而言,其形态则具有多样性的特点。秩序使逻辑地、理性地把握存在成为可能,但它并不仅仅以逻辑的形态存在。存在的丰富性,既表现为认知意义上的真,也与价值意义上的美等相联系,后者同时赋予秩序以审美等向度。

　　秩序的审美之维也可以视为审美视域中的秩序,这里首先涉及审美与存在的关系。康德曾认为,在审美观照中,对象是否为美,与它是否存在无关:"在说一个对象是美的并显示我自己具有鉴赏趣味时,重要的并不是我这样说时依赖于对象的存在,而是我自己从这种表象中发现什么。""为了在鉴赏中做出判断,我们必须对事物的存在毫无偏爱,并对此完全不予以关心。"[③]康德试图以此将审美判断与涉及利害关系的功利考虑区分开来,无疑有值得注意之处:功利考虑关涉对象的占有、使用,在这种利害关系中,对象的存在决定着功利的

────────────────

　　① 以存在为沉思对象的形而上学,往往被视为关于秩序的科学(the science of order),参见 David Hall, "Logos, Mythos, Chaos: Metaphysics as the Quest for Diversity", in *New Essays in Metaphysics*, Edited by Robert C. Neville, State University of New York Press, 1987, p.10。

　　② 冯契:"自然的秩序、原理我们称之为道。"冯契:《认识世界和认识自己》,华东师范大学出版社,1996 年,第 309 页。

　　③ 参见康德:《判断力批判》上卷,商务印书馆,1985 年,第 41 页,译文据英译本做了改动。参见 Kant, *Critique of Judgment*, translated by J. H. Bernard, Hafner Publishing Co.,1951, p.39。

欲求能否实际地得到满足;在审美鉴赏中,上述意义上的存在显然处于视域之外。然而,康德以悬置存在为审美观照的前提,似乎未免忽视了审美判断的本体论根据。审美观照固然不同于功利的欲求,但作为价值领域的活动,它既无法隔绝于审美对象,也难以离开人自身的"在"。进而言之,审美的观照本质上可以视为把握存在的一种方式,并相应地具有存在的指向性;所谓审美的秩序,也就是以审美的方式所把握的存在秩序。《乐记》已注意到审美与存在之间的联系:"乐者,天地之和也;礼者,天地之序也。和,故百物皆化;序,故群物皆别。"①在此,作为审美形式的乐不仅仅涉及审美主体的感受,而且也体现了存在的规定,而礼乐的统一,则进一步突现了审美与存在秩序的相关性。

在审美的视域中,存在的整体性品格往往得到了较多的呈现。庄子曾批评一曲之士"判天地之美",并认为由此导致的结果是"寡能备于天地之美"。②"判"意味着离析、割裂,判天地之美,也就是对审美对象的人为肢解、分离。庄子的上述批评,是以确认自然之美的整体性为前提的,而与判天地之美相对的"备于天地之美",则指完整地把握审美对象或领略对象的整体之美。《乐记》以天地之和界定"乐",也体现了类似的观念:"和"的本体论含义是多样性的统一,将乐与天地之和联系起来,着重于从存在的统一等方面理解"乐"这种审美形式;它同时也赋予了作为审美形式的乐以本体论的意义。

从把握世界的方式看,较之知性的进路,审美的鉴赏往往更侧重于整体的观照。单一的颜色、线条、音符等等,很少能真正给人以美感;审美视域中的存在,每每以统一体的形态展示出来,这种统一或

① 《礼记·乐记》。
② 《庄子·天下》。

整体的形态本身当然可以有多样的形式：在音乐中，它常常表现为时间中展开的动态统一；在视觉艺术中，它往往以颜色、造型等等的整合为形式；在自然的风光中，奇峰峻岭、蓝天白云、湖光山色，也总是以山水草木相互谐和的整体景色而引发美感；如此等等。也许正是在此意义上，黑格尔认为，"美只能是完整的统一"①。无论是艺术美，抑或是自然美，审美的形式既展现为自身的统一结构，又折射了存在的整体之美。②

广而言之，审美视域中的整体性不仅展开于审美对象，而且也体现于物我之间。按其实质的意义，审美观照所指向的对象不同于本然的存在，作为审美主体和对象交互作用的产物，它已与主体的存在融合为一。在谈到情与景的关系时，王夫之曾指出："情、景虽有在心在物之分，而景生情，情生景，哀乐之触，荣悴之迎，互藏其宅。"③"情、景名为二，而实不可离。"④情与景是审美过程所涉及的基本关系之一。孤立地看，情似乎仅仅呈现为审美主体的规定，景则主要应归属于对象。然而，如王夫之所注意到的，在审美过程中，二者却并非彼此隔绝。景可以引发情，所谓触景生情、触景伤情，便表现了这一点；情也可以生景，在审美之域，主体的审美情感往往赋予对象以特定的

---

① 黑格尔：《美学》第一卷，商务印书馆，1979 年，第 202 页。

② 美当然也可以通过突出事物的某一或某些特征而得到呈现，但即使在这种情况下，它也往往取得某种具体的形态；片面性、抽象性难以与美相容。通常所谓"抽象艺术"，其主要特点在于不以再现的方式去表示现实对象，而并非完全游离于具体形态。以抽象画而言，它本身仍需通过颜色、点、线、面、肌纹等结合而形成一定的结构，以给人提供特定的视觉形式。这种艺术结构和形式固然不合常规的形态，但作为具象，它仍表现为不同要素、方面的组合，并相应地呈现为一种独特的"具体"形式。

③ 王夫之：《薑斋诗话》，《船山全书》第 15 册，第 814 页。

④ 同上，第 824 页。

意义,离开了情,作为审美存在的景也就难以呈现。王夫之曾对此做了言简意赅的说明:"景者情之景。"①"情景一合,自得妙语。撑开说景者,必无景也。"②所谓"撑开说景",即悬置情而片面谈景,如此,则景本身将不复存在。

在艺术创作及审美鉴赏中,情可以广义地理解为主体的审美意识,景则是与审美意识相关的存在领域。宽泛地看,审美意识与相关存在的统一,通常取得境界的形式。境界是价值领域的存在,与价值领域的多样性相应,境界也可以有不同的表现形态(除了审美境界,尚有道德等境界)。审美意义上的境界也可以视为意境或艺境,它既非本然的存在,也不同于单纯的精神现象,而是既凝结了主体的审美理想,又联结着现实的存在;景或境可以视为理想的外化,审美意识或审美理想则展现为景或境的升华,在情与景的交融中,审美主体与审美对象之间不再相互对峙或悬隔,天人之间更多地呈现统一的存在形态。当庄子强调"天地与我并生,而万物与我为一"③时,他所勾画的境界,在某种意义上便具有审美的意义:"我"(审美主体)融合于天地,这既意味着扬弃对天地之美的离析(超越"判天地之美"),也同时赋予了"备于天地之美"以天人相合、物我统一的内涵。

当然,对存在的整体性、统一性的确认,并不表明可以将审美秩序等同于抽象的普遍性。美无法与感性的存在相分离,当黑格尔说"美就是理念的感性显现"时,他无疑也注意到了这一点。④ 感性存在

---

① 王夫之:《唐诗评选》卷四,《船山全书》第 14 册,第 1083 页。
② 王夫之:《明诗评选》卷五,同上,第 1434 页。
③ 《庄子·齐物论》。
④ 尽管黑格尔认为,"感性的客观的因素在美里并不保留它的独立自在性",但他同时强调理念唯有与感性的外在存在统一时,才具有美的意义。参见黑格尔:《美学》第一卷,第 142—143 页。

总是内含着个体的、多样的规定；美与感性存在的联系，决定了审美过程难以排斥个体性及多样性。就其存在方式而言，美并非呈现为抽象的概念，审美的理想总是与具体的形象结合在一起，艺术作品、自然景观，等等，都包含着普遍的理想与特定对象的统一。在此意义上，审美存在同时也是具体的存在。

就存在的秩序而言，逻辑所关注的，是略去了具体内容的形式；科学则往往通过对一般定理或定律的追求，以把握存在的普遍规定。逻辑的形式引向符号的运演；科学的定律或定理则最后归约为数学的模型，从而，在逻辑及科学的领域，存在的图景常常以符号化、数学化的方式呈现。数学化、形式化无疑有助于超越混沌的直观，达到认识的严密性，但在它所体现的存在秩序中，多样性、个体性往往被过滤，由此呈现的世界，似乎多少失去了感性的光辉。相对于科学的或逻辑的把握方式，审美的图景无疑更多地涉及存在的具体性。审美的理想固然具有普遍性，但如前所述，这种理想唯有落实于特定对象，才具有现实的品格。在日常的审美鉴赏中，我们总是说某一特定的花（如郁金香）是美的，而不会说，一切花（或一切郁金香）都是美的；如果做出后一陈述，那就成了逻辑判断。① 审美判断的这种形式，也折射了审美之域与具体存在的联系。较之科学对齐一、确然、恒定等等的追求，审美总是同时指向差异、多样、变迁。质言之，在审美秩序中，普遍性与个体性、多样性呈现互融的关系，它在体现天地之美的同时，也展示了存在的丰富性。②

---

① 参见康德：《判断力批判》上卷，第 128 页。

② 忽略了具体的存在形态而仅仅从一般的理念出发，往往将引向抽象的形而上学。在评价柏拉图从美本身出发的研究方式时，黑格尔便指出，这种方式很容易变成抽象的形而上学（黑格尔：《美学》第一卷，第 27 页）。抽象的形而上学奠基于一般的共相和理念之上，它所提供的存在图景，显然与审美秩序无法相容。

如前所述,作为进入审美活动领域的存在,审美对象不同于本然之物:在艺术创作及审美的观照中,对象总是以不同的方式打上人的印记,并取得了某种人化的形态。本然之域的山水草木属自在之物:水自流、花自开,其动其静都不具有审美的意义;唯有当审美活动作用其上,它们才成为审美的对象。然而,审美对象具有人化性质,并不意味着完全消解其自在性。黑格尔在比较艺术兴趣与人的欲望时,曾指出:"艺术兴趣和欲望的实践兴趣之所以不同,在于艺术兴趣让它的对象自由独立存在,而欲望却要把它转化为适合自己的用途,以至于毁灭它。"①欲望是一种功利的意向,它所追求的是利用对象以满足自身,艺术兴趣则属审美的意识,具有超功利的特点。这里值得注意的是"让对象自由独立存在"这一提法,黑格尔主要以此强调审美活动与对象之间并不存在功利的利用关系,但在引申的意义上,它同时也包含着对审美对象自在性的肯定。

让对象自由独立存在,以承认对象本身具有合乎美的规定为前提。就主体与对象的关系而言,它意味着顺乎自然而避免过多地做人为的干预。庄子对此做了较为具体的阐述:"天地有大美而不言,四时有明法而不议,万物有成理而不说。圣人者,原天地之美而达万物之理,是故圣人无为,大圣不作,观于天地之谓也。"②在此,天地之美与四时之序(法)、万物之理被列入同一序列;对应于三者的不言、不议、不说主要彰显了存在的自然品格,不为、不作则突出了合乎自然的原则。就审美活动而言,它通过对自然原则的肯定,着重强调了审美过程的合规律性这一面。

对天地之美的如上侧重,无疑容易导向弱化审美主体的作用,但

---

① 参见黑格尔:《美学》第一卷,第48页。
② 《庄子·知北游》。

其中所包含的自然原则,在审美过程中却具有不可忽视的意义。当人化的方面过分强化时,美往往将转向其反面,《老子》已注意到这一点:"天下皆知美之为美,斯恶已。"①知美之为美,则常易趋向有意而为之,其甚者,不免流于人为矫饰,从而失去内在之美。② 从正面看,美的境界既涉及自然的人化,也包含着人的自然化。在谈到书法创作时,南齐书法家王僧虔曾指出:"必使心忘于笔,手忘于书,心手遗情,书笔相忘。"③心、手、笔之间的相忘,也就是出乎有意而求,入于近乎自然之境。苏轼也提出了类似的观点:"夫昔之为文者,非能为之为工,不能不为之为工。"④不能不为并非无所能、无所为,而是超越刻意雕琢而达到不落痕迹的化境。在这里,审美领域的自然原则具体展示为尊重艺术活动的内在规律,它从艺术创作的角度,体现了"让对象自由独立存在"。

就审美活动与审美对象的关系而言,"让对象自由独立存在"意味着肯定对象在艺术创作及艺术鉴赏中的意义,避免审美之境的虚幻化。唐代画家张璪在总结其创作经验时,曾做了如下概述:"外师造化,中得心源。"⑤如果说,中得心源肯定了主体在审美之境形成中的作用,那么,外师造化则要求以对象为创作的根据。艺术创作中常常有表现与再现之分,表现趋向于主体审美理想、审美情感的表达,再现则以对象的重塑为主要关注之点;前者以心源为直接的出发点,后者则更多地本于造化(自然或广义的对象)。在现实的审美活动

---

① 《老子·二章》。

② 当然,《老子》笼统地说知美则恶,则似乎忽视了由美到恶转化的条件性。

③ 王僧虔:《笔意赞》,参见苏霖:《书法钩玄》卷一。

④ 苏轼:《南行前集叙》,《苏东坡集》上册,卷24,商务印书馆,1933年。

⑤ 参见张彦远:《历代名画记》卷十,浙江人民美术出版社,2011年,第161页。

中,二者虽可以有所侧重,但很难截然分离。离开了心源,对象往往停留于本然的形态,而难以成为审美的存在;隔绝于造化,则审美活动将缺乏现实的根据。"外师造化"与"中得心源"的互动,从一个方面体现了审美过程中人化原则与自然原则的统一。

作为把握存在的方式,审美活动在表现主体本质力量的同时,也展示了存在的图景,后者亦可被看作审美之域的存在秩序或审美秩序。与"判天地之美"相对,审美秩序首先显现了存在的整体性、统一性,后者既表现为审美对象的整合,也展开为审美主体与审美对象之间的互融、互动;相应于形象的、感性的观照方式,个体、变异、多样在审美秩序中获得了其存在的合法性,而理念与具体形象的统一,也使审美的秩序不同于形式化的逻辑秩序与最终还原为数学模型的科学图景;在化本然之物为审美对象的同时,审美的观照又"让对象自由独立存在",审美秩序则相应地既内含人化规定,又有其自在之维。

二 存在的完美

审美过程并非仅仅涉及实然或已然,作为合目的的活动,它总是包含理想的方面。如前所述,黑格尔将美理解为理念的感性显现,而理念则既以现实为根据,又包含着理想的规定。审美与理想事实上难以分离:艺术创作与审美鉴赏过程自始便渗入了审美的理想。

理想内在地蕴含着对存在完美性的追求:作为希望实现而尚未实现的蓝图,理想既以现实为根据,又要求超越既成的现实而走向更完美的存在;与理想的这种本源层面的联系,使审美活动同时也指向了存在的完美性。黑格尔曾指出:"艺术的必要性是由于直接现实有缺陷,艺术美的职责就在于它须把生命的现象,特别是把心灵的生气灌注现象,按照它们的自由性,表现于外在的事物,同时使这外在的事物符合它的概念。"①现实的缺陷,意味着现实的不完美,事物的概念在黑格尔那里则含有事物应有的规定之义。对黑格尔来说,超越有缺陷的现实而达到合乎概念的完美之境,是艺术的题中应有之义。这里无疑已注意到审美活动蕴含着对存在完美性的追求。

美并不仅仅呈现为外在的形式,就其与存在的关系而言,美的更实质的意义在于对存在完美性的表征。当庄子强调"天地有大美而不言"时,他既肯定了天地之美的自在性,也确认了天地本身所具有的完美性。不过,作为审美关系中的存在规定,美不仅表现为对象的自在属性,而且也体现了人的价值理想,所谓完美,既在于合乎对象的本质,也表现为与价值理想的一致性;在此意义上,完美与完善无疑具有相通之处。庄子将天地之美仅仅视为自在之美,似乎忽视了存在的完美与人的价值理想之间的相关性。

以存在的完美为实质的内涵,美在本体论与价值论上都获得了自身的规定和根据;在审美过程中,这种规定与审美理想往往融合在一起,并进一步表现为对存在完美性的肯定或期望。亚里士多德在谈到诗与历史的差别时,曾指出:历史仅仅记叙过去之事,诗则描绘可能发生之事。② 诗是亚里士多德所理解的基本审美形式之一;可能之事作为将然而未然之事,往往是主体理想借以体现的形式,而当可能与理想一致时,它总是寄寓着主体对事物完美性的追求和向往。亚里士多德以描绘可能之事为诗的特点,无疑已注意到审美活动与超越现实的"缺陷"、达到存在的完美之间的联系。

存在的完美并非仅仅涉及对象世界,它同时也指向人自身。法国美学家杜夫海纳曾提出如下问题:"人在感到美时,处于一种什么

---

① 黑格尔:《美学》第一卷,第 195 页。
② 参见 Aristotle, *Poetics*, 1451a35 – b5, pp.1463 – 1464。

样的状态?"①这一问题的值得注意之点,在于将审美活动与人的存在形态联系起来。当然,审美与人之"在"的相关性,并不仅仅限于审美鉴赏赋予人以某种特定的状态;在更深层的意义上,它所关涉的是人自身的完美。荀子在谈到美的意义时,曾指出:"君子知夫不全不粹之不足以为美也,故诵数以贯之,思索以通之,为其人以处之,除其害以持养之。……夫是谓之成人。"②在此,荀子首先将美放在"成人"的论域中来理解,"成人"在静态的层面指人的理想的存在形态,在动态的意义上则指这种存在形态的形成过程。按荀子的看法,作为"成人"的规定,美以"全而粹"为题中之义,而所谓"全而粹"具体即表现为存在的完美形态;这里的内在意蕴是:美的真正意义在于人自身在存在形态上达到完美之境。

按其本义,"全而粹"包含着完整、统一等内涵,从人的存在这一维度看,以"全而粹"为内容的美关涉多重方面。审美活动与感性的存在有着切近的关联,这里所说的感性存在既是指对象,也包括审美主体自身;艺术的创造、审美的鉴赏,都不仅指向感性形象,而且也涉及感性能力的运用及感性需要的满足;较之逻辑的推论及数学的运演,艺术创造及鉴赏更多地展示了感性的力量及感性的价值。质言之,审美活动内在地蕴含着感性原则。在成人(人自身走向完美)的过程中,这种感性的原则要求承认感性需要的合法性以及主体发展感性能力的权利,而审美活动本身则基于人的本质力量的外化而不断地丰富、深化人的这种感性能力:音乐的鉴赏往往逐渐提高人感受乐曲、旋律的细腻性,造型艺术的观摩、沉潜,每每增进人对线条、色彩、形态的直观能力,如此等等。

---

① 杜夫海纳:《美学与哲学》,中国社会科学出版社,1985年,第2页。
② 《荀子·劝学》。

然而,如黑格尔等已强调的,美并非仅仅表现为感性形象,审美过程也并不限于感性活动。就对象而言,形象之中融合着理念;就审美活动而言,感性之中则渗入了理性。鉴赏趣味、审美意境,等等,总是包含着理性的作用;它们所达到的层面,与理性的审美观念也存在多方面的联系。康德曾认为,审美判断尽管不是以概念的形式加以表述,但它不同于单纯的经验判断,因为它包含着普遍性;在审美观照中,美感并非仅仅对于特定的个体才存在。① 康德所理解的这种普遍性,首先便与主体的意识结构相联系,正是在此意义上,康德将其称为"主观的普遍性"。② 从理论上看,包括审美观念的主体意识形成于化本然之物为为我之物的历史实践中,实践在对象、需要、方式等方面的普遍性,往往也赋予主体意识以某种普遍的结构。将这种普遍性加以抽象化,无疑是非历史的,但否认一定历史条件下的所谓人同此心、心同此理,同样也是非历史的。作为具有普遍性的精神结构,包括审美观念的主体意识无疑内含着理性等内涵,孟子已指出:"心之所同然者何也? 谓理也,义也。"③就审美过程而言,主体意识所具有的理性内容当然并不是以逻辑概念等形式表现出来,但它又总是在审美理想、鉴赏趣味、创造能力等方面以不同的方式得到体现,并赋予审美判断的普遍性以内在根据。

与感性和理性在审美过程中的互渗互融相联系的,是个体存在与普遍本质的统一。感性的需要、能力、活动,往往较多地体现了存在的个体特征,理性作为社会历史过程中形成的普遍规定,则更多地表征了类的本质。波普尔认为,美学问题基本上只具有

---

① 康德:《判断力批判》上卷,第48、52 页。
② 同上,第52 页。
③ 《孟子·告子上》。

私人性，①这种看法显然未能把握审美过程的真实特征。如前所述，审美判断不同于抽象的逻辑判断，它总是特定主体所做的关于特定个体的断定，从而有其特殊的形态。但同时，如康德所指出的，它又并非仅仅对个体有效，而是具有普遍的内涵。审美判断的这种二重性，也从一个方面折射了主体存在所包含的个体性与普遍性的统一：当审美主体在从事艺术创作及鉴赏时，他总是既作为具有感性能力的具体个体而存在，又通过创造性的活动而展示了其社会（类）的普遍本质。

就审美机制而言，审美过程中不仅存在感性与理性的互动，而且交织着想象、直觉、理性等的作用。艺术创作及鉴赏活动不同于逻辑的推论，美的发现或美感的萌发常常是在顿然之间完成，需要借助灵感、直觉等形式，创作与鉴赏过程中的所谓神来之笔、突发之念，往往便体现了直觉的作用。审美过程同样离不开想象，普遍的审美理想与具体对象的沟通、联结，唯有通过想象才能实现；广而言之，从化本然之物为审美对象（对象获得审美意义），到审美意境的形成，都渗透着想象力的作用。康德对想象力的作用予以高度的重视，强调审美活动离不开想象，而这种想象又不同于概念化的推绎。② 想象力往往不受既有逻辑程序的限制，从而能够提供有关对象的自由联想，就审美机制而言，这种自由的联想无疑构成了审美活动不可或缺的环节：从文学作品的创作，到自然景观的欣赏，都不难注意到想象及联想的作用。

直觉、想象等从精神功能、意识能力等方面，体现了审美主体多

---

① K. Popper, *The Open Society and Its Enemies*, Princeton University Press, 1950, p.580.

② 康德：《判断力批判》上卷，第16—17页。

重而丰富的存在规定。就其性质而言,直觉、想象常常被归属于非理性的方面。作为审美活动的构成和环节,直觉、想象等存在的必要性,无疑也从一个方面展示了非理性的规定在人的存在中的合法性及正面意义。当然,作为同一主体的相关方面,想象、直觉等非理性的规定与理性规定并非彼此隔绝。克罗齐曾对直觉在审美活动中的作用做了较多考察,然而他同时又认为,审美领域中的直觉可以离开理性而存在。① 这种看法不免有失偏颇。艺术创作及鉴赏过程固然常常要借助灵感、直觉等形式,但如果不是抽象地截取审美活动的某一环节或阶段,而是将其理解为整个过程,则显然无法略去理性的作用;事实上,直觉的形成,往往是以主体的整个意识结构为前提和背景。这一点同样体现于想象与理性的关系中。康德在从总体上考察判断力时,曾指出:审美领域中的判断力包含两种因素的作用,即想象力与知性,想象力的作用在于直观及直观的组合,知性则表现了这种组合的统一性。② 康德所说的知性,可以归入广义的理性。③ 想象力的自由联结,不能离开知性或广义理性的制约:对康德来说,想象力的自由活动不能完全与知性相分离。④ 康德关于想象与知性统一的思想,无疑具有深意。从某种意义上说,想象力提供了自由的联想,知性则为思想或意识的秩序提供了某种担保,二者的相互激荡,构成了把握存在的重要形式。从审美过程看,上述看法则无疑注意

①　克罗齐:《美学原理》,外国文学出版社,1983 年,第 29—30 页。

②　康德:《判断力批判》上卷,第 130 页。"知性"(understanding)宗白华的中译本译为"悟性",此处据英译本做了改动(后面引文中的"悟性"也做了相应的改译)。参见 Kant, *Critique of Judgment*, p.129.

③　狭义的理性与感性、知性相对,以逻辑思维等为内容的广义理性,则包括康德所说的知性。

④　参见康德:《判断力批判》上卷,第 166 页。

到审美领域中理性与非理性的统一。

感性与理性、存在与本质、理性与非理性的统一,从不同方面体现了"全而粹"的审美理想,而其核心则是通过人自身的整合及多方面发展而走向完美的存在。历史地看,随着劳动分工的形成和发展,存在的统一也逐渐趋向于存在的分化,在近代,分工的高度发展进一步威胁到人的存在的整体性。马克思在肯定"分工随着文明一同发展"的同时,又指出:"这种分工使人成为高度抽象的存在物。"①这一看法揭示了分工与存在的抽象化、片面化之间的内在联系,其中包含着深刻的历史洞见。卢卡奇在研究审美与人的存在的关系时,曾发挥了上述观点,认为:"资本主义的分工破坏了人的这种直接的整体性。"②在扬弃存在的分化及抽象化的过程中,审美活动无疑具有不可忽视的作用。席勒(Friedrich Schiller)已注意到这一点,在他看来,"所有的知觉形式(the form of perception)都将人分离开来,因为它们或者仅仅建立在感官之上,或者仅仅建立在人的精神形态之上,唯有知觉的审美方式,才使人成为整体,因为要达到审美的形态,则人的感性的方面与精神的方面便必须处于和谐状态"③。这里似乎存在着某种辩证的关系:审美活动以人自身不同方面的协调、互动为前提;而基于这种互动的审美过程反过来又构成了进一步达到人的整体性的担保。杜威对审美经验的理解,也着重于其整合特征,对他来说,"审美经验就是完整形态的经验(experience in its integrity)"④,而艺

---

① 马克思:《詹姆斯·穆勒〈政治经济学原理〉一书摘要》,《1844 年经济学哲学手稿》,人民出版社,1985 年,第 164 页。

② 卢卡奇:《审美特性》第一卷,中国社会科学出版社,1986 年,第 31 页。

③ Friedrich Schiller, *On the Aesthetic Education of Man: in a Series of Letters*, Clarendon Press, 1967, p.215 (Twenty-seventh letter).

④ J. Dewey, *Art as Experience*, Minton, Balch and Company, 1934, p.274.

术则证明了人能够恢复感觉、需要、冲动、行为之间的统一。① 尽管杜威对审美经验的以上理解具有某种经验论的印痕，但他肯定审美活动具有整合的功能，则似乎不无所见。质言之，以感性与理性、存在与本质、个体与普遍、理性与非理性等等的整合为形式，审美活动从一个方面为克服人自身的分离、达到"全而粹"的完美存在提供了担保。

人自身走向完美，当然包括人格的升华或精神境界的提升，但又不限于此。当荀子将"为其人以处之"作为达到"全而粹"的具体前提时，他已注意到身体力行的实践活动在人自身完美中的意义。广而言之，存在之美总是同时在实践过程中得到体现。从历史上看，艺术（art）与手艺或工艺（craft）最初并无严格的区分，在古希腊，二者便具有交错性。② 这种原初的统一，从一个方面表现了审美活动与实践的联系。直至现在，所谓管理艺术、领导艺术、指挥艺术、生活艺术，等等，都在某种意义上蕴含着审美的原则："艺术"在这里是指各种精神品格及能力相互协调，其作用超乎机械的程序而达到出神入化、亦真亦美之境；它们同时也可以被看作审美原则在不同实践领域的体现。

实践的更深刻内涵，在于价值创造。从普遍的层面看，美本身属于价值的形态，它本质上是生成的，而非既成的。克罗齐曾说，"凡是不由审美的心灵创作出来的，或是不能归到审美的心灵的东西，就不能说是美或丑"③。将美仅仅归结为心灵的创作，无疑有其片面性，但这里同时也注意到，离开了人的价值创造过程，也就没有美。王夫之

---

① J. Dewey, *Art as Experience*, Minton, Balch and Company, 1934, p.25.

② 参见 Melvin Rader and Bertram Jessup, *Art and Human Values*, Prentice-Hall, Inc. 1976, p.149。

③ 克罗齐：《美学原理》，第 115 页。

在谈到诗文创作时,曾指出:"无论诗歌与长行文字,俱以意为主。意犹帅也。无帅之兵,谓之乌合。李杜所以称大家者,无意之诗,十不得一二也。烟云泉石,花鸟苔林,金铺锦帐,寓意则灵。"①此处之"意"是指作品中的原创的观念,它较为集中地体现了主体的艺境和独创性,尽管抽象的主题先行并不能形成好的作品,但缺乏以"意"等为形式的独特审美观念,也难以达到原创之作。就艺术作品而言,除了具有创"意"、构思独特等之外,还涉及表现手法等方面的创新。总之,从作品的立意到其构成,整个过程都包含着主体的创造;文学、艺术领域的活动之被称为"创作",无疑也反映了上述实际过程。

同样,在艺术鉴赏的过程中,也可以看到审美主体的创造性活动。欣赏并非被动地接受外在对象的作用,而是包含着主体的自主性与能动性。从本源的层面看,对象之成为审美意义上的对象,首先与主体所具有的能力相联系。马克思曾指出:"对于没有音乐感的耳朵说来,最美的音乐也毫无意义,不是对象,因为我的对象只能是我的本质力量的确证,也就是说,它只能像我的本质力量作为一种主体能力自为地存在着那样对我存在,因为任何一个对象对我的意义(它只是对那个与它相适应的感觉说来才有意义)都以我的感觉所及的程度为限。"②审美能力是人在长期的历史实践过程中形成的,作为人的本质力量的确证,它决定着对象能否对主体自身呈现审美的意义。王夫之曾提出"知者遇之"的论点,③强调的也是主体所具有的审美意识对把握审美对象的不可或缺性。在更深层的意义上,可以将艺术的欣赏视为一种再创造的过程:正如经典及一般文献的解读往往渗

---

① 王夫之:《薑斋诗话》,《船山全书》第 15 册,第 819 页。
② 马克思:《1844 年经济学哲学手稿》,第 82—83 页。
③ 王夫之:《薑斋诗话》,《船山全书》第 15 册,第 825 页。

入了解读者的创造性阐发一样,艺术的欣赏过程也包含着审美主体的再创造。嵇康曾指出,对同一音乐,"怀戚者""康乐者""和平者"往往会产生哀伤、欢愉、恬静等不同的感受。① 其所以如此,是因为不同的主体总是基于各自的存在背景,对同一审美情景进行相应的重构。

审美活动中主体的创造性不仅展开于艺术创作及欣赏过程,而且也体现于对自然景观或自然美的鉴赏。维特根斯坦曾提出"看作"("see as")之说,按此理论,对象被看作什么,与主体的视觉经验相关。以盒子的图形而言,"我把这图形看作一个盒子意味着:我有一种特定的视觉经验"②。同样,"鸭—兔"(duck-rabbit)的图形,从一种视域看,它呈现鸭状,从另一视域看,则又形同兔子,③这里也有视觉经验的渗入。引申而言,有别于艺术作品的自然对象,其审美意义的生成也离不开审美主体的视域:自然对象所具有的审美意义,在某些方面、某种程度上是由审美主体所赋予的。叶燮也已有见于此:"凡物之美者,盈天地间皆是也,然必待人之神明才慧而见。"④"神明才慧"是人在审美领域的创造能力,叶燮的上述看法已注意到:天地之物固然具有化为审美对象的可能,但这种可能唯有通过审美能力(神明才慧)的创造性运用才能转化为现实。

荀子在谈到"性"与"伪"的关系时,曾指出:"无性则伪之无所加,无伪则性不能自美。"⑤"性"在此处指人的本然形态,"伪"则指人的作用,包括人的创造性活动。在这里,荀子将人的活动与人自身的

---

① 《嵇康集·琴赋》。

② 维特根斯坦:《哲学研究》,第 295 页。

③ 参见同上。

④ 叶燮:《集唐诗序》,《已畦文集》卷九。

⑤ 《荀子·礼论》。

完美联系起来：所谓"无伪则性不能自美"，意即从本然形态到完美之境的转化，以人自身的作用（包括广义的创造性活动）为前提。审美过程中的主体创造也可以看作"伪"的一种形式，作为达到"美"的一个环节，它既体现了人创造价值（审美价值）的能力并展示了人的本质力量，也同时培养并进一步发展、提升了人的这种创造能力；正是在这里，审美活动与人自身完美之间更深刻的联系得到了确证。

三　美　与　自　由

从人的存在与美的关系看，以存在的完美为内容的美总是同时指向人的自由。美与自由的联系，首先体现在审美意识对单纯的感性欲求的超越。如不少哲学家所指出的，美感不同于快感，快感主要以感官的满足为特点，在快感的层面，人与动物显然较少有实质的区别；当人停留于快感时，他在相当程度上受到感性欲求、本能冲动等等的左右，其行为方式往往无法摆脱与感官、感知相联系的狭隘界域。质言之，基于快感的存在，总是处于被支配、受限制的形态。美感虽然也与感性的存在相联系，但它并不限于感官的、本能的界域；以理性向感性的渗透及审美理想与审美意识的综合形态为背景，美感同时表现为主体精神的升华。《论语·述而》曾记载："子在齐闻韶乐，三月不知肉味，曰：不图为乐之至于斯也。"肉味相应于感官的欲求，不知肉味，意味着通过审美的活动，主体的精神超越感性的欲求而得到升华；乐至于斯，则表明在摆脱物欲的限制后，审美的意识达到了自由之境；而不为感性欲求所限制的这种自由之境，又使主体真正感受到精神的内在愉悦。

感性层面的快感，往往落实于物质层面的满足，并相应地涉及具体的利益关注。康德已有见于此，在分析快感的性质时，他曾指出，快感包含着利益兴趣及利害关系。① 利益关系或利害关系当然是人的存在过程难以回避的问题,但执着或沉溺于利害的考虑和计较,仅仅为利益所驱动和支配,则每每意味着将自身的意识与行为限定于某一方面;以此为生存的方式,人似乎更多地呈现被决定的形态。相形之下,尽管美感的起源并非完全隔绝于功利的活动,但与超越单纯的快感相应,审美的活动已从当下的实际利益计较中摆脱出来,它使主体能够以不受功利意识支配的形式观照对象。在与功利关切保持距离的同时,审美活动也从一个方面使人扬弃了被限定的存在形态。

审美活动通过扬弃感性的冲动与功利的追求而克服存在的被限定性,使之与游戏(play)具有某种相通性。在美学史上,席勒曾提出美在于游戏说,其中也包含着审美对感性冲动的超越之意。游戏首先意味着从内在与外在的压力中解脱出来,其行为具有非强制的特点。从本来的意义上说,游戏不同于功利性的行为,从儿童的娱乐到成人的下棋、打球等休闲活动,都非旨在达到某种功利的目的。② 历史地看,游戏的出现,与劳动时间的变化相联系:当人的绝大多数时间都用于维持生存的劳动时,游戏往往很难被提上日程;唯有当人的必要劳动时间减少到一定的程度,才可能出现具有休闲功能的游戏;在此意义上,游戏意味着人部分地从必要劳动中解放出来。与游戏相通,审美活动也具有解放的意义:它表明人在一定程度上从外在的生存压力中解脱出来,获得了某种可以自由支配的时间,并能够在利害关系或利益境遇之外进行自由的活动。席勒在将审美与游戏联系

---

① 康德:《判断力批判》上卷,第 42、45 页。快感(satisfaction in the pleasant)中译本译为"快适的愉快",现据英译本做了改动。参见 Kant, *Critique of Judgment*, pp.39 – 43。

② 随着体育等的职业化,那些本来属于游戏、休闲的活动,似乎越来越成为经营性的项目。就其趋向于功利化而言,它们已失去了游戏的本来意义。

起来的同时,又从摆脱内外强制的角度理解游戏,认为游戏的特点之一在于它是一种自由展开的过程。总之,美的游戏性质,从一个方面表现了审美活动的自由特征,后者既在于一定程度地超越维持生存的必要劳动时间的限制,也意味着从功利欲求的狭隘意识中解放出来。黑格尔曾指出,"审美带有令人解放的性质,它让对象保持它的自由和无限,不把它作为有利于有限需要和意图的工具而起占有欲和加以利用"①。这里也已注意到审美活动的上述特点。

审美活动的解放意义,也体现于审美与主体能力的关系。杜夫海纳曾对想象力与理解力的关系做了考察:"如果说,在知识判断中,理解力统治着想象力,那么在审美经验中,想象力却是自由的:被感受到的乃是这两种功能的自由配合,是它们的和谐,而不是它们的等级制约关系。"②按其本来特性,想象力具有不受形式化、程序化限定的特点,知性则追求逻辑的秩序;在认知过程,知性无疑占更主导的地位,而作为认知的一个环节,想象力则受到整个认知目标和过程的约束。然而,在审美过程中,对象与目标已不同于认知,知性及逻辑对想象的约束也相应地发生了变化:想象不再被纳入认知的框架。以再现和表现为指向,想象所包含的自由联想等功能,在审美过程中获得了更多的作用空间。康德曾指出,不要让想象力的自由在它的合规律性中被窒息;"没有自由就没有美的艺术,甚至于可能没有恰当评判所需的个体鉴赏趣味"。③逻辑思维较多地强调合规律性,而过分地侧重于这一方面,则容易限制自由的想象;相对于此,美的创造和审美过程既在某种意义上"解放"了主体的想象能力,也使之得

---

① 黑格尔:《美学》第一卷,第147页。

② 杜夫海纳:《美学与哲学》,第14页。

③ 参见康德:《判断力批判》上卷,第203—204页,译文据英译本做了改动。参见 Kant, *Critique of Judgment*, p.201。

到了进一步的深化和发展。

自由的想象是审美过程中创造与再创造的形式之一,就创造过程本身而言,它总是涉及艺术创造与规范的关系。与人的其他活动一样,艺术创造无疑需要遵循普遍的规范,而规范又在不同程度上具有约束的作用。然而,审美过程又并非仅仅受制于规范。黑格尔在谈到艺术创造与规范的关系时,曾提及天才的权利,以及反对规则的专横和理论的空泛。① 规则的专横,意味着以僵化或绝对化的规范来抑制、束缚主体的创造性,艺术天才的特点,即在于突破这种束缚。康德对艺术创造与科学做了比较,认为科学较多地涉及程序,而在艺术领域则可以看到天才的活动,艺术天才的特点之一便是能够从规则的束缚中解放出来,表现出典范式的独创性。② 康德认为天才主要与艺术相联系而与科学无涉,无疑有其问题,但他肯定艺术中的创造活动往往不为既成的规范所限制,则不无所见。艺术创造作为审美活动的一种形式,确实具有既合乎一般规则,又不限于既成规则的特点;历史地看,艺术的经典常常是通过拒斥机械地拘守某种规范而形成的,而以新典范的创造来反对既成规则的专横,则同时体现了审美活动的自由向度。

自由的想象与拒斥规则的专横,主要涉及审美过程本身。从审美过程与人自身存在的关系看,艺术创造及审美观照的解放及自由意义,常常表现为对当下存在境遇的超越。生活中每每会遇到不同形式的挫折、困厄乃至不幸、痛苦,在实际的存在过程中,这些方面当然更多地具有消极、负面的意义。然而,艺术的创造可以赋予这些形态以审美的存在方式,并相应地使之升华为审美鉴赏的对象。在审

---

① 黑格尔:《美学》第一卷,第 25 页。
② 康德:《判断力批判》上卷,第 164—165 页。

美的观照中,本来痛苦、不幸的遭遇,与人形成了审美的距离,而人作为创作者和鉴赏者,也从本来控制、支配着他的现实存在境遇中摆脱出来,成为自由的审美主体。人当然需要通过现实的变革、抗争,以达到实践层面的自由,但同样也需要不断以审美活动等方式,从挫折、困厄所造成的精神重负中解脱出来。在这里,不难看到审美过程对人所具有的另一种解放意义。

通过转换具体境遇的呈现方式,以获得审美意义上的自由感,从一个方面展示了审美活动与人的存在的关系。就更普遍的层面而言,审美领域的自由则涉及合目的性与合规律性的关系。合规律性侧重于"让对象自由独立存在",它既以确认对象的自在性为内容,也要求尊重对象自身的运行法则。庄子在肯定"天地有大美"的同时,又强调"法天贵真"①"原天地之美而达万物之理"②,"原天地之美"以美的发现为指向,"法天""达万物之理"则包含着合乎对象法则之意;"原天地之美"与"达万物之理"的统一,意味着美的发现与合规律的沟通。在庄子那里,合规律(法天)往往被规定为"无己"而同于自然,由此达到的是一种无所待的逍遥之境,③而这同时也就是庄子所理解的自由境界。

相对于庄子,康德更多地关注于审美过程的合目的性这一面。在康德看来,"美是一个对象的合目的性的形式"④。对象的合目的性不在于其合乎人的实用的需要,而在于其造型、结构恰好合乎人的审美目的或需要:从普通花草到不同类型的动物,其形态、色彩等"似乎

---

① 《庄子·渔父》。
② 《庄子·知北游》。
③ 参见《庄子·逍遥游》。
④ 康德:《判断力批判》上卷,第 74 页。

是为人的审美趣味而选择的"①。这里的前提是把人理解为目的性的存在。康德在伦理学上已强调了这一点,对他而言,这种目的性特征同样体现于人和世界的关系:"如果没有人类,整个世界就会成为一个单纯的荒野,徒然的,没有最后目的的了。"②在审美领域,人作为目的性存在的意义,首先便表现为对象唯有取得合目的的形态,才能呈现其审美性质。对象具有合目的性,意味着它已为我而在或已获得为我之物的形态;而对象的为我而在,同时也体现了人的主导作用。

庄子对合规律性的肯定与康德对合目的性的确认,无疑注意到了审美领域自由的不同侧面。如前所述,审美过程始终受到人的审美理想的制约;作为价值领域的活动,审美理想自身包含着人的目的,合乎审美理想则相应地意味着合乎人的价值目的。在审美观照中,当对象的合目的性得到确认时,它同时也由外在于主体目的之存在,转换为合乎主体需要(审美需要)的存在,这种转换的内在意义则是主体价值理想的实现。另一方面,自然的人化并非悖离自然之理,相反,审美理想的实现同时也是一个"原天地之美而达万物之理"的过程;当对象成为合乎主体目的的存在时,主体仍然让它"自由地存在",正是通过法天而贵真(对自然之美的确认),审美的观照避免了因"判天地之美"(与自然的冲突)而受制于对象。如果说,合目的性赋予审美活动以审美理想的实现这一价值的内涵,那么,合规律性则使审美理想的实现同时展现为"原天地之美而达万物之理"的过程。二者的统一,构成了审美领域自由的内在规定。

合目的与合规律的统一,当然并非仅仅表现在观念的领域,它同时也具有实践的意义。实践以目的性为其内在环节,同时又本于现

---

① 参见 Kant, *Critique of Judgment*, p.193。
② 康德:《判断力批判》下卷,第 109 页。

实之理;以实践的方式变革对象的过程,同时也是按美的规律来创造的过程。① 通过化自在之物为为我之物,对象逐渐变得合乎人的目的,而人对普遍之理或普遍之道的把握也得到了确证;在合目的与合规律的统一中,人的本质力量以不同的方式被对象化,而人所创造的世界则相应地处处体现了人的本质力量。这样,当人面对人化的存在时,他同时也在直观自身及自身的本质力量。在对自身本质力量的直观和确证中,人既感受到审美的愉悦,也领略了自身超出物种限制的自由潜能;②按美的规律创造的过程,在这里获得了自由创造的意义。

四 美 与 真、善

作为体现人的本质力量的存在形态,美并不是一种自我封闭的现象,它与真、善相互关联。宽泛而言,美与真、善都涉及价值领域;以人的价值创造为共同指向,美与真、善本质上难以分离。

卡尔纳普认为,艺术不能提供任何理智或知识层面的意义(intellectual meaning)。③ 这里的理智或知识意义是指对世界的真实把握,艺术则以美为对象;艺术不能提供任何理智或知识层面的意义,意味着真的追求完全与美无关。这种看法显然忽视了审美对求

---

① 参见马克思:《1844 年经济学哲学手稿》,第 53—54 页。

② 马克思:"动物只是按照它所属的那个种的尺度和需要来建造,而人却懂得按照任何一个种的尺度来进行生产。"(马克思:《1844 年经济学哲学手稿》,第 53—54 页)按照任何一个种的尺度来进行生产,意味着摆脱物种的限制而具有自由创造的能力。

③ 参见 Melvin Rader and Bertram Jessup, *Art and Human Values*, Prentice-Hall, Inc. 1976, p.254。

真过程的制约。事实上,从美和真的关系看,对真的追求往往蕴含着美的作用。以科学活动而言,它无疑首先以真为指向,但在科学的求真过程中,总是可以看到美的因素。在研究方式的层面,通常所谓科学研究或科学发现的艺术,便涉及宽泛意义上的审美观照:除了严密的逻辑推论,科学的发现常常还要借助形象的思维,包括想象和联想。如所周知,爱因斯坦关于同时性具有相对性的理论,其形成过程涉及理想实验,而这种理想实验便借助了形象化的想象和联想。[①] 在更实质的意义上,科学之真,往往同时具有美的形态,揭示了真实存在的科学研究成果,也给人以美感。物理学家海森伯在自述其发现量子力学的感受时,曾写道:"我感到我透过原子现象的表面,看到了奇美无比的内景,想到我现在就要探察自然如此慷慨地展现在我面前的数学结构之财富,我几乎觉得飘飘欲仙了。"[②]这是科学理论之美给人带来的心灵震撼。从内容看,科学的知识既要求普遍性,也追求简单性,如果一种理论不仅能够普遍地解释相关领域的多样现象,而且也具有简洁、明快的特点,那么,它总是既呈现了美的形态,也展示了自然之真。海森伯在谈到以数学形式表现出来的科学理论时,曾指出:"当自然把我们引向具有极大的简洁性和优美性的数学形式——形式指一个由假说、公理等构成的融合贯通的系统——引向前所未见的形式时,我们不禁要想到它们是真的,它们揭示了自然的

---

① 这一理想实验的具体内容如下:东西两个闪电同时呈现于东西方向的铁路,对于站在正中间的铁路边的人而言,两道闪电是同时的。但假设此时一列由东向西高速行驶的火车正好经过,车上的观察者又正好面对铁道旁的观察者,对车上的观察者而言,这两道闪电并不是同时闪现,因为列车高速向西行进,车上的观察者看到西面的闪电要早一些;如果火车以光速行驶,那么,这位观察者就只能看到西方的闪电,东方的闪电永远无法赶上他。爱因斯坦由此论证了同时性的相对性。

② 引自 S.钱德拉塞卡:《真与美》,科学出版社,1992 年,第 77 页。

真实特性。"①在此,科学之美与科学之真呈现出统一的形态。

与真蕴含美相辅相成的,是美体现真。黑格尔曾指出:"美就是理念,所以从一方面看,美与真是一回事。这就是说,美本身必须是真的。"②这里的真,含有真实、实在之意,美必须是真的,意味着美首先应当具有本体论意义上的真实性。作为审美领域的存在,美往往取得艺术的形态,后者同样涉及真实性:"艺术的使命在于用感性的艺术形象去显现真实。"③具体而言,显现真实包含两个方面,即再现的真实性与表现的真实性。再现的真实性在于对存在的真实把握,表现的真实性则侧重于自我情感等的真切表达。《乐记》在谈到音乐时,曾指出:"是故情深而文明,气盛而化神,和顺积中,而英华发外:惟乐不可以为伪。"④这里的伪与真相对,作为艺术的形式,音乐之美在于自我内在情感世界的真实展露,而非虚假的矫饰(不可以为伪)。在同样的意义上,哈贝马斯将美学与真诚性(authenticity)联系起来。⑤ 广而言之,离开了再现及表现过程中的真实性,便难以达到艺术的美。

美与真的统一,同时也体现了美的合规律性这一面。历史地看,道家对此予以了较多的关注。如前所述,庄子曾提出"法天贵真"之说,这里的"真"包含两重含义,其一,"真者,所以受于天也,自然不可易也"⑥。它含有本体论意义上的实在性、真实性之意;其二,"真在内者,神动于外,是所以贵真也"⑦。此所谓真,则指内在情感的真诚表

---

① 引自 S.钱德拉塞卡:《真与美》,科学出版社,1992 年,第 78 页。

② 黑格尔:《美学》第一卷,第 142 页。

③ 同上,第 68 页。

④ 《礼记·乐记》。

⑤ 参见 J.Habermas,"Modernity versus Postmodernity", in *The Continental Aesthetics Reader*, edited by C. Cazeaux, Routledge, 2000, pp.272 - 273。

⑥ 《庄子·渔父》。

⑦ 同上。

达。前者涉及审美活动中的再现，后者则关乎审美活动中的表现。对庄子而言，审美过程以"原天地之美而达万物之理"为内容，真切地表现与真实地再现则是"原天地之美"的不同形式。不难看到，"真"在此被理解为美的前提，而美与真的统一则表现为以真为美的逻辑引申。

美不仅涉及真，而且与善相联系。从本体论上看，如前所述，审美活动指向存在的完美，而存在的完美与存在的完善无疑具有相通性。就实践领域而言，存在的完美包含道德的完善；人格的美便意味着德性的善，行为的美则表明达到了善的德行。① 在价值的层面上，存在的完美意味着合乎人的目的，这种合目的性同样体现于存在的完善，二者都涉及价值理想的实现过程。以本体论与价值论的统一为实质的内容，美融合善（存在的完美包含存在的完善），善蕴含着美（美构成了存在完善的必要规定），二者呈现出统一的形态。

美与善的统一也体现在审美活动与道德实践的机制上。前文已论及，艺术的创作及审美鉴赏都涉及想象，想象具有联想、形象性的设想等特点，在道德实践过程中，我们也可以看到这些环节的作用。以道德情感而言，孟子、休谟等已注意到同情心（或恻隐之心）对道德实践所具有的意义，从作用机制上看，同情与广义的想象具有相通性：它意味着设身处地想象他人的遭受，从而唤醒内在的良知。在这里，尽管想象、联想的内容与审美活动并不相同，但二者的作用形式则无疑具有一致性或相近性。同样，道德的推论过程，也不同于纯粹的逻辑演绎，而是包含了形象的、想象的内涵。孔子曾以"能近取譬"

---

① 人格的完美既以超越鄙俗等为内容，又意味着扬弃内在的冲突、分裂，作为高尚、和谐、健全的精神世界，人格无疑具有审美的意义。同时，人格每每通过交往方式、行为过程等得到具体的呈现，从而，它总是有形之于外的一面；在此意义上，人格美与行为美又常常难以截然分离。

为实践、推行仁道的方式(为仁之方),其具体内容即所谓"己欲立而立人,己欲达而达人"①"己所不欲,勿施于人"②。作为道德实践过程中的推论方式,能近取譬显然有别于抽象的理性推绎,而是展示为同情的推想,其中包含着情感、形象的因素。

在日常的生活实践中,"美的"与"可欲的"或"可悦的"常常联系在一起:美的事物往往给人以可欲或可悦之感。就道德领域而言,人格美、行为美,也每每唤起人的亲近感,并令人心仪;这种情感的认同,构成了人们进一步接受普遍的道德规范并在实践中遵循这些规范的内在推动力。与其他的实践领域一样,道德实践也包含模仿、学习的过程,对德行的模仿,总是以情感上认同、接受这种德行为前提,而德行为人所认同,则又与它本身给人带来的"美"的感受相联系。康德曾认为,审美活动主要关联愉快或不愉快的情感,③就人格美、行为美对道德实践的激发而言,道德领域同样可以看到情感愉悦的作用:人格与行为之"美"引发情感的认同,情感的认同则进而构成了道德实践的动力。这里,美与善之间再一次展示了其相关性。

如果由此进一步考察审美的功能,则可以从另一个方面注意到美与善的关联。亚里士多德在谈到悲剧及音乐时,曾提出了净化说。在他看来,悲剧的特点在于"引发怜悯和畏惧,由此使这些情感得到净化(catharsis)"④。同样,学习音乐的作用之一,也表现为情感的净化。⑤ 这里的净化既是指通过情感的疏导、宣泄,而使心灵保持平衡、健康的状态,也包含精神升华之意。就悲剧而言,在欣赏过程中,主

---

① 《论语·雍也》。
② 《论语·颜渊》。
③ 康德:《判断力批判》上卷,第 15—16 页。
④ Aristotle, *Poetics*, 1449b25, p.1460.
⑤ Aristotle, *Politics*, 1341b35, p.1315.

体往往会经历强烈的情感震撼,其精神则由此受到洗礼,从而超越平庸;这种精神的震撼和洗礼,常常成为主体提升自身人格形态的推动力。

审美对精神升华的作用,也体现于崇高或壮美的鉴赏过程。康德曾对崇高感做了多方面的分析。在康德看来,崇高感尽管往往由自然对象而引发,但其真正的意义则是对人自身目标的意识:"那对于自然界的崇高的感觉就是对于我们自己本身终极目标(destination)的尊重"①,这种终极目标具有"超感性"的性质。② 人的终极目标,可以理解为人自身的完成,而其超感性的性质,则意味着这种完成更多地关涉精神的提升。审美领域的崇高感,与道德领域的责任感、使命感在此无疑具有了相通性。事实上,按康德的看法,崇高感的形成,本身很难与道德相分离:"我们称之为具有崇高本性者,不管是外在的或内在的(如某些情操),仅仅代表精神的力量,这种力量借助道德的基本定势而克服感性的阻碍,并由此获得趣味。"③作为审美形式,崇高已不仅仅与形式的静态观照相关,它的真正意义在于通过内在情感的震荡、冲突,使自我强烈地感受到人自身的尊严、使命,从而开阔胸襟,转换视域,走出狭隘的精神世界。在这里,对象之美(壮美)与精神的净化、审美的趣味与善的追求彼此交错在一起。

美与善的如上统一,在儒家那里得到了更明确的肯定。儒家在考察审美的功能时,已注意到审美活动在成人(理想人格的培养)过程中的作用。《论语·宪问》中记载:"子路问成人。子曰:若藏武仲

---

① 康德:《判断力批判》上卷,第 97 页,引文略有改动。参见 Kant, *Critique of Judgment*, p.96。

② 同上。

③ Kant, *Critique of Judgment*, p.112.

之知,公绰之不欲,卞庄子之勇,冉求之艺,文之以礼乐,亦可以为成人矣。"这里值得注意的是对礼乐的关注。礼指普遍的规范及交往的方式,乐则是广义的艺术活动,所谓"文之以礼乐",含有通过审美活动以陶冶人的情操之意。孔子很注重审美活动在成人过程中的作用,曾主张"兴于诗,立于礼,成于乐"[1],其中的诗与乐都与艺术、审美活动相关,而二者同时被视为人格完成的必要环节。从理论上看,审美活动当然不同于道德教化,但这并不意味着它与德性培养无涉;儒家的以上看法,似乎已有见于此。

荀子对艺术审美活动在成人过程中的作用也做了具体的考察。按荀子的看法,在化性起伪(人格塑造)的过程中,音乐构成了一个重要的方面:"夫声乐之入人也深,其化人也速。"[2]相对于其他艺术形式,音乐更能展示主体的心路历程,更容易激起心灵的震荡和共鸣,而在内心的深层感染中,主体的精神便可以得到一种洗礼和净化。从更广的视域看,乐还有移风易俗的作用:"乐者,圣人之所乐也,而可以善民心。其感人也深,其移风易俗也易。"[3]所谓移风易俗,也就是影响或改变一定的社会文化氛围,而后者反过来将进一步制约个体的内心世界。王夫之同样十分注重艺术在成人过程中的作用,认为"乐为神之所依,人之所成"[4]。这里的"神",便是指作为人格内容的内在精神。而在王夫之看来,人格精神的培养,又离不开艺术的陶冶。

对儒家而言,美与善的统一,同时体现在一个更为普遍的层面。从艺术作品的评价来看,完美的艺术既应合乎审美趣味,又应体现善

---

① 《论语·泰伯》。
② 《荀子·乐论》。
③ 同上。
④ 王夫之:《诗广传·商颂》,《船山全书》第 3 册,第 511 页。

的追求,孔子在评价韶乐时,便以此为出发点:"子谓韶乐:尽美矣,又尽善也。"①同样,对艺术的社会效应的理解,也体现了类似的原则,荀子在谈到音乐的社会作用时,便以"美善相乐"加以概括。② 总之,从艺术的评价标准,到艺术的社会功能,美与善统一的原则都渗入其间。

道家之肯定美真相融,儒家之强调美善相乐,尽管存在着各自的偏向,但同时又分别地注意到了美与真、美与善的统一。从总体上看,美与真、美与善之间本身又相互关联,而并非彼此隔绝。美与真、善的统一既以存在自身的具体性为本体论根据,同时又从审美之维展示了存在的具体形态。

---

① 《论语·八佾》。
② 《荀子·乐论》。

第七章

道德与存在①

　　作为审美理想的体现,人的完美在道德领域进一步引向"善"或完善。以善的追求为内涵,道德理想既具体化为普遍的道德规范或道德规范系统,又通过人的实践进一步转化为善的现实:现实生活中合乎一定道德规范的道德行为、体现于具体人物之上的完美德性等等,都可以看作善的现实。作为道德的具体内容,善的理想与善的现实总是指向人自身的存在,并通过制约内在人格、行为方式、道德秩序等,具体地参与社会领域中真实世界的建构。这样,以人的存在为指向,道德也改变、影响着存在本身,道德与人之"在"的以

---

　　① 本章的部分内容基于拙著《伦理与存在——道德哲学研究》一书,更具体的论述可参阅该书。

上联系,同时也展示了其形而上的意义。

一 规范、义务与伦理关系

从社会的维度看,道德首先表现为一种规范系统。作为当然之则,规范既蕴含了一定的道德理想,又可以看作道德义务的形式化:它源于现实的义务关系,同时又通过抽象和提升,使义务取得了普遍的形式并在一般准则的层面上得到确认。义务首先与责任相联系,有义务做某事,往往意味着有责任做某事;一旦你承诺了某种义务,你就有责任或"应当"履行这种义务。不难看到,在义务与应当之间,存在着某种规定与被规定的关系。义务对"应当"的规定,既非价值的预设,也不是逻辑上的蕴含,它首先展开于实际的社会关系中,表现为基于现实社会关系的内在制约。

由义务与"应当"的关系进而考察义务本身的根据,便涉及伦理或伦理关系。这里的伦理或伦理关系,可以看作社会领域的具体存在,当黑格尔从家庭、市民社会、国家等社会结构考察伦理时,他所关注的首先也是现实的社会关系。在中国传统哲学中,"伦理"一词中"伦"的原始含义是"类",理则指"分"①,伦理合称,含有一类事物各个部分或个体的各自分界、定位之意;在此意义上,它与西语 ethics 的含义并不完全对应。与 ethics 相通的,主要是"人伦"或人伦之理,后者首先泛指社会成员之间的相互关系,引申为处理这种关系的原则和规范。传统文化中的五伦(父子、兄弟、夫妇、朋友、君臣),便以人伦为其内核,而此伦理,则具体表现为现实的人伦关系,其范围包括家庭(亲子、兄弟、夫妇)、社会(朋友)、国家(君臣)等。作为社会关

---

① 参见郑玄:《礼记·乐记注》。

系的伦理,其道德意义首先可以从义务的起源上加以分析。

以具体的道德实践为指向的义务,其来源在哲学家中往往有不同的理解。从先验哲学出发,康德将先天的理性视为义务之源,强调:"义务的基础不应当到人的本性或人所处的环境中去寻找,而应当到纯粹理性的先天概念中去寻找。"①康德所谓本性和环境,主要与个体的经验倾向及外部的经验世界相联系,"先天"则是逻辑意义上的预设。康德曾以朋友间的忠实为例,对此做了阐释:"尽管也许至今不存在完全忠实的朋友,但朋友间的忠实仍为所有的人所要求,因为这种义务先于一切经验,并作为普遍的义务包含在理性的观念中,而理性的观念又在先天的基础上决定着意志。"②虽然在经验世界中义务不一定真正得到承担和实现,但从逻辑上说,义务乃是某种社会秩序(如朋友间的关系)得以存在的前提;正如在认识领域,先天的时空形式和知性范畴是知识所以可能的条件一样,义务及体现义务的道德律构成了道德关系(伦理关系)所以可能的条件。以先天的理性为义务的担保,固然注意到了义务的普遍性,但同时逻辑的先天性又多少遮蔽了现实的社会关系。在先天的逻辑设定中,义务似乎成为理性世界中的空泛形式。

如何扬弃义务的抽象性? 这里的前提无疑在于从先天的逻辑形式回归现实的伦理关系。道德本质上是人存在的方式,作为义务的具体承担者,人的存在有其多方面的维度,人伦或伦理关系也具有多重性。就日常的存在而言,人伦或伦理关系首先涉及家庭。黑格尔曾把家庭视为伦理的最基本的形式。③ 以儒学为主干的中国传统文

① Kant, *Grounding for the Metaphysics of Morals*, Hackett Publishing Company, Inc., 1993, p.2.

② Ibid., p.20.

③ 参见黑格尔:《法哲学原理》,商务印书馆,1982 年,第 173 页。

化也把家庭视为人存在的本源形态;如前文所提及的,中国传统五伦中,有三伦展开于家庭关系。在谈到亲子等伦理关系时,黄宗羲已指出:"人生坠地,只有父母兄弟,此一段不可解之情,与生俱来,此之谓实,于是而始有仁义之名。"①亲子、兄弟之间固然具有以血缘为纽带的自然之维,但作为家庭等社会关系的产物,它更是一种社会的人伦;仁义则是一种义务,其具体表现形式为孝、悌、慈等等。在黄宗羲看来,一旦个体成为家庭人伦中的一员,便应当承担这种伦理关系所规定的责任与义务,亦即履行以孝、慈等为形式的责任。黄宗羲的这种观点事实上代表了儒家的普遍看法,儒家所注重的孝悌,即以人伦为本,家庭成员所承担的义务,则以成员之间的伦理关系为根据。

儒家将孝悌等理解为亲子兄弟间的义务,无疑带有历史的印记。不过,它从家庭伦理关系上规定义务,则不无所见。父母兄弟是人来到世间之后所牵涉的最本然的关系,这种关系既有自然的一面,也有社会性的一面。从社会人伦的角度看,它的特点在于以隐性的形式,包含了对责任的某种承诺。以亲子关系而言,当子女来到这个世界时,作为子女生命的给予者,父母便将自己置于一种责任关系(对子女负有养育之责)中;同样,作为关系的另一方,子女具有对父母加以尊重、关心的义务,这不仅仅是一种简单的回报,而是以上伦理关系本身蕴含的内在要求。与自然界中的长幼关系主要基于进化过程中形成的本能不同,亲子间的责任关系本质上出于人自身的选择。这种选择不一定通过个体而做出,它在更本源的意义上形成于人类发展的漫长过程中,并作为历史进化的结果而取得了社会确认或社会选择的形式。而在历史过程中形成的这种社会选择和确认,又以有

---

① 黄宗羲:《孟子师说》卷四,《黄宗羲全集》第一册,浙江古籍出版社,1985年,第101页。按:以上论点也可以看作黄宗羲对刘宗周思想的阐发。

形或无形的方式制约着每一个社会成员。

朋友是日常存在中常常涉及的另一重关系,在中国传统伦理中,它被规定为五伦之一。相对于家庭范围的伦理关系,朋友之伦无疑具有更为普遍的特点。从其在社会结构中的地位看,朋友关系存在于家庭与国家之间,用传统伦理的提法,亦即处于亲子、兄弟、夫妇与君臣之间。这是一个相当大的社会空间,其关系可以辐射到社会的各个领域。无论从历史的层面加以考察,还是就逻辑的角度而言,传统伦理中的朋友这一伦,都似乎涉及并涵盖着家庭、国家之间广泛的社会领域,而朋友之所以被提升为基本的伦理关系(五伦)之一,与此也不无关系。朋友间的义务,是所谓"信"。《论语》提出"与朋友交,言而有信"①,便肯定了朋友间的交往有彼此诚信的义务。这一义务承诺事实上也为尔后的整个儒学传统所一再确认。"信"既包含着真诚的要求,亦意味着信守诺言,所谓"言而有信"②"朋友有信"③等等,便表明了这一点。作为一种责任和义务,"信"实质上已不限于朋友之伦,而是同时涉及普遍的社会交往关系。无独有偶,西方的伦理传统同样也把诚信视为社会成员的一般义务,正面意义上的遵守诺言或反面意义上的不说谎,始终是西方伦理中一再要求人们履行的责任。直到当代的西方哲学家如哈贝马斯,仍把真诚性视为合理的社会交往过程所以可能的基本前提。作为一种基本的义务,信或诚信最终以社会的伦理关系为本源;从朋友间的相处到普遍的社会交往,都内含着诚信的规定:在有序的社会交往结构中,以诚相待和言必信,既是这种交往秩序所以可能的条件,也是交往双方应尽的基本责

① 《论语・为政》。
② 《论语・学而》。
③ 《孟子・滕文公上》。

任,一旦个体置身于这种交往关系中,则同时意味着承诺了这种责任。当然,这种承诺不一定表现为个体的自觉确认,而是更多地取得非显性的形式。

相对于中国传统伦理以朋友作为日常存在的普遍形式,近代以来,西方对市民社会及公共领域予以了更多的关注。在黑格尔那里,市民社会便是家庭与国家之间的中介,而在当代西方备受重视的所谓公共领域,则可以看作市民社会在更为宽泛意义上的延伸。尽管对市民社会与公共领域的内涵往往存在不同的理解,但市民社会或公共领域为主体间的交往提供了广阔空间这一点,则得到了普遍的肯定。市民社会首先涉及市场经济中以商品交换为纽带的交往,黑格尔在讨论市民社会时,便把财富、交换等作为其中的重要方面,[1]哈贝马斯也把商品交换和社会劳动领域视为市民社会的内容。[2] 公共领域既被广义地理解为"共同的空间"或"共同生活的世界",又被较具体地规定为公众自由发表看法并形成共同意见的领域。在后一意义上,公共领域又以报纸、期刊、广播、电视等为媒介。市民社会的参与者既是从事私人活动的个体,又是按社会要求而行动的社会成员。[3] 广而言之,无论是市民社会,抑或是公共领域,都往往关联着不同形式的社群(诸如行业团体、学术协会乃至各种社会组织等等)及其成员间的相互关系。作为宽泛意义上的交往空间,市民社会或公共领域中交往各方之间的关系,无疑具有松散的形式,但关系本身的存在,依然规定了相应的义务;个体一旦成为关系中的一员,便同时成为这种义务的承担者。市场的经济活动,有具体的市场规则;一定

---

[1]　参见黑格尔:《法哲学原理》,第 210—217 页。

[2]　参见哈贝马斯:《公共领域的结构转型》,学林出版社,1999 年,第 35 页。

[3]　参见 Keith Tester, *Civil Society*, Routledge, 1992, p.5.

的学术团体,有自身的学术规范;大众传媒组织,有媒体活动的规则;公众之间的讨论,要遵循一定的程序;如此等等。这种规则、规范、程序等等,便可以看作相关义务的特定表现形式,而这种义务本身又是由交易双方、团体成员、媒体与大众等关系所规定的。

作为义务的根据,伦理关系不仅仅展开于生活世界。历史地看,人并非单纯地表现为日常的存在,他总是同时内在于制度等社会结构中,并在一定意义上取得了体制化或制度化存在的形式。G.H.米德曾把有组织的共同体概括为普遍化的他人(Generalized others),从另一个角度看,作为制度内在环节的人,似乎也具有制度化存在的意义。在宽泛的意义上,体制或制度可以与人的职业、岗位等相联系,也可以具体化为某种社会政治结构。从职业或社会岗位这一层面看,无论个体从事何种职业,他总是与他人发生某种职业关系,而这种关系又规定了相应的责任和义务。通常所说的职业道德,实质上也就是由某种职业关系所规定的特定义务。以医生而言,人们往往强调医生应当有医德,作为一种职业义务,这种医德显然难以离开医生与患者的特定关系。同样,对教师来说,履行师德是其基本的义务,而师德本身则以教师与学生之间的伦理关系为本源。广而言之,一定的职业所涉及的伦理关系,规定了相应的职业义务或职业道德,所谓"尽职",则意味着把握这种义务关系并自觉履行其中的责任。

制度化存在的更内在的形式,往往与政治、行政等领域及党派组织等相联系。政党的出现虽然较为晚近,但政治领域中的结盟分派却是古已有之。从政权机构到政治党派,人们每每被定位在不同的关系中。以党派而言,无论是较为松散的政治结帮,还是有较严密组织的近代政党,其成员都承担着多方面的义务。这种义务当然可以从不同的角度加以考察,作为政治的承诺,它也许是基于共同的利益或共同的信仰。而从道德的层面看,维护共同利益等义务则首先是由有关成员所处的特定地位决定的：当个体置身于某一党派时，他便与该组织（尽管这种组织有时只具有松散的形式）及该组织其他成员形成了一定的关系，这种关系同时决定了他应当承担相应的义务。

各种形式的行政、权力机构是 G.H.米德所谓普遍化的他人的另一种形式。机构的运作离不开具体的人，而运作机构的人在某种意义上又成为机构的化身。作为机构的主持者或代表，各个层面的行政人员都面对着多方面的关系，其中既有政府等部门和系统中同事、上下级之间等的关系，又有立法部门、行政管理机构等方面的代表与民众（用更技术化的概念来表述，也就是选民、纳税人等）之间的关系。就行政系统而言，不同成员之间常常承担着各自的责任，如相关部门间的各司其职与彼此配合，上下级间的尊重与服从，等等。这种责任固然已不限于伦理的领域，但亦并非与道德的规定完全无涉。从后一角度（伦理或道德）看，以上提及的诸种义务，似乎也可以列入广义的"职业道德"或"角色伦理"，而这种道德责任本身又形成于个体在一定社会政治结构中所处的地位。从权力系统的内部进而考察这种机构的代表与其他社会成员的关系，则可以看到，以上关系同时规定了为民众（公民、选民、纳税人等等）服务和尽职等义务。官僚主义、腐败渎职等等之所以不仅不能逃脱行政、法律上的惩处，而且应当受到道德上的谴责，就在于这种行为也与一定伦理关系所规定的义务相冲突。另一方面，作为公民，个体又承担着对国家的义务，这种义务不仅表现为法律的规定，而且也具有伦理的意义。在抵抗侵略、保卫祖国的斗争中，个体的英勇行为之所以一再受到道德上的肯定和赞扬，就在于这种行为同时也表现为对伦理义务的自觉履行。

展开于生活世界、公共领域、制度结构等层面的社会伦理关系，似乎具有某种本体论的意义。此所谓本体论意义，主要是就它对道德的本源性而言。伦理关系如果进一步追溯，当然还可以深入到经济结构、生产方式等领域,但相对于道德的义务、"应当",伦理关系又呈现出某种自在的形态;无论是日常的存在,还是制度化的存在,作为实然或已然,都具有超越个体选择的一面:家庭中的定位(父子、兄弟等)、公共领域中的共在、制度结构中的关系等等,往往是在未经个体选择的前提下被给予的,它们在实然、自我规定等意义上,可以看作一种社会本体。正是这种社会本体,构成了伦理义务的根据。与此相联系,以伦理关系规定道德义务,同时也意味着赋予道德以本体论的根据。

当然,从更广的视野看,作为义务根据的伦理关系除了受制于经济、政治等结构之外,还受到体现义务的道德观念、道德规范以及道德实践等等的影响。个体间的关系之获得伦理的意义,往往离不开道德观念、道德实践的作用。以家庭的伦理关系而言,亲子、兄弟间最原始的联系纽带无疑具有自然的性质。在这里,社会伦理关系的形成,似乎要经历一个化自然为人文的过程。而从自然意义上的个体联结到社会人文意义上的伦理关系这一转换,则显然难以离开道德教育、道德实践等过程。王阳明说:"意之所在便是物。如意在于事亲,即事亲便是一物。"①撇开其中的心学思辨,这里似乎也包含着如下含义:意之在物既是一个意向(意指向对象)的过程,又是主体赋予对象以意义的过程。对缺乏伦理、道德意识者来说,亲(父母)只是一般对象意义上的存在(自然层面的物),只有当具有道德意识的心体指向这种对象,亲(父母)才作为伦理关系中的一方而呈现于主体,亦即对主体来说才获得伦理存在的意义。从这一层面上看,伦理关系与道德观念、道德实践之间又存在着互动之维:由义务所规定的道德规范、要求等等往往以伦理关系为本体论根据,而伦理关系的形成

---

① 王守仁:《传习录上》,《王阳明全集》,第 6 页。

又受到道德意识、道德判断、道德实践等等的制约,这种交互作用本质上展开并统一于社会演进的历史过程。

伦理的关系不仅以静态的形式存在,而且常常体现、渗入或形成于人的行为过程。首先应当一提的是承诺行为。从形式的层面看,承诺一般以"我同意""我答应""我保证"等陈述,表示承诺者将做某事。就其伦理内涵而言,承诺行为又具有两种意义。首先是义务形式的变化。伦理关系对义务的规定,并不总是取得显性的形式,它往往更多地表现为一种隐性的要求。但一旦做出了某种承诺,则伦理关系所规定的隐性义务,便开始向显性的形式转换。以家庭中的义务而言,对父母的关心、尊重,是亲子这一伦理关系所规定的,但它最初是以隐含的方式存在的(作为亲子关系中的一方,子女具有相应的义务)。但是,若子女明确承诺,在父母年迈后将尽赡养之责,那么,他或她对父母的义务,即取得了显性的形态。这种显性不仅仅在于义务的明确化,而且表现为义务本身的进一步强化。承诺行为的另一重意义更直接地关联着伦理关系。生活中常常会出现这样的情形:某人偶然遇到一位需要帮助的路人,他与这位路人本来素昧平生,尽管二者也可以说具有最宽泛意义上的交往关系,但这种关系并不具有严格的伦理意义。然而,如果他做出了答应帮助这位路人的承诺,那么,他与路人之间即形成了承诺与被承诺的切近伦理关系,并相应地具有了应当履行的义务。

与义务相联系的行为,往往赋予义务本身以某种历史的连续性。从日常的生活过程看,如果某一个体过去对社会做出过贡献或做过其他有益公众的事,那么,该社会的其他成员便有义务(即应当)对他表示敬意和尊重。这一特定个体对社会的贡献行为虽然发生在过去,但与其他社会成员现在的存在仍然具有历史的联系。这种联系在某种意义上也可以看作展开于时间之维的伦理关系,而现在的社会成员之所以应当(或有义务)表示敬意,显然亦与上述关系的存在相关。广而言之,前一代与后一代之间也存在着历史的联系,这种联系往往赋予前后各代以不同的义务:宽泛地说,前一代的责任在于为后一代提供一个更好的生存环境和发展起点,避免无节制地耗尽资源、破坏生态,等等;后一代的义务则在于以前人创造的经济、文化等成果为基础,进一步在广度和深度上发展人类文明,同时消除前人在各个社会领域(包括政治、经济、文化等等)可能留下的负面后果。历史地看,每一代在社会演进过程中都具有中介的意义,因而往往同时承担着双重义务,而这种义务本身又是由前后代的社会历史联系所赋予的。

可以看到,现实的伦理关系规定了相应的义务,在社会演进过程中不断抽象、提升的伦理义务与广义的价值理想相互融合,又进而取得了规范、原则、道德律等形式。作为具体的存在方式,伦理关系既有普遍的内涵,又表现出历史的形态。在这里,道德本身的普遍性与历史性,也获得了本体论的根据。

二　道　德　主　体

伦理关系所规定的义务,以具体的道德主体为承担者。从本体论上看,道德主体("我")的存在是道德行为所以可能的前提。当康德以"我应当做什么"为道德的基本问题时,他同时亦将"我"预设为行为的主体。同样,德性的完善也以"我"为出发点;对道德现象的理解,显然不能回避什么是道德主体或广义的"我是谁"等问题。作为道德的主体,主体具有多方面的规定,后者既展开于主体之间或主体之间的互动,又制约着道德自律的实现过程。

主体无疑与意识相关。不过,与休谟的理解相对,在意识的层面,"我"或主体并不是个别知觉的前后相继;按其本来形态,它首先表现为意识的统一性或整体性。康德曾从认识论的角度,对意识的综合统一做了考察。在康德那里,意识的综合统一又称为"我思"(I think)或统觉(apperception),正是通过我思,感性的杂多才能构成知识。对康德来说,意识的这种综合统一在逻辑上以"我"的存在为前提,对我思的以上理解,显然不同于休谟。不过,康德同时又从形式的角度理解我思或统觉,①并在此基础上将综合统一主要视为知识所以可能的条件。在他看来,正如我们只能接受物自体的作用,而对物自体本身却无法认识一样,作为"我思"逻辑前提的"我"也无法认识,这种看法似乎过于执着于体与用之分。

从体与用的统一这一角度看,意识的综合统一不仅仅是功能(用),而且同时也是本体。在这里,值得注意的是黄宗羲的如下论述:"心无本体,工夫所至即其本体。"②此所谓工夫,包括意识活动。按黄宗羲的看法,一方面,意识本体并不是先天的预设,它总是形成并展开于意识活动的过程;另一方面,意识的活动并不仅仅具有功能或作用的意义,它同时也是意识本体的存在方式。借用黄宗羲的表述,我们也可以说,作为主体在意识层面的表现形式,意识的综合统一本质上展开为本体与工夫的统一,这里的本体可以理解为意识的整体性或统一性,工夫则是意识的活动过程。以此为出发点,我们无须在意识的综合统一作用之外,再去寻找一个先验的"主体"。

---

① 康德区分了经验的统觉与先验的统觉,作为知识条件的我思,主要指先验的统觉。在他看来,"经验中的现象必须受制于统觉的必然统一的条件,正如纯粹的直观必须从属于时间与空间的形式条件。只有这样,任何知识才成为可能"(Kant, *Critique of Pure Reason*, p.138)。在这里,与先天的时空形式相近,先验的统觉不同于心理过程,而更多地具有逻辑的意义。

② 黄宗羲:《明儒学案·自序》,《黄宗羲全集》第七册,1992年,第3页。

就道德领域而言,主体的统一性更多地取得了人格的形式。人格在心理结构的层面内含着知、情、意的统一,在道德意识的层面则以综合的形态表征着个体所达到的道德境界,其中渗入了主体所认同的道德理想和追求的道德目标、主体所形成的意义世界和意义视域、主体对道德规范系统的理解、主体进行道德选择和道德评价的定势和能力,等等。人格的综合统一不仅在于意识结构的内在凝聚,而且表现为时间中展开的绵延同一:它在形成之后往往具有相对稳定的性质,并不随着时间的流逝而倏忽变迁。以人格为存在的形态,主体在共时之维与历时之维都获得了统一的意义。

从意识的层面考察主体,当然并不意味着主体仅仅具有意识的规定。在这一方面,胡塞尔的现象学似乎表现出某种偏向。胡塞尔提出了现象学的悬置,其特点在于将经验世界以及关于经验世界的一切理论都放入括号之中。经过现象学的悬置之后,"整个世界,包括我们自己和我们的一切我思都被排除",唯一存在的,就是"现象学的剩余"或"纯粹意识"。这种纯粹意识,胡塞尔称之为"纯粹主体"。[1] 在胡塞尔看来,这种纯粹主体具有超验的性质:"如果在对世界和属于世界的经验主体实行了现象学还原之后留下了作为排除作用之剩余的纯粹主体(而且对每一体验流来说都有本质上不同的主体),那么在该自我处就呈现出一种独特的——非被构成的——超验性,一种内在性中的超验性。"[2]不难看到,现象学的主体是以理想化的方式构成的:它通过悬置一切经验的、历史的因素而获得所谓最直接的呈现,由此达到的主体,无疑具有抽象的性质。事实上,理想化的处理方式总是很难避免抽象性。

① 参见胡塞尔:《纯粹现象学通论》,商务印书馆,1992 年,第 99 页。
② 同上,第 151—152 页。

以现实而非理想化的方式考察主体,则显然不能仅仅停留于意识的层面。无论是"我思",抑或人格,主体的统一性都以个体的生命存在为其本体论的前提。就其现实形态而言,"我"总是表现为身与心的统一,而身心之间的关系,亦具有某种体用的性质(身为心之体)。身或生命存在对主体的这种意义,王夫之已经注意到了。针对所谓无我之说,王夫之指出:"或曰圣人无我,吾不知其奚以云无也?我者德之主,性情之所持也。"①"德"含有具体规定之意,而并不仅仅限于内在的德性,这一意义上的"我"或"己",与视听言动的主体相通:"所谓己者,视、听、言、动是已。"②视听言动可以看作感性活动的多方面展开。作为感性活动的主体,"我"或"己"则相应地包含了感性等规定,后者常常以身的形式表现出来。在谈到身与道、圣的关系时,王夫之指出:"汤武身之也,谓即身而道在也。道恶乎察?察于天地。性恶乎著?著于形色。有形斯以谓之身,形无有不善,身无有不善,故汤武身之而以圣。"③在"圣人无我"说中,作为否定对象的"我"包括身,王夫之通过肯定身与道、圣的一致性,亦确认了"我"的存在理由。当然,王夫之对"我"的理解,并不限于肯定"身"等感性的规定。所谓"德之主",以"我"的多方面的统一为其题中之义,"我"作为德之主则表现为对多重规定的统摄;但他同时亦强调了身(生命存在)对于主体的某种本源性。④

---

① 王夫之:《诗广传·大雅》,《船山全书》第 3 册,第 448 页。
② 王夫之:《尚书引义·大禹谟二》,《船山全书》第 2 册,第 267 页。
③ 王夫之:《尚书引义·洪范三》,同上,第 352 页。
④ 在现代哲学中,梅洛-庞蒂(M. Merleau-Ponty)、福柯(M. Foucault)等亦从不同方面强调了肉体、生命存在对人的本源性。如梅洛-庞蒂对知觉、身体、感性经验等等的突出,强调人与世界的关系及人的"在世"以身体为基础,在逻辑上亦以肯定感性生命的优先性为前提。参见 M. Merleau-Ponty, *Phenomenology of Perception*, Routledge and Kegan Paul Ltd., 1962。

身不仅构成了主体存在的本体论前提,而且也是主体直接的外部符号和表达形式;在社会交往的过程中,主体总是以身为其外在的表征。作为主体的外在符号,身往往也传达出具有伦理意义的信息。《论语》中有如下记载:"子夏问孝。子曰:色难。"①此处之"色"是指形之于外的神态和表情。孝是一种道德行为,按孔子的看法,这种行为并不仅仅在于满足父母的生活需要,而且要求主体在举手投足之间,处处表现出对父母真诚敬重的态度。在这里,"色"(敬重的神态)便可以看作主体通过身而表达的一种道德意向。身的道德意义当然不限于外在的符号表达,它与道德实践过程同样有切近的联系。中国古典哲学所谓"身体力行",便强调了身与道德实践之间的相关性:道德主体在这里首先是通过身而确认和展示了道德的实践品格。

作为生命的存在,身无疑更多地具有个体性的品格。然而,就其现实的形态而言,"我"并不仅仅包含个体性的规定。宽泛而言,道德主体的社会内涵包括与一定社会共同体中所占位置及所承担的角色相应的义务和权利、社会规范系统通过认同及接受而在主体中所形成的行为定势和选择、评价的内在准则、共同体成员之间的联系与互动所赋予主体的关系性规定(主体作为关系中的存在而具有的品格),等等。此外,主体的社会之维还涉及语言的掌握和运用。语言不仅仅是一种工具,作为文化的社会历史载体,它处处渗入了知识结构、思维方式、价值观念,等等。在掌握语言的过程中,个体同时也受到蕴含于其中的社会文化传统的洗礼和塑造。语言能力所蕴含的交往潜能及语言所负载的文化内容,从社会沟通与文化传承等方面,赋予主体以社会化的性质。

不难看到,在主体的如上规定中,首先交织着天(自然)与人(社

---

① 《论语·为政》。

会文化)的关系。当个体刚刚来到这个世界时,他在相当程度上还是自然意义上(生物学意义上)的存在。与这一存在形态相应的天性(自然的需要、情感、欲望等等),固然包含着向人化形态(包含社会文化内容的存在形态)转换的可能,但在这种转换实现以前,它显然不同于现实的社会规定。个体从自然的(生物学意义上的)存在走向社会学意义的存在,往往伴随着从天性向人化意识(包括德性)的转换。当然,社会文化层面的意识结构(包括德性)诚然表现为对天性的超越,但天性的超越并不意味着天性的泯灭。人总是有其感性的、生命的规定,这一本体论的事实决定了天性无法从人的存在中完全加以排除;停留于天性,要求"无以人灭天"(庄子),固然难以使人从自然中得到升华,但如果完全排斥天性,则容易导向对感性生命的漠视。同时,以德性而言,它固然表现为对天性的超越,但其存在方式亦并非与天性截然对立:这不仅在于它往往包含着对天性的某种顺导,而且在于它唯有化为人的第二天性(近乎习惯),才能达到从容中道之境。这样,主体的真实形态总是包含着天与人的统一。

与天人关系相涉的,是个体与社会的关系。作为现实的个体,主体总是存在于具体社会结构中,占有特定的社会地位,并处于相应的利益、权利以及义务关系中。这种关系一方面在现实存在的维度构成了主体的规定,使之成为特定的利益主体及权利、义务的承担者,从而不同于抽象的"我",①另一方面又深刻地影响着主体的价值取向、道德理想、人生信念等等,并制约着其发展方向。涂尔干认为,

---

① 黑格尔曾指出:"道德就在于主体自觉意识到已经履行了自己的义务。"(Hegel, *Phenomenology of Spirits*, Oxford University Press, 1977, p.391)这里已注意到了道德主体与社会义务之间的关系,其中亦蕴含着以义务关系及义务意识为道德主体(道德行为的主体)的内在规定之意。

"我们所企求成就的人,总是我们所处的时代及环境中的人"①。这一看法也有见于社会对个体人格追求的影响。在观念的层面,抽象地看,主体的情感、意向往往更多地呈现个体性的特征。但在现实的形态上,即使具有个体性品格的情感、欲望、意向,也每每由于社会的价值原则、规范系统等等的渗入而打上了某种社会的印记。以道德意识而言,作为主体内在形态的良心,便既非仅仅是弗洛伊德意义上的"超我"或弗洛姆所谓外在权威的内在化,也不是单纯的个体情感体验,它在总体上表现为个体意识与社会意识的融合。

　　主体的具体性不仅仅体现于身心、天人、个体性与社会性等等的统一,如前文已提及的,它同时也展开于时间之维。无论在心理学的意义上,抑或在社会学的论域中,主体都不是既成的、与生俱来的存在。皮亚杰在分析儿童心理发展的过程时,已指出,儿童最初并没有主客之分,尽管他往往显示出某种自身中心化的趋向,"可是这种自身中心化由于同缺乏分化相联系,因而基本上是无意识的"。基于此事实,他赞成鲍德温的如下论点,即"幼儿没有显示出任何主体意识"②。根据皮亚杰的研究,只有在出现符号功能和表象性智力的阶段,主客体的分化才逐渐出现,而这种分化又为主体的形成提供了前提。③ 这一看法从实证研究的角度,揭示了主体形成的过程性。主体意识或主体观念的形成,当然并不意味着主体的完成,从主体意识的初步发生,到主体的进一步发展,往往要经历一个长期的过程。科尔柏克曾在道德意识发展的意义上,将主体在道德上的发展区分为三个层面、六个阶段,它从过程与阶段的统一上,进一步深化了对主体

---

① E. Durkheim, *Sociology and Philosophy*, Cohen & West, 1965, p.68.
② 皮亚杰:《发生认识论原理》,第22—23页。
③ 同上,第24页。

的认识。①

　　主体的形成与发展过程,始终渗入着天与人、个体与社会之间的相互作用。在自然(天性)的形态下,天与人的分化尚未发生,从而也不存在社会学意义上的主体,但天性之中又包含着向人性发展的可能,这种可能构成了个体形成道德主体并在道德上达到完善的内在根据。当然,天性之中所包含的可能,唯有通过人的后天作用和努力,才能向现实的道德主体转换。孟子强调"端"(道德意识的萌芽)的重要性,荀子对习(教育、学习、环境作用等)、行(实践过程)的注重,分别注意到了天性之中包含的内在可能与人的后天努力在建构道德主体中的作用,但对二者的统一则似乎未能予以充分的注意。就现实的形态而言,在道德主体的形成过程中,天与人的相关性具体即体现在天性所内含的可能(根据)与后天作用之间的相互作用中。从另一方面看,这种相关性中同时又交织着个体与社会的互动。人的后天习行无疑包括社会对个体的影响,但与主体的形成离不开其内在根据相应,社会影响往往是通过个体自身的选择、接受等等而起作用。质言之,主体的形成与发展既不是如存在主义所理解的那样,仅仅表现为个体的筹划,也并非如本质主义所强调的,仅仅展开为社会对个体的塑造。

　　主体在其形成与发展的过程中,同时蕴含着时间中展开的绵延的统一。王夫之在谈到意识的流变时,曾指出:"今与昨相续,彼与此相函,克念之则有,罔念之则亡。"②"夫念,诚不可执也,而惟克念者,

　　① 参见 L. Kohlberg, *Essays on Moral Development* Volume 1: *The Philosophy of Moral Development*, Harper & Row, Publishers, 1981, pp.409-412。科尔伯克后来引入宗教的关怀,并由此探讨了道德发展的第七个阶段。参见 L. Kohlberg, *Essays on Moral Development* Volume 1: *The Philosophy of Moral Development*, pp.311-372。

　　② 王夫之:《尚书引义·多方一》,《船山全书》第 2 册,第 391 页。

斯不可执也。有已往者焉,流之源也,而谓之曰过去,不知其未尝去也。有将来者焉,流之归也,而谓之曰未来,不知其必来也。其当前而谓之现在者,为之名曰刹那(自注:谓如断一丝之顷),不知通以往将来之在念中者,皆其现在而非仅刹那也。"①个体的意识活动往往展开为时间之流,其中固然包含过去、现在、未来的不同向度,但不能截断并执着于某一时间段。不同时间向度的意识,统一于现实的"我";正是以"我"的现实存在为前提,过去、现在、未来的意识具有了内在的连续性,而意识的连续性同时也从一个方面展示了"我"的连续性。

以上分析表明,作为具体的存在,道德主体既以意识与人格的综合统一为特点,又以感性生命为存在的前提;既有个体性的规定,又包含着社会的内容;既经历了形成与发展的阶段,又内含着时间中的绵延同一,在总体上表现为身与心、天与人、个体性与社会性、发展的阶段性与过程性的统一。② 上述方面同时也从一个较为形而上的维度,展示了道德主体的本体论规定。

三 行为情景与存在境域

主体的存在无法与一定的社会背景相分离。由主体存在的具体性考察其所处的生活世界和社会系统,则可以进一步注意到,后者在

---

① 王夫之:《尚书引义·多方一》,《船山全书》第 2 册,第 389—390 页。

② 此处也许应当对主体或道德主体与理想人格做一区分。主体在这里更多地侧重于其实然的维度,即主体作为生活世界与道德实践的行为者所具有的现实规定,缺乏这种规定,主体便成为抽象的存在,社会生活与道德实践亦相应地无从展开;理想人格则侧重于价值的目标,是主体所趋向、追求的境界。当然,正如现实与理想并非截然分离一样,道德主体亦可以被视为本然、实然、应然的统一。在此意义上,主体与理想人格亦有互渗互涵的一面。

更深刻的层面体现了存在的具体性。广而言之,随着历史的变迁,新旧交替的每一社会结构往往各有不同的特点,这些特点从宏观的历史之维显示了社会存在的具体性。从更切近的角度看,个体存在的特定境遇、个体行为过程面临的情景,常常也呈现具体的特点,而非一成不变。与个体存在的具体性一样,存在背景的这种具体性,也是一种本体论的事实,它在本源的层面制约着道德实践的过程。

从哲学史上看,实用主义是对特定存在情景较为关注的学派之一。以肯定生活经验的本源性为前提,实用主义强调道德与生活不可分离,而生活又总是展开于具体的情景中。与其他的生活形式一样,道德主要是解决生活情景中面临的实际问题:"我们应该如此这般地去做,仅仅是因为既成的实际情景这样要求我们。""正确地去做,就是按照我们实际看到的情景,如实地加以对待。"[1]引而申之,就道德评价而言,好坏或善恶等价值意义,也只有联系具体的生活情景才能确定。[2] 质言之,无论是行为方式的选择,抑或是行为意义的评价,都离不开具体的生活情景。实用主义要求根据个体所处的具体情景来确定行为的方式和意义,无疑注意到了道德的实质向度。当然,在肯定情景的特殊性的同时,实用主义对普遍法则似乎未能予以适当的定位,詹姆士以机遇或运气(chance)来解释生活现象,强调一切都是不确定的。[3] 杜威则认为,普遍规范的作用,仅仅在于确定环

---

① *The Philosophy of John Dewey*, Selected and edited by Joseph Rater, 1929, p.372.

② 参见 J. Dewey, *Theory of Valuation*, International Encyclopedia of Unified Science, II, No. 4, The University of Chicago Press, 1939。

③ 参见 W. James, *The Will to Believe and Other Essays in Popular Philosophy*, Dover Publications, 1956, pp.145–183。

境的性质,①这种看法往往容易导致以特定情景的分析消解普遍法则。

与实用主义相近,存在主义也将个体的存在境遇提到了突出地位。从存在先于本质的命题出发,存在主义将个体的存在理解为一个自我筹划、自我选择的过程。在这一过程中,个体自身及其存在的境遇,都具有独特的、不可重复的性质。按存在主义的看法,存在境遇的这种独特性,决定了个体必须根据对情景的理解,独立地做出选择。萨特曾以道德中的两难困境为例,来说明行为选择与具体情景之间的关系。这种两难困境往往以具体而尖锐的形式,展示了特定情景在道德实践中的意义。不过,与拒斥普遍本质相应,存在主义者(如萨特)强调,个体在存在过程中的选择,既无先例可援,亦无一般原则可循。这种看法显然又由存在与本质的对峙,导向了普遍法则与具体情景的紧张;后者在某种意义上与实用主义殊途而同归。

与以上思路有所不同,中国传统哲学往往从经与权的关系出发考察道德原则本身的作用方式:"明乎经变之事,然后知轻重之分,可与适权矣。"②"经"突出的是道德原则的普遍性、绝对性,"权"则有因时变通之意。中国哲学中的儒家首先强调了道德原则的绝对性,以仁道而言,其基本要求即是:"君子无终食之间违仁。造次必于是,颠沛必于是。"③质言之,仁道作为普遍的原则,不能随意偏离。但同时,儒家又反对执一而无权:"执中无权,犹执一也。所恶于执一者,为其贼道也,举一而废百也。"④执一,即拘守某种规范而不知变通,与之相

---

① *The Philosophy of John Dewey*, p.372.
② 董仲舒:《春秋繁露·玉英》。
③ 《论语·里仁》。
④ 《孟子·尽心上》。

对的"权",则意味着通过对特定条件的把握,对原则的作用方式做相应的调整。孟子曾举例做了解释:"男女授受不亲,礼也;嫂溺援之以手者,权也。"①按当时的普遍规范(礼),男女之间不能直接以手接触,但在某些特定的情景之下(如嫂不慎落水),则可以不受这一规定的限制。在这里,具体的情景,即构成了对规范做变通、调整的根据。经与权的如上关系,往往被简要地概括为"以义应变"②,"义"体现了规范的普遍要求(个体应当履行的义务),变则是权变或变通;一方面,具体境遇中的权变不能完全无视普遍的原则,另一方面,普遍规范的作用方式,又往往受到具体情景的制约。

上述关系在"理一分殊"说中,得到另一重意义的体现。"理一分殊"是宋明时期的重要哲学命题,与后来的理学家主要从本体论的角度阐发理一分殊的思想有所不同,早期理学对理一分殊的理解往往同时着眼于道德领域。程颐在谈到张载的《西铭》时,曾指出:"《西铭》明理一而分殊,墨氏则二本而无分(老幼及人,理一也,爱无差等,本二也——原注)。分殊之蔽,私胜而失仁;无分之罪,兼爱而无义。分立而推理一,以止私胜之流,仁之方也。无别而迷兼爱,至于无父之极,义之贼也。"③张载在《西铭》中提出了民胞物与(民吾同胞,物吾与也)的著名论点。按程颐的看法,其中既包含着普遍的伦理原则,又体现了爱有差等的思想;前者(普遍的伦理原则)可以视为理一,后者(爱有差等)则含有分殊之意。如果执着于分殊而忽略理一,则不免陷于各自的私利而忘却或偏离普遍的原则;反之,如果无视分殊,则又容易导致不顾具体情景和对象的区别和差异而抽象地

---

① 《孟子·离娄上》。

② 《荀子·不苟》。

③ 程颐:《答杨时论〈西铭〉书》,《二程集》,中华书局,1981年,第609页。

运用一般原则。此处值得注意的当然不是程颐对墨家的批评（这种批评往往渗入了道统的先见），而是对理一与分殊之间统一性的肯定。作为一般的原则，"理一"着重的是普遍性与共性；与之相对的"分殊"则更多地关注于特殊与差别。在这里，理一与分殊统一的伦理含义在于：一方面，应当注重并坚持一般的伦理原则，另一方面又必须根据特定的情景和对象，以不同的方式具体地运用一般的原则。①

作为一般的法则和规范，道德原则无疑具有普遍性的品格。但另一方面，道德原则、规范作用的对象（主体及其道德行为），又总是存在并展开于具体的情景或境遇之中。存在背景的具体性，首先使道德原则如何有效作用成为无法回避的问题，后者往往表现为普遍的原则如何在具体境遇或情景中合理地运用。表现为行为背景的存在境遇或情景，在某种意义上可以看作普遍原则作用的条件，而原则作用的有效性和合理性，则离不开境遇分析或情景分析。所谓情景分析，既关涉道德主体的诸种规定，也指向个体所处的特定境遇，包括行为或可能的行为所展开的具体境域。从某种意义上说，情景的分析是连接普遍规范与自我选择和决定的中介：正是通过对情景的独特分析，普遍规范自身的超验性逐渐被扬弃，而道德主体则对如何以规范制约自身的特定行为（普遍规范如何运用于特定的行为）形成了具体的判断。在他律的形式下，规范与自我的关系往往呈现相互

----

① 理学在其尔后的发展中，往往较多地强调了"理一"。事实上，在二程那里，已开始表现出这一倾向，如他们一再强调"万物皆只是一个天理"（《元丰己未吕与叔东见二先生语》，《二程集》，第30页）、"理则天下只是一个理"（同上，第38页），如此等等。不过，作为一个哲学命题，理一分殊却以"理一"与"分殊"的统一为其题中之义。在此似乎应当将哲学命题本身的逻辑内涵与哲学家可能对它做的不同引申加以区分。

对峙的格局,所谓"他(理)为主,我为客"①,便表明了这一点。情景分析在道德实践中的意义在于,通过考察规范的作用条件,为自我对规范的运用或变通提供依据,并进而克服普遍规范对于道德主体的外在性和异己性。通过对行为背景的具体把握,一方面,道德原则的运用奠基于现实的前提,另一方面,个体的道德选择也获得了合乎特定境遇的依据。道德原则与具体境遇及情景的联系,在另一重意义上体现了道德本身的本体论规定。

具体情景和境遇对普遍原则的制约,往往表现为行为规范在实践过程中的某种调整或变通。以交往的真诚性而言,从保证正常的社会互动和建立稳定的道德秩序等历史需要中,逐渐形成了"不说谎"的道德规范,后者同时作为普遍的原则,制约着人们的日常行为。然而,在某种特定的情景下,事实的陈述可能会导致灾难性的后果,此时,"不说谎"的行为规范也许就应当做必要的变通。例如,当一名歹徒试图追杀一位无辜的人士、并向知道详情的你询问被追杀者的去向时,如果你拘守不说谎的原则而向他如实地提供有关的事实,便很可能酿成一场悲剧,而陈述与事实相反的信息,则可以避免这一后果。在这种特定的情景下,后者(提供不真实的信息)无疑是一种更合理的选择。这一类的情景,在伦理学中通常被称为道德的两难困境(moral dilemma),它以道德冲突的形式,表现了普遍原则在具体情景中运用的条件性。②

相对于一般的伦理关系,道德情景更多地表现了人"在"世过程

---

① 朱熹:《朱子语类》卷一,《朱子全书》第 14 册,上海古籍出版社、安徽教育出版社,2002 年,第 115 页。

② 从实质的层面看,上述情形中的"说谎"仍具有道德的意义:在拒绝提供真实情况以保护无辜之士的背后,是对人的存在价值的肯定。

的个体性或特定性品格。如果说,伦理关系主要从普遍的层面展示了道德与社会存在的相关性,那么,道德情景则在特殊的存在境域上,体现了同样的关系。社会领域的存在对道德的如上制约,同时也从不同的方面展示了道德的本体论根据。

四　社会整合的道德前提

道德既以社会领域的存在为根据,又为这种存在(人自身的存在)提供了某种担保;作为存在的特定形态,它同时也参与了存在本身的实现和完善。当布伯、列维纳斯、哈贝马斯等从我—你、我与他者、主体间等角度探讨重建存在的统一时,他们同时也在道德的层面上涉及了如何完善存在的问题。在生活实践的历史过程中,通过共同的伦理理想、价值原则、行为规范、评价准则等等,道德从一个侧面提供了将社会成员凝聚起来的内在力量:为角色、地位、利益等等所分化的社会成员,常常是在共同的道德理想与原则的影响与制约下,以一种不同于紧张、排斥、对峙等等的方式,走到一起,共同生活。这里,道德的作用不仅仅表现为使人在自然层面的生物规定及社会层面的经济、政治等等规定之外,另外获得伦理的规定,它的更深刻的本体论意义在于:从一个方面为分化的存在走向统一提供根据和担保。就个体而言,"伦理地"生活使人既超越了食色等片面的天性(自然性或生物性),也扬弃了特定社会角色所赋予的单向度性。而在这一过程中,道德同时也为个体走向具体存在提供了某种前提。

从社会的层面看,存在的具体性往往体现于社会的整合过程中。社会的整合涉及多重维度。首先是社会认同,包括广义的文化认同、民族认同、国家认同、团体(group)或组织认同,以及个体自身的角色认同等等。这一层面的认同意味着接受某种社会的文化形态、生活方式、社会组织系统,承认其合理性与合法性,并归属于其中。不同意义上的社会整合,既从类的层面或公共的空间展示了存在的具体性及其相关内容,又为走向这种具体存在提供了社会前提。如果进一步考察社会整合本身所以可能的条件,则道德便成为不能不加以考虑的一个方面。首先应当关注的是一般意义上的道德意识或道德观念。道德意识或道德观念作为历史的产物,无疑具有相对性、历史性的一面,但历史本身并不是如新康德主义所认定的那样,仅仅由特殊的、个别的现象所构成:它总是同时渗入了具有普遍意义的联系。与历史过程的这一向度相应,道德意识及道德观念往往也包含着普遍的内容。从共时性之维看,一定历史时期的共同体中,通常存在着对该共同体的成员具有普遍制约作用的道德意识和道德观念;就历时性之维而言,某些道德意识和道德观念往往在不同的或较长的历史时期产生其影响和作用,而不限于某一特定的历史阶段。

具有普遍内容的道德意识与道德观念,通过教育、评价、舆论等等的提倡、引导,逐渐成为一定时期社会成员的心理定势(disposition),后者也就是涂尔干所谓的集体良知(collective conscience),它从社会心理等层面,为社会的整合提供了某种支持。在中国传统社会中,亲子、君臣、夫妇、兄弟、朋友等曾被视为基本的社会伦理、政治关系,与之相应的则是"父子有亲,君臣有义,夫妇有别,长幼有序,朋友有信"①等主流的道德观念,这些观念明显地打上了那个时代的历史印记,其历史局限是毋庸讳言的。不过,它们同时又总是被涵盖在仁道等普遍的原则之下。而在社会结构奠基于宗法关系的历史时期,这些主流的道德意识和信念对实现社会认同、维系社会共同体的稳定,又无疑提供了某种观念的担保。

---

① 《孟子·滕文公上》。

相对于道德意识和道德理想,道德规范更多地表现出形式的、系统的特点。作为社会系统的基本构成之一,道德规范的功能首先体现于社会的整合过程。涂尔干已注意到这一点,在谈到道德规范的作用时,他曾指出:"我们可以这样认为,一般而言,道德规范的特点在于它们明示了社会凝聚(social solidarity)的基本条件。"①与其他形式的当然之则一样,道德规范具有普遍性的品格,它规定了社会共同体成员应当履行的义务和责任:尽管社会成员也许不一定做出形式的承诺,但一旦成为某一社会共同体中的成员,便往往以蕴含的方式承诺了规范所规定的义务,正是这种共同承担的义务,从一个方面将社会成员维系在一起。在规定义务和责任的同时,道德规范也提供了对行为加以评判的一般准则,当行为合乎规范时,便会因其"对"或"正当"而获得肯定、赞扬和鼓励;一旦偏离规范,则这种行为就会因其"错"或不正当而受到谴责。以规范为依据的道德评价,往往形成为一种普遍的社会舆论,而对共同体中的社会成员来说,它同时也构成了一种普遍的约束机制。

从另一方面看,规范意味着为行为规定某种"度"。荀子已注意到这一点,在谈到"礼"的起源时,荀子指出:"礼起于何也? 曰:人生而有欲,欲而不得,则不能无求,求而无度量分界,则不能不争,争则乱,乱则穷。先王恶其乱也,故制礼义以分之,以养人之欲,给人之求。使欲必不穷乎物,物必不屈于欲,两者相持而生,是礼之所以起也。"②这里的"礼"泛指伦理政治的制度及与之相应的规范系统,它不限于道德规范,但又包含道德规范。在荀子看来,礼的特点在于为

---

① E. Durkheim, *On Morality and Society*, The University of Chicago Press, 1973, p.136.

② 《荀子·礼论》。

每一个社会成员规定一定的权利和义务,这种规定同时构成了行为的"度"或界限:在相关的"度"或界限内,行为(包括利益追求)是合理并被容许的,超出了此度,则行为将受到制止。从现代社会理论看,所谓度或界限,实际上蕴含了一种秩序的观念;正是不同的权利界限和行为界限,使社会形成为一种有序的结构,从而避免了荀子所说的社会纷争。在这里,道德规范与其他社会规范一起,构成了社会秩序所以可能的一种担保。

与秩序的维护相辅相成的,是对失序或失范的抑制。在社会生活中,失序常常与反常或越轨相联系,如果反常或越轨行为蔓延到一定的程度,社会系统中的有序状态便往往向无序状态衍化。而对反常与越轨的控制,则离不开规范(包括道德规范)的制约。在反常与越轨尚未发生时,道德规范的作用主要表现在通过展示道德责任和义务以及提供行为选择的准则,以抑制可能的越轨动机;在越轨和反常发生之后,规范则作为行为评价的根据,参与了外在的舆论谴责和内在的良心责备等道德制裁的过程,并由此促使和推动行为在越轨之后重新入轨。

规范作为普遍的行为准则,具有无人格的、外在于个体的特点。相对于此,德性则无法与具体人格相分离。然而,与人格的这种联系,并不意味着德性游离于社会结构与社会生活之外。这里首先似乎应当对作为德性承担者的个人(person)所包含的内在规定做一分析。布伯曾对个人(person)与个性做了区分。在他看来,个人已意识到他与他人的共在,而个性则仅仅意识到它自身的特殊性。"个性在与其他存在区分和分离的同时,也远离了真实的存在。"①布伯这一看法的值得注意之点,在于肯定了个人的共在之维:它从形而上的角

---

① 参见 Martin Buber, *I and Thou*, Charles Scribner's Sons,1958, pp.63 - 64.

度,把个人理解为社会系统中与他人共在的一员,而不是与社会分离的存在。

作为社会中的一员,个人总是要经历一个社会化的过程。此所谓社会化,首先与自然的存在相对而言。如前所述,当人刚刚来到这个世界时,他在相当意义上还只是一种生物学上的存在,其自然的规定或天性往往构成了更主要的方面。与这一存在状态相应,个体的社会化意味着超越自然的规定,使个体成为社会学意义上的存在,这一过程同时包括社会对个体的接纳及对其成员资格的确认。而对个体而言,则意味着逐渐形成对社会的认同,并把自己视为社会共同体中的一员。与之相辅相成,社会化的过程往往涉及普遍规范与个体意识之间的相互作用。通过社会生活的参与以及教育、学习等等,社会的普遍规范(包括道德规范)逐渐为个体所接受,并内化和融合于个体意识,这一过程同时以天性向德性的转换为其内容。德性作为社会化过程的产物,无疑具有普遍的规定,但作为社会规范与个体意识的交融,它又内含个体之维,并与自我的观念相联系。当人还没有超越自然(生物学意义上)的存在状态时,他同时也处于和世界的原始"同一"中,此时个体既没有对象的观念,也缺乏真正的自我意识,因而尚谈不上社会的认同。个体对社会的认同,在逻辑上以"我"的自觉为前提:对社会的认同,是由"我"来实现的。这样,社会的认同与自我观念的形成事实上构成了同一过程的两个方面,它意味着扬弃个体与世界的原始同一,达到个体与社会的辩证互动。

这种互动具体展开于德性对社会行为的制约过程。相对于个体所处情景的变动性及行为的多样性,德性具有相对统一、稳定的品格,它并不因特定情景的每一变迁而变迁,而是在个体存在过程中保持相对的绵延统一:处于不同时空情景中的"我",其真实的德性并不逐物而动、随境而迁。作为统一的存在规定与内在的精神世界,德性的以上品格使之不同于一般的道德意识而具有本体论的意义。

如前所述,道德规范对社会行为具有普遍的制约作用。然而,规范在尚未为个体接受时,总是表现为一种外在的律令,它与个体的具体行为之间往往存在着一种距离。化规范为个体的具体行为,既需要理性的认知(对规范的理解),也涉及意志的选择和情感的认同。而在这一系列环节中,理性、意志以及情感乃作为统一的德性结构的不同方面影响着规范的接受过程。这里似乎存在着某种交互作用:德性的形成过程包含着规范的内化;德性在形成之后又构成了规范的现实作用所以可能的前提之一。而通过为规范的现实作用提供支持,德性同时也从一个方面参与了社会系统中行为的有序化过程。

个体作为特定的历史存在,其所处的社会关系、所面对的环境往往各异;就行为过程而言,其由以展开的具体情景也常常变动不居;要选择合理的行为方式,仅仅依赖一般的行为规范显然是不够的,因为规范无法穷尽行为与情景的全部多样性与变动性。在这里,德性的制约作用,便显得尤为重要。如前文所说,德性既包含着作为规范内化的普遍内容,又展开为理性、意志和情感等相统一的个体意识结构。这种二重性,为德性将特定情景的分析与普遍规范的运用这二者加以结合提供了可能。作为稳定、统一的人格,德性使个体在身处各种特定境遇时,既避免走向无视情景特殊性的独断论,又超越蔑视普遍规范的相对主义。从现实的行为过程看,规范的运用与情景的分析、判断,以及特定情景中可能的行为方式的权衡、选择,等等,都受制于行为主体统一的人格结构(包括德性)。不妨说,人格、德性的统摄,为社会行为走向以权应变与稳定有序的统一,提供了内在机制。

前文曾论及,社会生活过程的有序运行,离不开对越轨、反常行为的控制。就失范与失序的抑制而言,规范的功能较多地展现于外在的公共领域。相形之下,德性在这方面的作用则更多地体现于个体的内在意识。作为统一的意识结构,德性既以自觉的理性及康德所谓善良意志为内容,也包含情感之维。在道德意识的层面上,情感往往取得同情、耻感、内疚等形式。休谟曾对同情(sympathy)做了细致的分析,并将其视为整个道德系统的基础。这种看法表现了其经验论的立场,无疑有其局限,但同情在道德行为中的作用却是伦理的事实;从最一般的论域看,同情的意义首先在于为仁道原则的实现(在行为中的实际遵循)提供了情感的基础;而通过对他人、群体的尊重、关心,同情意识同时也拒斥了各种敌视社会(反社会)、危害群体的行为倾向,并促进了社会成员之间的凝聚。

耻感与内疚具有不同的情感维度。作为道德意识,耻感似乎更多地与自我尊严的维护相联系,其产生和形成总是伴随着对自我尊严的关注。这种尊严主要并不基于个体感性的、生物性的规定,而是以人之为人的内在价值为根据。正是在这一意义上,儒家对耻感予以高度的重视。孔子已要求"行己有耻"[1],孟子进而将耻感提到了更突出的地位:"耻之于人大矣。""人不可以无耻。"[2]直到后来的王夫之、顾炎武,依然一再强调知耻的意义:"世教衰,民不兴行,'见不贤而内自省',知耻之功大矣哉。"[3]"士而不先言耻,则为无本之人。"[4]人作为社会存在,具有内在的尊严,有耻、知耻是在心理情感的层面对这种尊严的维护;无耻则表明完全漠视这种尊严(甘愿丧失人之为人的尊严)。

从道德情感与社会行为的关系看,耻感的缺乏意味着解除所有内、外的道德约束。在无耻的心理情感下,一个人既不会感受到内在

---

① 《论语·子路》。
② 《孟子·尽心上》。
③ 王夫之:《思问录·内篇》,《船山全书》第 12 册,第 408 页。
④ 顾炎武:《与友人论学书》,《亭林文集》卷三。

良心的责备,也难以对外在舆论的谴责有所触动;一切丧失尊严、挑战社会、越出秩序的行为,对他来说都是可能的。反之,耻感的确立,则使个体在行为过程中时时关注人之为人的尊严,防范与拒斥一切可能对内在尊严带来负面后果的动机和行为。就社会系统而言,自我尊严的维护,总是引向自觉的履行作为社会成员应尽的义务,将自我的行为纳入规范所规定的界域内,并使个体以越轨为耻。可以看到,通过将反社会的越轨行为抑制于未然或潜在状态,作为德性内容的耻感构成了维护社会秩序的内在心理机制之一。当然,需要同时指出的是,耻感若过强,亦往往容易引发自卑情结和过重的心理负担,从而对社会交往产生某种消极影响。在这里,耻感的合理定位无疑是重要的。

与耻感相近并构成德性另一重内容的道德情感是内疚。较之耻感对尊严的确认,内疚更直接地与是否履行道德义务相联系:“当我们没有做道德原则要求做的事或做了道德原则不容许做的事时,我们通常便会对此感到内疚。”①海德格尔在考察内疚(guilty)时,曾追溯了其日常用法的原始含义,认为它最初与负债意识(欠别人什么)相联系,由此又进一步产生了责任观念。② 作为道德情感的内疚,同样以责任和义务的承诺为其前提。责任与义务首先相对于群体和他人而言,因此,尽管内疚最初表现为一种心理体验,但它总是涉及主

---

① E. J. Bond, *Ethics and Human Well-being*, Blackwell Publishers, 1996, p.185.

② M. Heidegger, *Being and Time*, State University of New York Press, 1996, p.260. 相对于中国传统哲学对耻感的关注,西方的哲学传统似乎对内疚做了更多的考察。后者当然不限于日常语用,从更广的文化背景看,它也许同时又与基督教的原罪意识相联系。在早期基督教代表人物奥古斯汀的《忏悔录》中,我们便已可以看到一种深沉的内疚意识。

体间和个体与社会之间的关系。① 因未尽义务而感到内疚,不仅仅使个体的内在精神和意识通过反省而得到洗礼和升华,而且同时直接地影响个体的社会行为:它从内在意识的层面,促使主体抑制与道德义务和责任相冲突的行为动机。在这一意义上,内疚与耻感一样,为社会生活的有序展开提供了内在心理机制上的担保。

普遍的规范与内在的德性作为道德系统相互关联的两个方面,构成了社会秩序所以可能的条件之一,并从不同的维度制约着社会生活的有序运行;通过参与社会的运行过程,道德同时也立足于历史过程本身,赋予社会领域的存在以具体而真实的形态。在这里,道德与存在的本源关系,也得到了进一步的确证。

---

① 海德格尔在进一步分析内疚时,将其与"召唤关切"(the call of care)联系起来,而这种召唤又具体表现为此在"从失落于他人返回到自身"(*Being and Time*,p.264)。这一看法似乎仅仅将内疚理解为一种自我的反省意识,而忽视了作为内疚根据与背景的个体与社会的关系。

第八章
日常存在与终极关切

价值(包括真善美)理想的实现过程,离不开日常的生活实践。广而言之,人自身之"在",也首先与日常生活息息相关;离开了日常生活,人的其他一切活动便无从展开。然而,人"在"世的过程,同时又总是难以摆脱存在的意义问题;对存在意义的本源性追问,则涉及所谓终极关切。作为存在的二重向度,日常生活与终极关切并非彼此悬隔。在实质的层面上,二者相互关联,构成了统一的存在境域。

一 日常生活与日常存在

按赫勒的理解,所谓日常生活,是"指同时使社会再生产成为可能的个体再生产要素的集合"①。这一看法注意到了日常生活与个体存在的关联。从个体的存在与再生产看,日常生活的基本形式表现为日常实践或日用常行。日常实践首先以生命的维系和延续为指向,所谓饮食男女,便从不同的方面体现了这一点。"饮食"泛指满足肌体需要的日常活动,它是个体生命所以可能的基本条件;"男女"则涉及以两性关系为基础的日常活动,它构成了个体生命延续的前提。维系生命的日常活动当然不限于饮食男女,但它们无疑较为典型地展示了日常生活与个体生命存在的关系。

作为日常生活的具体形式,饮食男女之类的活动通常以家庭生活为背景。家庭奠基于血缘的纽带之上,但又具有社会的性质。以亲子、夫妇、兄弟之间的相处、交往为内容,家庭构成了日常生活的直接形态和基本单位,这种生活形式不仅涉及满足生命需要的诸种活动,而且包括具有社会伦理意义的行为。从父慈子敬到长幼有序,都体现于日常生活的过程之中,并在某种意义上成为日用常行的具体内容。如果说,饮食男女还往往与自然的、本能的活动相纠缠,那么,父慈子敬、长幼有序等日常行为则更多地包含了社会的内涵。

家庭生活之外,个体的存在还涉及多重其他形式的社会关系。以空间或地域而言,邻里便是个体在日常生活中所时时面对的。就交往关系而言,邻里之间可以或近或疏,但不管具体的关系如何,个体总是无法避免与邻里打交道。即使疏而远之,视若路人,也是一种照面或相处的日常方式。广而言之,朋友、同事、同学、师生,等等,也以不同的方式存在于日常生活的过程,并分别展示了日常生活多方面的内容。作为日常生活的环节,交往形式呈现出多样的形态,它可以是共事、互助等实践行动,也可以是交谈、对话等语言行动(speech

_____

① 赫勒:《日常生活》,重庆出版社,1990年,第3页。

act)。人既是生命的存在,又是社会或文化的存在。如果说,与肌体需要的满足等相联系的日常活动,主要从生命存在的层面担保了个体的再生产,那么,以语言及实践行动为形式的个体间交往,则从社会及文化的层面,为个体的再生产提供了另一前提。

与渗入文化内涵相应,日常生活还包含日常观念或日常意识。日常实践的展开,总是离不开观念的参与。赫勒曾认为,宗教是日常生活的组织者或主要组织者。[①] 这里的宗教,包括宗教的观念;以宗教(包括宗教观念)为日常生活的组织者是否确当,或可讨论,但肯定宗教及其观念在日常生活中的意义,则似乎不无所见。广而言之,渗透在习俗、惯例、常识、传统等等之中的观念和意识,总是不同程度地影响、制约着日常生活。相对于系统的、自觉的理论形态而言,日常观念往往具有习焉而不察的特点,近于所谓集体无意识;这种日常的观念与日常的实践彼此互动,构成了日常生活的相关内容。

宽泛而言,日常生活并不限于衣食住行、饮食男女或邻里、朋友等日常的交往。按其内涵,"日常"(everyday)包含着时间的维度。在时间的意义上,日常生活既涉及个体持久性的行为,也包括占据个体日常时间的一切有关活动。以此而论,则通常列入工作之域的活动,如生产劳动、公共管理、市场经营、政治运筹等等,以及文化领域的科学研究、艺术创作等,也与日常生活难以分离。赫勒已注意到了这一点,在她看来,就工作及劳动而言:"日常生活是'个人'的再生产。为了再生产作为'个人'的自身,人必须工作。这就是说,工作是个体再生产所必需的,而只要是如此,劳动就是日常活动。"同样,科学研究(科学家的劳动)也"包含十分重要的日常活动方面"[②]。事实

[①] 参见赫勒:《日常生活》,第101—102页。

[②] 同上,第68、75页。

上，当我们不仅从生命存在的层面，而且也从文化存在的意义上理解个体的再生产时，作为这种生产实现方式的日常生活，便以劳动及文化创作等社会活动为其题中应有之义。

不难看到，在这里，日常生活呈现狭义与广义二重形态：狭义的日常生活以生命需要的满足为直接的指向，广义的日常生活则包括个体日常从事的劳动、文化创造等诸种社会活动及与之相关的事物和对象。由此便产生了如下问题：在超乎生命需要的直接满足这一层面上，日常生活与非日常生活的差异究竟何在？

作为个体再生产所以可能的前提，日常生活所面对的，首先是一个已然或既成的世界。许茨（A. Schutz）在谈到日常世界时，曾指出："日常生活的世界指的是这样一个主体间际的世界，它在我们出生很久以前就存在，被其他人（others），被我们的前辈们当作一个有组织的世界来经验和解释。现在，它对于我们的经验和解释来说是给定的。"[1]这里已注意到日常生活的既定性或既成性。日常生活总是以确认、接受既定的存在为前提，如海德格尔所说，个体的在世，具有某种被抛掷的性质；正如他无法选择家庭、出身一样，对所处的生活境域，个体也往往无法任意加以选择。对既定存在的认同、接受，不仅影响、塑造着个体的生活习惯、日常趣味，而且也制约着其行为的方式：以既成的生活境域为背景，日常生活固然非截然不变，但它往往更多地表现为相同或相近模式的因循和重复。[2]

与既成性相联系的是自在性。从本体论的论域看，自在主要相对于人的知行过程而言（未进入知行过程者即属自在之域）。在日常生活的层面，自在则既是指独立于人的目的性活动，也指与自觉相对

---

① 许茨：《社会实在问题》，第284页。
② 参见赫勒：《日常生活》，第144—145页。

的非反思性。日常生活往往是一个日用而不知的过程,从饮食起居到邻里、朋友、同事等等之间的日常相处(包括闲聊、消遣等等),都非基于深思熟虑,而是一种不假思为、习惯成自然的行为;这种非反思的行为,构成了日常自在的生活世界。①

在此,日常生活似乎更多地表现为一种个体存在的方式或形态,它或者以接受和认同既成或给定的存在境域为指向,并由此形成因循、重复的行为定势;或者呈现为自在的存在形态,并相应地以非反思的行为趋向为特点。以此为考察的前提,则不难看到,日常生活与非日常生活的区分具有某种相对的意义:当劳动、文化工作等社会活动被视为既成境域或自在形态中的重复性、非反思性的行为时,它便取得了日常生活的形式;当这些活动以自觉的、创造性的形式展开时,它们便超越了日常生活的形态,而具有非日常生活的特性。②

与日常生活相关的,是日常的存在。日常的存在可以泛指日常生活所涉及的对象或日常生活借以展开的诸种事物,但在更实质的意义上,它则指存在于日常生活中的个人或个体。如前所述,日常生活与非日常生活之差异,主要基于其存在形态的不同,相应地,日常存在的内在特征,也首先体现于作为日常生活承担者的个体:当个体以日常的方式"在"世时,他便取得了体现既成性、自在性等规定的存

---

① 赫勒已注意到日常生活的自在性。不过,她似乎主要从日常生活的客观性、"给定性"、必然性等方面强调其自在性,而未将非反思性作为自在性的主要内涵。参见赫勒:《日常生活》,第125—127页。

② 一些研究者把社会结构区分为日常生活,由政治、经济(包括生产)活动构成的非日常生活领域,由科学艺术等构成的精神与知识领域(参见衣俊卿:《回归生活世界的文化哲学》,黑龙江人民出版社,2000年,第64页)。这种看法在试图揭示生活世界特点的同时,对日常生活与非日常生活区分的相对性,似乎未能予以充分注意。

在形态。这里所涉及的主要不是两种不同的物质实体,而是个体"在"世的不同形态和方式。

二　日常生活中的人

作为个体生存与再生产所以可能的条件,日常生活所确证的,首先是人的生命存在。人之"在"世,总是以个体为其承担者;从现实的而不是现象学意义的维度看,个体无疑以生命为其存在的本体论前提。当海德格尔把向死的存在视为此在的本真状态时,似乎对此未予应有重视。按其本义,死意味着存在的终结或不存在(non-being),尽管对死的超前体验可以使此在意识到存在的一次性与不可重复性,但正如在绝对的黑暗中颜色的区别变得没有意义一样,死作为一种状态本身并不蕴含着个体的差异。海德格尔自己也承认,死可以用平等的尺度去衡量。① 与死的无差别性相对,生蕴含着多样的发展可能,正是在此生的自我肯定与不断延续中,个体的存在获得了现实的根据。因此,本真的存在不是向死逼近或对死的体验,而是对生的认同和正视。

在这一方面,中国哲学似乎更深刻地切入了存在的意蕴。当孔子的学生问孔子何为死时,孔子的回答是:"未知生,焉知死?"②这里蕴含如下前提:生较之死具有更本源的意义;从而,唯有把握了生,才能真正理解死。如果说,海德格尔的论点所确认的是未知死,焉知生,其内在含义在于把向死而在看作理解生存意义的前提,那么,孔子所说的未知生,焉知死,则将生命过程视为把握存在意义的出发

---

① M. Heidegger, *The Concept of Time*, Blackwell, 1992, p.21E.
② 《论语·先进》。

点。《易传》从更广的层面表达了类似的观念:"生生之谓易。"①"天地之大德曰生。"②这里的"生"固然不限于人的存在,而具有更宽泛的本体论意义,但人的生命存在无疑亦包含于其中;相应地,对"生"的肯定,也意味着注重人的生命价值。

前文已论及,以个体的再生产为指向,日常生活也体现了对个体生命存在的维护。日常生活的意义,在某种程度上即体现于对生命价值的肯定与确证,而生命存在的本源性,则同时赋予日常生活以本源的规定。马克思和恩格斯曾指出:"我们首先应当确定一切人类生存的第一个前提也就是一切历史的第一个前提,这个前提就是:人们为了能够'创造历史',必须能够生活。但是为了生活,首先就需要衣、食、住以及其他东西。"③人的生存相对于人所从事的其他一切活动而言,具有本体论的优先性,而日常生活又是生存所以可能的条件。马克思正是从这一基本事实出发,进一步追溯了生产活动的意义。恩格斯后来将这一点概括为马克思一生所做的伟大发现:"正像达尔文发现有机界的发展规律一样,马克思发现了人类历史的发展规律,即历来繁茂芜杂的意识形态所掩盖的一个简单事实:人们首先必须吃、喝、住、穿,然后才能从事政治、科学、艺术、宗教等等。"④作为其他社会、文化活动所以可能的条件,日常生活无疑体现了其本源的意义。当然,与广义的日常生活渗入了生产劳动相一致,日常生活的本源性与生产活动并非截然分离:一方面,日常生活的运行离不开日常生活资料的生产,另一方面,生产活动本身又奠基于人的生命存在

---

① 《易传·系辞上》。
② 《易传·系辞下》。
③ 《马克思恩格斯选集》第 1 卷,第 32 页。
④ 《马克思恩格斯选集》第 3 卷,第 574 页。

借以实现的日常生活。

以衣、食、住、行等为内容,日常生活构成了人"在"世的基本形态。就其外在的形式而言,饮食男女这一类日常活动显然具有自然的性质,在这一层面上,人与动物似乎呈现出某种相近或相通之处。然而,从更实质的意义上看,也正是在日常生活的领域,人超越于自然形态的特征以最原初的形式得到了彰显。关于这一点,马克思曾指出:"饥饿总是饥饿,但是用刀叉吃熟肉来解除的饥饿不同于用手、指甲和牙齿啃生肉来解除的饥饿。因此,不仅消费的对象,而且消费的方式,不仅客体方面,而且主体的方面,都是生产所生产的。"①以饮食消除饥渴,这是日常生活的常见形式,但人的饮食在对象与方式上,都不同于动物的本能行为:饮食所消费的对象,是劳动的产物;饮食的方式(如用刀叉)则形成于社会历史发展过程。在此,日常生活无疑体现并确证了人区别于自然存在物(动物)的特征;不妨说,作为人"在"世的原初形态,日常生活同时也从本源的层面表征了人之为人的本质规定。

日常生活以个体为承担者,但并非仅仅限于个体的领域。许茨已强调了这一点:"'日常生活的世界'指的是这样一个主体间际的世界……这个世界从一开始就不是每一个个体的世界,而是一个对于我们所有人来说共同的主体间际世界。"②日常生活的主体间维度,不仅使之超越了个体性或私人性,并赋予日常生活的承担者以社会性的规定,而且使日常的交往区别于手段—目的关系:与手段—目的关系中视他人为工具或对象相对,主体间关系更多地具有互为目的、相互尊重的意义。当哈贝马斯从主体间性的角度理解生活世界时,他

---

① 《马克思恩格斯选集》第 2 卷,第 95 页。
② 许茨:《社会实在问题》,第 284—285 页。

似乎也注意到了生活世界对手段—目的关系的克服。尽管他所说的生活世界主要相对于社会系统而言,与日常生活并不完全等同,但其中包含的社会整合、个体的自我认同等等,无疑也关涉日常生活中主体间的沟通以及对个体间关系功利化、工具化的扬弃。

与展开于主体间的关系相应,日常生活并不单纯地表现为食色等自然需要的满足,如前文所论及的,它总是包含着社会文化的内容。作为既成的、自在的存在形态,日常生活是通过习俗、常识、惯例、传统等等来加以组织、调节的,从日常的饮食起居,到社会交往,都可以看到习俗、常识、惯例、传统等等的作用。按其实质,习俗、常识等尽管内涵不同,但都从类(超越于个体)的层面凝结了历史发展过程中对世界的理解和把握,并在不同的程度上表现为社会文化成果的积淀。在谈到礼的起源及功能时,荀子曾指出:"故礼者,养也。君子既得其养,又好其别。曷为别?贵贱有等,长幼有差,贫富轻重皆有称者也。"①这里所说的"养",是指满足人的日常需要,亦即所谓"养人之欲,给人之求"②。礼本属体制化、规范化的文化形态,但在荀子看来,它一开始便与人的日常需要的满足难以分离;其建构社会伦理秩序的功能,亦以上述联系为前提。这里无疑已注意到文化的衍化关联着日常生活。历史地看,以传统、习俗、常识等为调节原理,日常生活在自身延续的同时,也使凝结、沉淀于习俗、常识、惯例、传统、规范等等之中的社会文化成果得到了传承;作为社会领域的存在形态,日常生活确乎从一个方面为文化的历史延续和传承提供了某种担保。

日常生活的文化内涵,当然并非仅仅表现在其中渗入了习俗、传

---

① 《荀子·礼论》。
② 同上。

统、常识等等。如前所述,日常生活在广义上包括人的文化活动,从科学家的研究,到艺术家的创作,都在不同的程度上融入了日常生活,并构成了日常生活的内容。哈贝马斯在谈到生活世界时,曾将其内容与"文化知识的更新"及"文化的再生产"联系起来,[1]这一看法无疑也注意到了日常生活的文化内涵。后期维特根斯坦将语言的意义放在其运用过程中来理解,并由此突出了生活形式的制约作用。在他看来,把握语言的意义不能离开具体的生活情景,从根本上说,语言本身是生活世界中的一种活动:"语言的述说乃是一种活动,或是一种生活形式的一个部分。"[2]语言的一致归根到底是生活形式的一致,就此而言,"想象一种语言就意味着想象一种生活形式"[3]。语言既是日常交流的手段,也是文化的载体,以生活形式作为语言的本源,同时也肯定了日常生活在文化积累中的意义。如果说,通过接受传统、习俗、常识等的调节,日常生活主要以自在的形式为文化的延续提供了担保,那么,与语言相关的文化活动向日常生活的渗入,则在较为本源的层面上,体现了日常生活在文化的积累和演进中的作用。

以日常生活为活动的背景和空间,人与这个世界的疏远性似乎也得到了某种扬弃。自人走出自然之后,天人之际(人与自然)往往呈现相分和相离的趋向,而劳动分工所导致的社会分化,则从另一个方面蕴含了人与人之间相互疏离的可能。天人的相分与人际的疏离,使这个世界容易给人以一种陌生感和差异感,人与世界的关系也相应地可能呈现某种距离性。相形之下,在日常生活中,存在的自然

---

① J. Habermas, *The Theory of Communicative Action*, vol. 2, Beacon Press, 1987, pp.137 – 140.

② 维特根斯坦:《哲学研究》,第 17 页。

③ 同上,第 12 页。

之维与人化之维往往相融而相合,以饮食男女等生命需要的满足而言,它们既是出乎自然的行为及活动,又处处打上了人化或社会的印记,二者交融而互渗。同样,就人与人的关系而言,尽管其中也不乏某种紧张或冲突,但从家庭成员的相处,到朋友、邻里等等的交往,日常生活在总体上更多地呈现了人际之间的亲和性。天人之间的互融与人际的相和,往往使人"在"世有如在家,从而避免对这个世界的疏离或拒斥,并进一步走向和融入这个世界。这种家园感在克服和消解世界与人之间的陌生性与距离性的同时,也为个体对这个世界的认同提供了本体论的前提。

从形而上的维度看,认同这个世界,不仅意味着接受和融入这个世界,而且蕴含着对这个世界的实在性和真实性的肯定。日常生活领域的对象,对个体而言是最直接、最真切的存在。以消费过程而言,日常的衣、食、住、行所涉及的,都不是虚拟的事物而是实在的对象,人的需要的每一次满足,都在确证这一点。一个陷入思辨幻觉的哲学家可以在玄学的领域否认世界的实在性,但一旦回到生活世界,人间的烟火便会不断提醒他人所赖以生存的诸种资源并不仅仅是观念性的存在。这种生活的确证固然不同于理论的论证,但它却以经验或常识的形式给人提供了确认世界实在性的前提。同样,在日常的交往领域中,交往的主体以及交往过程,也都真切地存在于这个世界;以语言、身体、工具、行为等为中介,容易被遮蔽的主体间关系,一再地呈现了其实在性;即使网络时代的虚拟联系,最终也以真实的主体及主体间关系为其本源和实际的依托。尽管日常生活中个体对存在的把握往往具有自发的、未经反思的性质,然而,日常生活本身却以其直接性、真切性,从本源的层面,为个体形成关于这个世界的实在感、真切感提供了初始的根据。

作为原初的真切实在,日常生活所呈现的,是统一的存在形态,后者与科学的世界图景似乎有所不同。相应于学科的不断分化,科学往往以分门别类的方式,从不同的层面或侧面把握存在,它的理想形态,是将世界纳入数学的模型,以达到理解的严密性。对存在的这种把握方式对于超越直观和自发的认识、深入地理解这个世界的特定方面和层面,无疑具有不可忽视的意义。然而,由此形成的世界图景,每每呈现相互分离的形态;在数学化等追求中,存在的多样性和多重规定常常难以得到适当的落实。较之科学的存在图景,日常生活更多地以未分化或"合"为特点。尽管劳动分工所导致的差异,也使具体的生活方式趋于多样化,但生活方式的多样性,并没有改变日常生活在存在形态上的统一性:不管个体选择何种生活方式,这种生活方式得以实现的日用常行,总是呈现为一个统一的形态。后者首先体现于日常生活的主体或承担者。在日常生活之外的社会分工体系中,人往往被规定为某一特定的环节,作为日常生活的承担者,个体则不同于分工系统中的特定一员,而是以天(性)与人(社会性)、感性生命与类的本质等的统一为具体的形态。就日常生活本身而言,它既非分别地表现为物理、化学、数学等不同的规定,也不是以经济、政治等差异为其本质特征,而是展开为个体生存与再生产的统一过程。从饮食起居,到日常交往,生活世界中的日用常行,都表现为同一个体生存与再生产过程的相关环节或方面。在科学的世界图景将存在分门别类地加以规定之前,生活世界或日常生活本身已以统一的形态"自在";这种统一,具有本体论意义上的原始性。胡塞尔在将生活世界理解为"具体的统一体"的同时,又肯定"对于人类来说,生活世界始终是先于科学而存在着"。[①] 这一看法似乎也有见于生活世界具有前科学意义上的原初统一性。

---

① 参见胡塞尔:《生活世界现象学》,第 260、268 页。

与前科学的形态相应,在日常生活中,"是什么"的问题与"应如何"的问题往往并不彼此相分。以常识而言,作为日常生活的调节者之一,常识不仅提供了对日常事实的解释,而且也构成了引导人们如何做的行为规范。同样,习俗、惯例、传统等等,也既涉及对世界的理解或规定,又包含着日常生活中应如何做的要求。从饮食起居的生活习惯,到洒扫应对等日用常行,都可以看到"是什么"与"应如何"的统一:对生活需要的意识以及社会伦理关系的把握,往往同时也规定了相应的行为方式。按其本义,"是什么"属认识层面的追问,具有理论的指向性;"应如何"则规定着行为的选择,具有实践的指向性;这样,"是什么"与"应如何"的相合而非相分,也意味着知与行或理论与实践的结合。尽管在日常生活的领域,知与行的统一尚带有素朴的、直接的性质,但它所体现的趋向,则不无意义;从过程的角度看,日常生活中知与行的原始结合固然将被认识与实践的历史发展所超越,但它同时又为二者在分化之后达到更深层面的统一提供了出发点。以本体论为视域,"是什么"与"应如何"的融合,与日常生活所内含的存在统一性,无疑也彼此一致:它使日常生活在前科学意义上的统一形态,得到了另一层面的体现。

　　从人的存在这一层面看,日常生活首先在生命价值的确证和维护等方面展示了存在的本源性;作为人"在"世的原初形态,日常生活不仅从本源的层面确证了人之为人的本质规定,而且以主体间的交往行动扬弃了对人的工具性规定;通过接受传统、习俗、常识等的调节,日常生活也从一个方面参与并担保了文化的延续;以直接性、本源性为存在形态,日常生活既使个体不断融入这个世界并获得对世界的认同感,又为个体形成关于这个世界的实在感、真切感提供了根据;在总体上,较之科学的存在图景,日常生活更多地呈现未分化或原初的统一性。作为人"在"世的形态,日常生活的上述特点无疑展示了其积极的意义。

三　已然与自在

　　日常生活的本源性及与之相关的上述存在向度,蕴含着将其加以理想化的可能。事实上,当胡塞尔把生活世界视为科学世界的本源和基础,并对科学的世界图景加以批评时,便已从价值观的层面,视生活世界为理想的存在形态。这种理解多少表现出将生活世界完美化的趋向:肯定生活世界对于科学世界的优先性,是以确认前者的价值为前提的。哈贝马斯反对生活世界的殖民化,似乎也隐含着相近的倾向:生活世界的殖民化以权力和金钱对生活世界的侵蚀为特点,而对这种侵蚀的拒斥和批评,则意味着承认生活世界本身具有合理性(殖民化之所以具有负面意义,在于它破坏了本来合理或可以加以理性化的生活世界)。

　　将日常的生活世界理想化或完美化,似乎对日常生活的另一面或另一重意义未能予以必要的关注。如前所述,作为个体的再生产所以可能的前提,日常生活具有自在的性质:它不是出于自觉的建构,而是呈现为惯常的、本然的生活形态。就饮食起居等日常活动而言,作为生命需要的满足过程,它们主要表现为习惯性的行为,而并不以对这一过程的自觉把握为内容。同样,日常的人际交往,一般也并不以对交往关系的自觉理解为前提。诚然,通过接受传统、常识、习俗的调节,日常生活也延续和传承着历史发展过程中形成的文化成果,但这种延续和传承往往以"日用而不知"为其形式。

　　与日常生活的自在性相应,日常的意识、观念通常表现出非反思的趋向。对日常生活中的个体而言,习见的、本然的,也就是合理的。许茨曾将这种日常的意识称为"自然的态度",认为在日常的生活世界中,一切似乎都是不证自明、理所当然的。① 从逻辑上看,不证自明、理所当然,意味着不必做进一步的追问、反思。同时,在饮食起居等生活过程中,行为主要由惯例、习俗、常识等等所引导;借助这些环节,个体已经能够应付生活过程中所遇到的具体问题,他既无须对过程的程序与内容做深入的理解,也不需要追根究底地进行"为什么""如何可能"之类的提问。这里所要求的,首先是适应,而不是反思。与之相联系,日常意识更多的是认同、接受,而不是反省、批判。反思和批判意识的如上缺失,不仅在思维方式上容易引向独断性,而且限制了个体对存在意义的追问。

在日常生活的领域,与自在性相关的是既成性;"自在"之物,同时也就是已然或既成之物。就存在形态而言,既成或已然往往意味着已经完成,其中隐含着不变性。事实上,日常的生活世界确乎具有某种不变性,从行为方式到生活节奏,日用常行每每表现为同一模式的循环或重复。对日常生活中的个体来说,这种循环与重复是认同现实并使"在"世如在家的前提;既成或原有生活常规的偏离,不仅往往意味着反常,而且容易导致对世界的异己感或疏远感。这样,日常的存在形态所追求的,不是突破或变革既成的生活模式,而是对已有形式的维护并使之恒久化,由此形成的心理定势,与创造性的思维往往很难相容。

既成的生活形态,总是发生、形成于过去而又存在于现在,从时间的维度看,它首先与过去相联系。与之相应,日常的生活过程,一般按既定模式运行,过去如此,则现在也通常如此。同时,日常生活又以传统、习俗等加以引导和调节,作为历史中形成的存在形态,传

---

① 参见 A. Schutz(with T. Luckmann), *The Structures of the Life-World*, Northwestern University Press, 1983, vol.1, Chap.1。

统、习俗都起源于过去。这种以往的观念、规范在制约日常生活的同时,也易于使日常生活的个体形成面向过去的思维定势。在以过去为指向的生活常规和思维定势中,未来的意识往往难以获得立足之地。如后文将进一步讨论的,从存在与时间的关系看,未来并不是空泛的时间之流,而是以理想为其历史内容;未来意识的缺失,最终将使面向未来的理想无从落实。事实上,在日常生活的层面,个体确乎较少表现出理想的追求。未来的遮蔽、理想的淡化与循沿传统轨道、依照过去模式的存在过程相辅相成,同时也容易使人满足于既定的境遇而不企求走向新的世界和天地,它从另一方面构成了对创造性观念的限制。

以自在、既成的生活世界为背景,不仅未来的、理想的意识受到了某种抑制,而且日常生活的主体往往面临逐渐被消解的可能。前文已提及,日常生活的承担者是个体,从外在的形式看,个体似乎构成了日常生活的中心:在饮食起居等活动中,个体是消费的主体;在日常的共处中,个体是交往的中心;二者都围绕个体而展开。然而,这只是问题的一个方面。日常的生活过程同时又以趋同为其特点,海德格尔曾对此做了较多的分析。与胡塞尔等将生活世界理想化有所不同,海德格尔似乎更多地以日常生活的负面意义为关注之点。在海德格尔看来,日常生活中的个体不仅处于烦忙之中,而且也时时烦神;烦忙是个体自身与周边的事物打交道,烦神则涉及与他人的共在。广而言之,个体之间的共在,构成了日常生活基本的存在论结构。在日常的共处或共在中,自我往往被"常人"(the they)所左右:"这样的与他人共在使自我所拥有的此在完全消解在'他人的'存在方式中,而各具差别和鲜明个性的他人则又愈益消失不见了。在这种不触目而又不能定局的情况中,常人展开了他的真正的独裁。常人怎样享乐,我们就怎样享乐;常人对文学作品和艺术怎样阅读、观赏和判断,我们就怎样阅读、观赏和判断;甚至常人怎样从'大众'中抽身,我们也就怎样抽身;常人为什么东西所震撼,我们就为什么东西所震撼。这个常人不是任何确定的人,而一切人(不是作为总和的一切人)都是这个常人;它规定着日常的存在方式。"①常人也可以视为日常生活中的大众或众人,常人的独裁,从另一方面看也就是个体或自我对大众的迎合或从众。与反思的缺失相联系,日常生活的过程往往以跟从大众、效法常人为特点;在这种随波逐流的存在方式中,自我常常淹没于共同的生活时尚、相似的欣赏趣味、一致的价值取向之中,独特的个性及自我则似乎与之格格不入:"在日常存在中,任何人都不是他自己。"②海德格尔对常人独裁的分析,无疑有见于日常生活中个体性或主体性退隐的现象。

从众主要表现为日常共在对个体性的消解,它在逻辑上相应于日常生活的自在性和非反思性。与自在性相关的,是既成性。如果说,自在性构成了非反思与从众的本体论前提,那么,既成性则既规定了指向过去的思维定势,也往往引向个体的自我限定。在日常生活中,个体每每被定位于不同的角色,从家庭关系中的亲子、兄弟、夫妇,到邻里、朋友、同事,等等,都可以视为不同的角色。日常的活动,首先以角色的认同为前提:人与人之间在生活交往中的默契、合理的日常关系的建构,总是难以离开这一类的角色认同。对角色的如上承担,往往容易使个体限定于某一社会身份、仅仅关注与自身角色相关的存在形态,并进而形成思不出位的心理定势。

广义的日常生活还包括工作、劳动等实践活动,这些活动本来关涉较广的社会领域。然而,在日常生活的层面,它们每每首先也以角

---

① M. Heidegger, *Being and Time*, p.119,参见《存在与时间》,第 156 页。

② M. Heidegger, *The Concept of Time*, p.8E.

色的承担和认同为指向,其行为通常表现为履行角色所规定的例行责任和义务。对生产流水线上的特定工作者而言,其职责就在于完成与分工角色相关的工序;对管理者来说,其关注之点则在于保证所辖部门的正常运作,如此等等;日常实践活动的主体并不对这些行为过程本身加以反思或反省。

进而言之,科学、文化领域的行为,亦涉及日常的活动。在日常生活的范围内,个体的科学、文化活动总是指向特定的对象,其关注之点、兴趣所向也往往限定于相关的领域。一个物理学家在学术层面日复一日、年复一年所从事、关心的,常常是物理的对象和问题;当这类活动、关切成为他日常生活的一部分时,它们所指向的对象便可能被等同于全部存在,而物理学家的精神世界也每每被限定于此。类似的情况也存在于从事其他科学、文化活动的个体。这当然不是说,科学、文化活动的从事者不涉及生活的其他方面或缺乏其他的生活兴趣,而是指这类活动一旦日常化,便容易形成某种思维定势,并制约和影响其知与行。胡适曾举过一个颇为形象的例子:"一个诗人和一个植物学者同出门游玩,那诗人眼里只见得日朗风轻,花明鸟媚;那植物学者只见得道旁长的是什么草,篱上开的是什么花,河边栽的是什么树。"①胡适以此说明实在的相对性,无疑有其问题,但上述现象在某种意义上也折射了科学、人文等文化活动所形成的思维定势与日常生活的关系。

在实践及精神活动被限定于特定的角色、领域、对象的前提下,存在本身的意义往往便处于视域之外。不难看到,与日常生活的既成性相关的思不出位,其内在的问题首先便在于缺乏对存在意义的反思。海德格尔曾批评传统的形而上学仅仅注意存在者而遗忘了存

---

① 胡适:《实验主义》,《胡适文存》卷二,亚东图书馆,1930 年,第 440 页。

在本身。在相近的意义上,我们也可以说,日常生活在专注于存在的某一方面、某一形式的同时,每每忘却了存在本身的意义;中国传统哲学所说的"日用而不知",其更内在的含义似乎也应被理解为对存在意义的惘然或悬置。

由角色认同到思不出位,个体似乎多少呈现被限定的特点。事实上,以角色限定、思不出位等为存在形态,日常生活领域中个体的自由品格往往不易落实:如果说,角色限定主要在社会交往及实践的层面构成了对人的自由的限制,那么,思不出位则使个体难以在观念领域或精神世界中达到自由王国。按其实质,人的存在是一个不断追求和达到自由之境的过程,存在意义的实现与走向自由的过程总是无法分离;当存在的意义问题被置于视域之外时,人的自由在逻辑上似乎也难以得到适当的定位。

可以看到,日常生活的自在性、既成性,使接受已有的存在形态、因循常人的行为模式成为主导的方面。与之相联系的是非反思的趋向和从众的定势,它在消解个体性的同时,也使存在意义的自我追问失去了前提。作为自在性与既成性的展开,社会关系和实践领域中的角色定位与观念层面的思不出位,进一步形成了对日常生活个体的多重限定,后者在悬置对存在意义反思的同时,也似乎趋向于抑制了人的自由发展。

四　终极关切:存在的自觉

如前所述,日常生活不仅包括个体所处的实际境域或境遇,而且表现为个体存在的方式。在后一意义上,日常生活或日常存在往往与终极关切相对。"终极"通常容易被理解为生命存在的终结。在这种语境中,它所指向的,主要是存在的界限;与之相应的"关切"则涉及界限之后的存在。与此相异,以人"在"世的现实过程为视域,"终极"首先相对于既成或当下的存在形态而言,"关切"则与"日用而不知"的自在性形成某种对照;在这一论域中,所谓终极关切,可以看作对存在意义的本源性追问,它既显现为存在的自觉,也意味着超越存在的有限性、回归真实的存在形态。①

作为个体存在的方式和形态,终极关切首先体现为对存在意义的反思和追寻。前文已一再提到,以日常生活为背景,个体的知行过程具有"习焉而不察""日用而不知"的特点,在这一层面,个体虽"在",但尚未达到对这种"在"的自觉。尽管日常生活的过程并非仅仅由无知所支配,个体的日常言行也不能简单地归入非理性之域,然而,在日常的存在形态下,存在本身意味着什么或存在的意义何在等问题,往往处于个体的视野之外。人的存在的日常形式,主要表现为经验层面或现象层面的自在,存在本身的意义,则属本体论及价值论的论域并涉及自为的存在形态;由经验层面的"在",进一步追问存在本身的意义,既意味着超越现象层面存在的自发性而达到本体论和价值论的自觉视域,也表征着由自在而走向自为。不难看到,所谓终极关切,在这里首先表现为本体论及价值论层面存在的自觉。这种自觉,主要不是指向何为存在等问题,而是以人自身"在"世的意义为其内容;与此相关的由自在走向自为,则从人自身存在形态的转换方

---

① 明确提出终极关切(ultimate concern)这一概念的是蒂里希(P. Tillich)。不过,尽管在蒂里希那里,终极关切也与人的存在意义相联系,但作为基督教的神学哲学家,蒂里希所说的终极关切具有浓厚的宗教意味,它所指向的,是无条件的无限者(上帝)。与此相关,终极关切意味着向上帝的不断趋近(参见:P. Tillich, *Systematic Theology*, Vol. 1, The University of Chicago Press, 1951)。这里所论及的终极关切,其对象已由超验的上帝还原为现实的存在,它的含义在于对真实存在及其意义的自觉关切。相对于神学论域中的终极关切,后者更多地具有哲学本体论及价值论的意义,其内涵亦更广。

面,展示了终极关切与存在境域提升的关系。

与自在性相关的是存在的既成性;以存在意义的自觉关切扬弃存在的自在形态,同时也蕴含了终极关切对既成视域的突破。较之日常生活的既成向度,终极关切更多地表现出未来的时间指向:终极不同于当下或既成,尽管它似乎包含着"终点",但这种"终点"本身存在于未来并具有相对的意义(它本身将随着人"在"世过程的历史展开而不断地被超越和突破)。同时,以未来为指向,终极关切总是渗入了某种目的性的观念,存在于未来的终极目标,同时也构成了主体所追求的目的。在终极关切中,未来并不是一个空洞的时间概念,目的性的观念也有其实质的内容;当未来的指向与目的性观念相互融合时,终极的关切便获得了理想的规定。作为终极关切的题中之义,理想既可以是个人的追求,也包含社会的内涵;在个人理想的维度,终极关切以自在到自为、个体的自由发展等为内容,在社会理想的意义上,终极关切则指向群体的完善以及在类的层面达到自由王国。二者相互联系,其共同的目标是超越既成的形态而走向完美的存在之境。从日常生活面向既成的、已然的现实,到终极关切对理想的、完美的存在的追求,无疑展示了存在的两种境域。

如前所述,在日常生活的领域,面向既成的现实往往导向角色认定和思不出位,它不仅使个体成为被限定的存在,而且每每抑制了其创造性。与存在的自觉及理想的追求相联系,终极关切首先赋予个体以超越特定角色的视域,使之从单向地认定、承担某种角色中解脱出来,形成面向未来、面向整个世界的意识,并自觉地关注和反省存在本身的意义。同时,突破被限定的存在形态,也为个体形成创造的意向提供了根据和前提:限定于某种角色,意味着被动地接受既成或已有的存在形态,终极关切的理想追求及未来指向,则要求以创造性的思维和实践活动,来改变既成的形态。在这里,终极关切与变革现实、创造未来无疑具有一致性。

就存在领域而言,日常生活在时间和空间上都具有某种限定性:无论是生命需要的满足,抑或广义上的社会交往,都是在有限的界域中展开或完成的。与之相应,日常生活中的个体,也较多地呈现有限的品格。事实上,日常行为中的角色认同,便从存在形态的定位上表现了个体的有限性,而思不出位则在思维方式上展示了类似的特点,二者已从不同方面突显了日常存在的有限品格。然而,另一方面,作为理性的主体,人又具有超越有限的意向和能力。尽管在日常生活中,这种要求和能力往往受到存在方式的限制,但日常存在本身并不是人的唯一或全部形态。逻辑地看,人既不同于动物,也有别于基督教所预设的上帝,动物仅仅限定于其所属的物种,受其肉体需要的直接支配,①基督教视域中的上帝则被设定为超越的存在;前者以有限性为其特征,后者则被赋予无限的品格。相对于此,人既在生命存在、日常形态等方面表现出有限的规定,又不满足于有限性而要求超越其物种及特定存在形态的限定、走向无限。人的存在过程所包含的有限与无限的如上张力,在某种意义上构成了终极关切的本体论前提。

蒂里希曾对焦虑与恐惧做了区分。在他看来,焦虑是一个存在论的概念,其内容是"有限的自我对自己有限性的意识",恐惧则属心理学的领域。② 在引申的意义上,似乎可以把焦虑视为关切的一种特定形态:对某物的焦虑,总是体现了对该物的关切。就较为内在的层面而言,终极关切首先源于自我对自己有限性的意识。唯有当意识到有限而又不满足于有限时,具有终极指向的关切才可能形成。作

---

① 参见马克思:《1844 年经济学哲学手稿》,第 53 页。

② 参见蒂里希:《蒂里希选集》,上海三联书店,1999 年,第 1115—1116 页。

为有限与无限张力的体现,终极关切的实质含义之一,便在于从有限走向无限,它既包含着沟通有限与无限的意向,又展示了超越存在有限性的努力。相对于日常生活的自我限定,终极关切所体现的对有限性的焦虑以及对无限性的追求,无疑从另一个方面彰显了存在的自觉。

以沟通有限与无限为内容,终极关切同时也蕴含了对存在统一性的注重。从本体论上看,存在的无限性与终极的存在无疑有相通之处。恩格斯在谈到事物的终极原因时,曾对黑格尔的如下看法做了肯定:"相互作用是事物的真正的终极原因。我们不能追溯到比对这个相互作用的认识更远的地方,因为正是在它背后没有什么要认识的了。"①质言之,除了事物之间的相互作用之外,我们无法达到更终极的原因。这一观点的值得注意之处,在于将事物的终极原因与事物本身联系起来。换言之,它不是在事物或世界之外去寻找事物所以变迁的原因,而是从事物自身之中去把握其变化的终极根源。在相近的意义上,我们可以把终极的存在理解为作为整体的、以自身为原因的具体存在。这里的核心之点体现在:终极的存在并不是这个世界之外或这个世界之后的存在,而是作为整体或统一体的具体存在或这个世界。

以这个世界或作为整体的具体存在为无限或终极的存在,则人本身便首先应归属于这种存在;基督教将上帝设定为无限的存在,无疑体现了一种超验的思维趋向,但它把人类的始祖(亚当)看作作为无限存在的上帝的创造物,则似乎也隐喻了人与无限或终极存在的原初统一性。然而,人作为自然或本然世界分化的产物,其形成一开始就同时蕴含了天人、物我的相对,后者往往使人与这个世界的原始

---

① 《马克思恩格斯选集》第 3 卷,第 552 页。

统一趋于分化的形态(这种相分,在基督教中似乎是以原罪的形成加以隐喻);存在的焦虑,作为对有限性的意识,也折射了有限的个体与无限的存在之间的相分甚至对峙。如何在既分之后回归或重建统一? 这是终极关切在本体论层面所追问的内在问题。

前文曾论及,较之科学的存在图景,日常生活主要以未分化或"合"为特点。然而,作为前科学意义上的形态,日常生活所表征的"合"或统一,更多地呈现本然或自在的性质。这种本然或自在的统一形式,同时也在某种意义上折射了人与这个世界的原初的统一。在科学的世界图景中,一方面,天人、物我的分化以集中的形式得到了体现,另一方面,世界又被数学及其他科学分支的各类符号区分为不同的领域,二者从不同的方面扬弃了日常生活统一的存在形态。所谓"既分之后回归或重建统一",也意味着在日常生活的统一形态被分解之后,如何重新把握存在的统一形态;从终极关切的视域看,它与存在的无限性或终极性显然难以分离。如果我们把终极的存在理解为作为整体或统一体的具体存在,那么,由分化的存在回归统一,其实质的内涵也就是回归上述意义上的具体存在。这里所说的回归,当然并不是回到日常生活层面的本然或自在的统一,作为统一形态的重建,它同时也是对存在的既成或本然形式的超越。在此,回归具体的存在与超越存在的自在形态,表现为同一过程的两个方面。

不难看到,相对于日常生活的自在性,终极关切首先通过对存在意义的关注和反思,显现了存在的自觉以及人的存在从自在到自为的转换;与之相联系的是未来的指向与理想的追求对既成性及限定性的超越。以有限与无限的张力为本体论前提,终极关切从一个方面表现了即有限而超越有限的存在境域。在本体论的意义上,存在的终极性既非体现于这个世界之外,也非指向这个世界之后;终极的存在即作为整体并以自身为原因的具体存在或这个世界。通过对本然、自在的统一形态以及分化的世界图景的双重扬弃,终极关切同时赋予统一性的重建以回归这个世界的意义。

五　极高明而道中庸

作为人"在"世的二重形态,日常生活与终极关切展示了存在的不同维度。就其分别侧重不同的存在趋向而言,二者似乎较多地呈现相异和对峙的特点。然而,如果以统一的存在或这个世界为视域,则不难在相异的现象之后注意到二者的相关性。

如前所述,终极关切在某种意义上可以看作对存在的既成性与自在性的突破;缺乏终极的关切,仅仅以日常的生活为存在的形态,往往容易安于既成的境遇或流于自在的存在方式。这里的自在既指对存在意义自觉反思的阙如,也指限定于存在的特定形态,趋向于思不出位。在此,"终极"相对于当下的存在形态,"关切"则区别于自在的视域;前者表现为对当下或既成形态的突破,后者则意味着超越自在而走向自觉的反思。在上述意义上,终极关切无疑从一个方面为日常生活中的个体扬弃自在性、由被限定的存在走向自由之境提供了担保。反之,终极关切的缺失,则可能导致日常自在境域的凝固化。

然而,另一方面,当日常生活或日常存在被置于视野之外时,终极关切亦往往容易被引向宗教意义上的超验对象。蒂里希在解释终极关切时,便首先将其与上帝或神联系起来:"一个人能终极地关切的东西,只有那成了他的神的东西。"①宗教的具体形态呈现多样化的特点,但从主导的方面看,它都以预设彼岸世界为其共同的特征,与此相联系的,是此岸与彼岸、世俗世界与超越存在等等的对峙。为了

① 蒂里希:《蒂里希选集》,第 1140 页。

彰显和烘托彼岸世界的永恒性、完美性、理想性,宗教往往强调现实存在的短暂、虚幻、苦难或罪孽。以佛教而言,在其教义中,世俗世界即被视为缺乏真如本性的空幻之域,唯有超越俗世的涅槃之境,才是真实不妄的实在。佛教一再强调破我执与破法执,即意味着对自我的生命存在与外部的世俗世界做双重的否定,以现实世界中生命的寂灭为走向涅槃之境的前提。基督教对天国的向往以及与俗世的疏离,也表现了此岸与彼岸的类似对峙。

在宗教的视域中,与彼岸相对的此岸世界固然不限于日常存在,但它无疑首先与后者相关;宗教强调肉体存在的虚幻与灵魂的永恒,渲染现实存在的苦难与黑暗,都直接地指向日常生活及人的日常存在。从理论的形态看,一般宗教所追求的生命寂灭,与日常生活所承担的生命维系与再生产,无疑表现了二重不同乃至相反的趋向;将生命的寂灭作为走向彼岸世界的前提,从根本上决定了宗教对日常世俗生活的疏远和贬视:尽管宗教的活动也往往渗入日常的生活,宗教信念也常常给人的日常存在提供某种精神的慰藉,但当生命的寂灭成为解脱的条件时,以个体生命的维系和再生产为内容的日常生活,便在逻辑上失去了存在的依据。以贬抑和疏离世俗的日常生活为出发点,一般宗教层面的终极关切在总体上始终难以摆脱此岸与彼岸、天国与人间、生命存在与精神寄托之间的冲突、对抗,而终极关切本身也由此不免被赋予抽象、玄虚、空幻的性质。

按其本义,终极关切意味着存在的自觉。然而,在疏离于日常生活及追求生命寂灭的背景下,日常生活的主体往往容易被渐渐遗忘,佛教所主张的无我,便颇为典型地表现了这种趋向。随着主体的遗忘,终极关切每每蜕化为无主体的游思。事实上,拒斥俗世及日常生活与走向超验的存在,往往相互联系;终极关切一旦远离日常存在,它本身便更多地表现为与超验存在的融合,与之相应的则是主体意识的消解。在这里,存在的自觉多少呈现异化的形式:它在某种意义上表现为解构自我而融入超验的非我(以上帝或神为形态的终极存在)。

　如何扬弃日常存在与终极关切之间的对峙?在这方面,中国哲学的思考无疑值得关注。中国哲学很早就形成了日用即道的观念,"日用"即人的日常存在及与日常存在相联系的生活世界,"道"则是终极的存在或存在原理以及人所追求的终极理想。在中国哲学看来,二者并非彼此疏离或隔绝。儒家的经典《中庸》便指出:"道不远人,人之为道而远人,不可以为道。"①由肯定终极存在(道)与人的相关性,儒家进而强调,人走向道的过程,即展开于生活世界中的日用常行。正是在这一意义上,《中庸》提出了一个著名的命题:"极高明而道中庸。"②"极高明"意味着走向作为终极存在的道,"道(导)中庸"则表明这一过程即完成于日常的实践过程。在这里,终极之道与人的日常存在表现出互补的向度:日常存在及其实践(道中庸),赋予终极之道以现实的品格;终极之道则从形而上的层面给日常存在提供了超越自身的目标和方向。

　类似的看法也存在于道家。道家的早期经典《老子》已提出了四大之说:"故道大,天大,地大,王亦大,域中有四大,而王居一焉。"这里所说的道、天、地、王四项既指向广义的"物"(天地),亦涉及人(包括人的日常存在)③,而涵盖二者的最高原理则是道。《老子》将道与人均视为域中四大之一,无疑既不同于道的超验化,也在某种意义上

---

① 《中庸·十三章》。
② 《中庸·二十七章》。
③ 《老子·二十五章》。此句中二"王"字,主要不是表示政治身份,它所着重的,是与天、地、道相对的另一种存在形态,即"人"。事实上,根据本章下文"人法地,地法天"之序,则"王"当作"人"来理解。王弼在注文中即按"人"字来解说,而唐傅奕《道德经古本篇》及宋范应元《老子道德经古本集注》亦作"人"。

避免了终极之道与人的隔绝;作为域中的共同存在,道与人更多地体现了彼此的相关性,后者同时又折射了天与人、形而上与形而下的沟通。早期道家的如上思维趋向在后来的道教中也得到了延续。道教作为中国的本土宗教,当然不同于道家,但它在理论和历史上都与后者存在着某种联系。道教的宗教归属固然使它把神仙之域视为理想之境,从而包含着对彼岸世界的认同,但与道家沟通形上与形下的思维趋向相近,在膜拜彼岸世界的同时,道教并没有忽略现实的存在。这不仅在于道教的修炼内丹、外丹总是表现为日常存在中的操作,而且在于道教对长生久视的追求,后者实际上以一种独特的方式,表现了对现实生命存在的重视:长生所祈望的,无非是现实生命存在的延续。生命存在与日常生活息息相关,对现实生命的关注,也使日常生活获得了存在的依据。

在中国佛教中,同样可以看到相近的致思倾向。如前所述,原始佛教(印度佛教)强调"真"与"俗"、此岸与彼岸的对峙。相对于此,中国佛教对佛教教义往往做了新的阐发。隋唐时期,中国佛教中的天台宗提出了"三谛圆融"说,三谛即空谛(或真谛)、假谛(或俗谛)、中谛。真谛强调外部世界都无自性(无自我的内在本质),故不真;俗谛则肯定世俗世界虽不真,但作为假象仍存在;中谛即既看到外部世界不真的一面,又注意到其作为假象而存在的这一面。圆融所肯定的,是以上数种看法的相通性。天台宗这一理论中值得注意的方面,是对真谛与俗谛的沟通。俗谛虽然仍然以外部世界为假,但却肯定了其实际呈现的一面,它在某种意义上赋予世俗世界以存在的"合法性"。以真谛与俗谛彼此圆融为根据,"真如"之境与世俗存在似乎可以并行不悖。尽管天台宗认为"今明真、俗为谛者,但是方便",[1]亦即

---

① 智顗:《四教义》卷二。

将真、俗之谛视为一种方便或权宜的说法,但在三谛圆融的思辨表述中,无疑亦蕴含着沟通"真"与"俗"、此岸与彼岸的某种意向。中国佛教对"真"与"俗"的这种看法,似乎有别于原始佛教,而较为接近中国儒家日用即道的传统。

在完全中国化的禅宗那里,"真"与"俗"、世间与出世间的界限开始进一步趋近。作为佛教的一个宗派,禅宗亦以达到西方佛国为理想的追求。不过,在禅宗看来,西方的净土并不是远离世俗世界的超然之域,世间与出世间,也非截然分隔。对禅宗而言,世俗存在与西方乐土之间的差别,仅仅取决于"迷"与"觉":当人未悟佛性时,他便是凡夫俗子,所处之域亦为世俗的世界;一旦由"迷"而"觉",则可立地成佛,而西方净土亦将随之而至。这是一个即世而出世(在世俗的存在中超越世俗的存在)的过程,它以在世俗世界中达到彼岸世界为特征。正是在此意义上,禅宗一再肯定,"运水搬柴,无非妙道",即在日常的世俗存在与世俗活动中,便可领悟佛教真谛、达到涅槃的境界。禅宗这种即世间而出世间、因俗而归真的看法,与儒家"极高明而道中庸"的传统无疑前后相承,它从如何成佛的角度,体现了终极关切与日常存在之间的相互趋近。

儒释道对终极关切与日常存在关系的如上理解,固然在价值观上包含着安于当下境遇、抑制创造的意向等可能,但其中无疑亦具有积极的理论内蕴。以人的存在为视域,终极关切和日常存在的沟通,既意味着在日常存在中关注存在的意义,也要求终极关切以日常的存在为背景和根据。所谓在日常存在中体现终极的关切,当然并不是指在饮食起居等日常生活中时时沉思存在的意义,它的更实质的含义在于赋予存在以目的指向,以未来及理想的视野扬弃存在的自在性与既成性;同样,寓终极关切于日常存在,也并不是以日常生活消解终极关切,而是始终立足于具体的存在,保持终极关切与经验领域之间的互动,避免终极关切的抽象化与玄虚化，并由此赋予它以现实的品格。

海德格尔曾将沉沦看作日常存在的基本形态，并以向死而在作为超越沉沦的方式。如前所述，死意味着生命的终结，以面向死亡来展示存在的意义，似乎很难避免如下结论：存在的意义在于存在的终结；当生命的终结成为存在意义敞开的前提时，我们确乎可以看到这一悖论。从终极关切与日常生活相互统一的立场出发，我们无疑应在关注存在意义的同时，也肯定生命的价值。事实上，如果悬置了生命存在本身的价值，那么，以存在意义的追问为内容的终极关切便失去了本体论的前提和价值论的依据。

在逻辑上，终极关切往往引向天道或存在的最高原理，日常生活则以人的现实存在为形态，二者涉及天人之辨或天道与人道的关系。以天道为对象，终极关切不仅关涉个体的存在意义及类的历史命运，而且以不同的方式追问存在的终极原理及人在宇宙中的地位，它从形而上的层面，担保了对自在性与既成性的超越及人自身存在境域的提升。但另一方面，在指向天道的同时，终极关切又始终关联着人道，人总是站在大地之上，追寻存在的终极原理；从人在日常生活中的现实存在，到人在宇宙中的地位，天道层面的终极关切都难以离开人道。从如上背景看，终极关切与日常生活的交融，无疑又展示了天道与人道的统一。限定于日常存在而拒斥终极关切，或者执着于终极关切而疏离日常存在，显然很难被视为对二者关系的合理把握。离开了对存在意义的终极关切，日常生活便无法超越本然或自在之域；悬置了日常生活，则终极关切往往将流于抽象的玄思。人的存在本身展开为一个统一的过程，作为这一过程的二重向度，日常生活与终极关切本质上具有内在的相关性。二者的如上关系，同时又从一个方面体现了在有限中达到无限、从自在走向自为的人生之境。正是在这种动态的统一中，人的存在逐渐地获得了自由的品格。

第九章

形上视域中的自由

日常存在与终极关切的相关性进一步表明,形而上学所展示的,本质上是人的视域。以存在为关注之点,形而上学总是指向人自身之"在",后者在个体与类的层面都以自由为理想之境:历史地看,无论在个体的层面,抑或在类的视域中,人的存在都展开为一个追求与走向自由的过程。作为人的存在方式,自由本身也具有本体论或形而上的意义。谢林曾认为:自由概念与整个世界观(a total world view)相联系,如果二者的关系未能解决,则哲学将变得没有价值。① 这里值得注意的是谢林对自由问题与整个世界观之间关系

① 参见 F. W. J. Schelling, *Philosophical Inquiries into the Nature of Human Freedom*, Open Count, 1989, p.9。

的确认。"整个世界观"是一个本体论或形而上的概念,将自由与整个世界观联系起来,无疑已有见于自由的形而上意义。以自由的形上之维为切入点,不仅有助于进一步把握自由的深层本质,而且将推进对存在本身多重意蕴的理解。

一　存在的统一之境

自由并不是存在的本然形态,作为人的价值目标,它总是与人的目的、理想难以分离。就宽泛的意义而言,自由的历史走向,可以理解为一个化理想为现实的过程。在人的目的、理想之外,存在往往呈现自在的形态,唯有当人的目的、理想体现于其间时,它对人而言才获得为我的性质。本然之物或自在之物向为我之物的转换,既意味着人按自己的理想变革世界,又确证了人"赞天地之化育"的力量;在驾驭本然存在的同时,人不仅在实践的层面走向了自由王国,而且也在精神的层面获得了自由感。

本然之物也就是所谓"天之天",为我之物则已化为"人之天"。①在此意义上,从本然之物到为我之物的转换,同时涉及天人关系。如前所述,化本然之物为为我之物以人的自由为其实质的指向。与之相应,对自由的理解,也往往与天人之辨联系在一起。以中国哲学而言,庄子曾对自由问题做了较为自觉的探讨,《庄子》一书开卷第一篇(《逍遥游》)便以人的自由为追问的对象。按庄子的看法,自然的形态是存在的理想状态,文化的发展、社会规范的形成都将导致对人的束缚,唯有回到自然的存在形态(天),才能达到自由(逍遥)之境。不难看到,在庄子那里,自由与自然似乎重合为一。这一思维趋向在郭

---

① 参见王夫之:《诗广传·大雅》,《船山全书》第 3 册,第 463 页。

象那里得到了更明确的表述,在谈到何为逍遥时,郭象指出:"物任其性,各当其分,逍遥一也。"①就对象而言,各任其性意味着消除人对自然的作用,就人自身而言,任其性则隐含着维护或回归天性的要求。"当其分"本来有尽其责的含义,但在"任其性"的前提下,"当其分"似乎更多地以合乎天(自然)为其内容。② 以各任其性为内涵,自由(逍遥)在相当程度上也被界定为自然。自然(天)既涉及天道,又与人或人化的过程相对;从自然的前一含义看,肯定自由与自然的联系,无疑注意到了人的自由包含着合于天道(合规律性)的一面,然而,当自由(逍遥)仅仅被理解为任其自性(自然)时,人的目的、理想等便或多或少被置于视野之外。

作为本然之"在",自然本身还处于人的文化创造过程之外,其存在形态尚未体现人的价值理想;以自然为自由,意味着将自由的领域与人的目的、理想及文化创造的过程分离开来。事实上,就天人关系而言,自由的实质含义首先在于目的、理想的引入。如前所述,自然本身并不具有自由的属性,只有当人根据自己的目的和理想作用于自然、使之成为人化之物并获得为我的性质时,自然才进入自由的领域。通过自然的人化,人实现了自身的目的与理想,从而一方面,对象由自在之物转换为为我之物,另一方面,人自身由自在而走向自为。正是在这一过程中,人的存在逐渐展示了其自由的本质。如后文将进一步讨论的,目的、理想向存在领域的渗入,同时突显了自由的价值内涵:它使自由不同于纯然之"在",而表现为存在与价值的统

---

① 郭象:《庄子注·逍遥游》。

② 郭象与庄子在天人关系上的看法无疑有所不同,但上述观点在逻辑上却包含着以"天"消解"人"的趋向。又,郭象《庄子注》有关内容诚然吸取了包括向秀在内的各家之说,但总体上学有宗旨,冯友兰曾对此做了详尽分析。参见冯友兰:《中国哲学史新编》第4册,人民出版社,1986年,第128—134页。

一。庄子以自然的形态为逍遥之境,似乎不仅忽视了自由与自在的区别,而且对自由的价值内涵也未能予以充分的注意。

以上分析表明,以自在之物向为我之物的转换为内容,自由首先以对象及人自身的实在性为根据:人的自由的第一个前提,便是对象与人自身之"在",略去了这一前提,也就从本源上消解了自由的问题;然而,走向自由的过程又处处渗入了人的目的、理想,正是在按自身的理想作用于对象并实现理想的过程中,人逐渐扬弃了自在之物对于人的外在性、自在性,使之为我所用。对象的自在性与人的目的性、理想性相互交融,既体现了自由与自然(天)的联系,又彰显了自由的价值(人)维度;它在确证天与人、自在与为我统一的同时,也表现了自由的本体论意义。

通过化自在之物为为我之物以实现人的理想,同时赋予走向自由的过程以否定的意义。存在的本然形态往往并不自发地合乎人的目的。事实上,相对于人的价值理想,它常常更多地呈现为某种有缺陷或不完善的对象。如前文所论及,黑格尔在谈到人的艺术活动时曾指出:"艺术的必要性是由于直接现实有缺陷,艺术美的职责就在于它须把生命的现象,特别是把心灵的生气灌注现象,按照它们的自由性,表现于外在的事物,同时使这外在的事物符合它的概念。"①现实的缺陷,意味着现实不合乎人的审美理想。对黑格尔来说,超越有缺陷的现实而达到合乎概念的理想之境,是艺术创作的题中应有之义。而这一过程又与实现审美意义上的自由相联系。广而言之,作为人的理想的体现,为我之物总是克服了既成对象的缺陷,扬弃了其不完善性。这种克服和扬弃,同时可以看作对存在的本然性、自在性的否定。化自在之物为为我之物的以上性质,也给自由的实现过程

---

① 黑格尔:《美学》第一卷,第 195 页。参见本书第六章。

打上了某种否定性的印记。①

　　从更内在的层面看,自由的否定性与它所内含的创造趋向难以相分。作为人的存在方式,自由既区别于为物所役,也不同于被动地接受既定的存在形态。人的理想本身具有当然而未然的性质,所谓未然,表明现实中尚不存在,因而需要人去创造。事实上,理想总是首先以观念的形式勾画超越现实的可能形态。以理想的实现为指向,自由也意味着开创新的世界。无论是在个体的层面,抑或在类的视域中,人所达到的自由程度,与他所获得的创造性力量往往具有一致性;而人走向自由王国的过程,也总是伴随着对存在的创造性变革。在这里,自由的否定性所展示的实质的含义,就在于自由的创造性。

　　就人与世界的关系而言,否定意味着对世界说"不"。舍勒在谈到人在宇宙中的地位时,曾指出:"与动物相比,人是'能说非也者',是'生命的苦行者',是永远在反对一切现实的抗议者。"②说"非"也就是说"不",反对现实则导向变革有缺陷或不合乎理想的存在;在一切存在物中,唯有人具有这种说"不"的自由品格。中国哲学也已注意到这一点,王夫之在对人与动物做比较时,曾指出:"禽兽终其身以用天而自无功,人则有人之道矣。禽兽终其身以用其初命,人则有日

---

　　① 利科(Paul Ricoeur)已注意到自由与否定性的联系,认为否定性是自由的一种回应(response),但他似乎更多地从个人的意志活动的角度理解这种否定性。对他而言,否定性主要与以下过程相联系:任何选择都意味着排斥(选择某一种行为便必然排斥其他),努力的过程都蕴含着对习惯、情感等等的否定。由此,他在总体上强调"意志是一种说'不'的能力"(参见 Paul Ricoeur, *Freedom and Nature*, Northwestern University Press, 1966, pp.445 – 446, p.463)。不难看到,自由的否定意义所包含的化自在之物为为我之物这一含义,基本上在其视野之外。

　　② 舍勒:《人在宇宙中的地位》,贵州人民出版社,2000 年,第 41 页。

新之命矣。"①"用天"即安于本然的存在形态,人之道则表现为对既成之"在"的否定:"人有可竭之成能,故天之所死,犹将生之;天之所愚,犹将哲之;天之所无,犹将有之;天之所乱,犹将治之。"②死而生之、无而有之、乱而治之,等等,既是对世界说"不",又体现了人改变既成现实的创造性。在这里,人通过对世界的否定与人自身的创造性,展示了其在宇宙中的地位。人在宇宙中的地位,无疑是一个形而上的问题,否定性与创造性的统一,则构成了自由的内在向度;这样,以说"不"表征人在宇宙中的地位,同时也体现了自由的形而上意义。

当然,以价值理想的实现为指向,自由并不仅仅以否定性或对世界说"不"为内容。如前所述,人的自由所内含的否定性,一开始便关联着人的创造性,后者使之不同于对存在的单纯破坏或虚无化,而是同时呈现出建设性的意义。换言之,作为自由表现方式的否定性,在于通过人的创造性活动,赋予存在以合乎理想的形态。否定性或说"不"的如上内涵,使之难以离开世界本身的规定。事实上,作为自由的确证,变革存在、化理想为现实的过程,总是以肯定和尊重存在的内在规定为前提。存在的本然形态固然未必与人的理想一致,但对存在的作用,本身也不能悖离存在自身的法则。如果无视这种法则,则对世界的否定就会成为单纯的破坏,从而无法达到具有创造意义的自由。

张载在谈到制礼作乐与天道的关系时,曾指出:"是故不闻性与天道而能制礼作乐者,末矣。"③制礼作乐作为文化创造,意味着对自然形态的否定和超越,性与天道则是存在本身的法则。在张载看来,社会文化的自由创造,必须本于存在自身的法则。王夫之在解释张载的如

---

① 王夫之:《诗广传·大雅》,《船山全书》第 3 册,第 464 页。
② 王夫之:《续春秋左传博议》卷下,《船山全书》第 5 册,第 617 页。
③ 张载:《正蒙·神化》,《张载集》,第 18 页。

上观点时,对此做了更明确的阐发:"礼乐所自生,一顺乎阴阳不容已之序而导其和,得其精意于进反屈伸之间,而显著无声无臭之中,和于形声,乃以立万事之节而动人心之豫。"①"立万事之节而动人心之豫"也就是形成社会的规范系统,并以艺术(音乐)的形式影响人的精神世界;"顺乎阴阳不容已之序",则是遵循存在的必然法则。在这里,体现社会理想的"当然"(礼乐),同时以自然和必然为根据。广而言之,唯有把握并遵循自然之道,人才能真正掌握自己的命运,进入自由的王国。王夫之已注意到这一点:"惟循理以畏天,则命在己矣。"②与本于性与天道、顺乎阴阳不容已之序一致,循理、畏天,显然更多地表现为对世界说"是",后者所展示的,是人与世界关系中肯定性的一面。不难看到,走向自由的过程在总体上既表现为对世界说"不",也体现在对世界说"是";否定的趋向与肯定的定势在人的自由中融合为一。

　　人与世界关系的以上双重性质(肯定与否定),在价值理想中具体表现为本于现实与超越现实的统一。如前所述,理想既作为应然而超越于已然(现实),又以现实所提供的可能为根据。就理想本身而言,它所涉及的主要是所谓"我可以期望什么"这一类问题。③ 从价值理想与自由的关系看,"可以期望什么"与"应当做什么"往往相互关联。期望固然有其现实的依据,但它本身又涉及主体的意愿;仅仅停留于期望,往往还囿于主观的意愿,无法达到真正意义上的自由;期望唯有化为行动,才能超越意愿的层面,使人的自由从观念的领域走向现实的世界。从人与世界的关系看,人的自由本质上应当通过实践过程得到确证,"可以期望什么"与"应当做什么"、意愿与行动之

---

① 王夫之:《张子正蒙注》卷三,《船山全书》第 12 册,第 95 页。

② 王夫之:《读通鉴论》卷二十四,《船山全书》第 10 册,第 935 页。

③ 此处借用了康德的表述形式。需要指出的是,在康德那里,上述提法的具体含义与这里有所不同。

间的统一,从一个方面表明了这一点。

就对象世界而言,"可以期望什么"与"应当做什么"的统一,同时也折射了必然与偶然的关系。黑格尔曾将可能性与偶然性联系起来,并将可能性称为外在的偶然。① 从逻辑上看,变革现实的理想、期望之所以可能,以存在本身包含偶然规定为前提。如果世界完全表现为一种纯粹的必然性,则一切便都具有命定的性质,人对未来的自由构想也将消解在这种绝对而超验的必然性之中。反之,如果存在仅仅受制于偶然性,则整个世界将变得无序而难以捉摸,在这种缺乏确定性的世界中,自由理想的形成以及它的实现,同样将失去现实的前提。金岳霖在谈到殊相或个体的变迁时,曾提出过一个值得注意的论点:"个体底变动,理有固然,势无必至。"②这里所说的"势",主要与殊相的变化、生灭相联系。所谓"理有固然"是指殊相的发展包含内在的法则;"势无必至",则表明个体或殊相的变化并非预成或预定不变,而是有其偶然性。引申而言,上述意义上的"势无必至",似乎也可以表述为"事无必至":"事"与"理"相对,从而更直接地与殊相、个体等相联系;"事无必至"意味着某种特定的事物或现象并不必然会在历史发展过程中出现,后者同时表明,具体事物的发展往往存在着多重可能,而非仅仅只有一种演化方向。在这里,事物变迁的偶然性与可能性无疑呈现相通之处。如果说,偶然性的存在为人的自由选择提供了必要的空间,那么,必然性的制约,则既使自由的理想区别于偶发的主观意念,又作为现实根据从本体论的层面担保自由理想的实现。偶然性与必然性的如上交融,使"可以期望什么"与"应当做什么"、意愿与行动的统一成为可能。而二者(偶然与必然)的这

---

① 参见黑格尔:《小逻辑》,商务印书馆,1980 年,第 300—301 页。
② 金岳霖:《论道》,第 201 页。

种统一,本身也同时在后者("期望什么"与"做什么"的一致)之中得到了某种确证。

要而言之,作为人的存在形态和过程,自由涉及天与人(包括对象的自在性与人的目的性)、否定性(对世界说"不")与肯定性(对世界说"是")、"可以期望什么"与"应当做什么"、必然与偶然等多重关系;走向自由的过程,意味着不断克服其间的紧张、实现和达到相关方面的统一。正是在这里,自由同时展示了它与世界之"在"和人之"在"的内在关联:从本体论或形而上的视域看,自由的深沉意义就在于扬弃存在的分离,达到和确证存在的统一。

二 自 由 与 自 因

以天与人、世界之"在"与人之"在"的联系为前提,对自由问题的进一步追问,逻辑地指向人本身。作为自由的主体,人首先不同于自然领域的存在。自然对象更多地受因果等法则的制约,其中不涉及自由与否的问题。人当然也包含着自然层面的规定,并相应地受制于因果关系,但如前所述,人同时又具有价值理想并包含着目的性规定;与因果法则主要展示关系项之间联系的必然性不同,价值理想和目的更多地体现了人的意愿、要求,后者当然也有其内在根据,而不是无本之木,但它又并非限定于必然之域;就其现实的形态而言,人的目的、意愿等等往往与个体的、偶然的规定存在多方面的联系,并相应地涉及多重的选择可能。同时,人在本质上是一种具有自我决定(self-determination)能力的存在,其行为并非仅仅由外在力量或内在的自发倾向所支配。① 质言之,作为物理学、生物学领域中的存在,

---

① 参见 Kant, *Critique of Pure Reason*, p.465。

人首先呈现为因果联系中的环节,并相应地受制于因果等法则;作为目的领域中具有自律能力的存在,人又能根据现实所提供的可能,按照自己的需要、意愿提出理想的目标,并自主地选择与理想相应的行为及发展的方向。以人的存在的二重规定为本体论前提,目的性及自律性对因果性的扬弃,为人超越单纯的被决定形态提供了可能。①

　　前文已论及,自由的形上意义在于达到和确证存在的统一。与之相应,自由的主体也以整体性和统一性为其内在品格。后者不仅表现为个体性与社会性、身与心、感性存在与理性规定的交融,而且以精神世界的统一为其内容。从主体的维度看,自由的实现过程往往包含着若干环节。首先是意愿或意欲。意欲或意愿通常表现为想做某事或希望实现某种目的,这种意欲既基于主体的需要,又本于一定的价值取向或价值定势,它们在经过升华之后,可以进一步取得理想的形式。人的意欲或意愿常常具有多样或多元的特点,它们与现实以及一定时代的价值系统之间,也每每存在颇为复杂的关系。相关的意欲或意愿是否正当和可行? 如果存在多种意欲或意愿,则其中哪一种更具有正当性和可行性? 解决如上问题,离不开比较、权衡。通过分析不同意欲的内涵、展望这些意欲化为现实之后可能产生的结果、评判它们与一定的价值系统是否一致,等等,最后进一步导向选择与决定。选择与决定在自由的实现过程中具有重要的意义,它既是对意欲的取舍,又具有行动的趋向:真正的决定不仅总是

---

　　① 以目的性及自律性扬弃因果性,并不意味着因果规律在人的存在过程中不适用。毋宁说,它所强调的是:这一领域并非由单纯的因果法则所片面宰制。从宽泛的意义上看,与价值理想、目的性相联系的自我权衡和抉择,也可以看作个体行为的内在原因。不过,因果法则在此并非仅仅以机械决定的方式起作用,它也不应被理解为对主体自主性的消解。总之,有原因不能被等同于被命定,更不能由此排斥人在确立价值理想及进行相应选择等方面的自由权能。详后文。

将引向并化为行动,而且它本身也要在行动中得到确证。在此意义上,似乎可以将决定视为一种实践的判断。在世界之"在"的层面,"决定"往往展示了一种根植于现实的可能性:正确的决断总是敞开并指向真实的可能性;在人自身之"在"的层面,"决定"同时蕴含了对主体能力的自我确认:做出某种决定,常常既表现了内在的意向,又意味着相信自己具有完成该决定的能力,尽管确认自己具有某种能力与自我实际地具有某种能力之间可能存在距离,但"决定"之中所蕴含的能力确认,却在观念的层面构成了自由的一种表征。

　　意欲或意愿的形成,对意欲或意愿的权衡比较,以及做出选择、决定,体现了自由实现过程的不同环节。以精神活动的展开为内容,它们同时以动态的形式展示了人的精神世界,其中包含着意志、情感、理性等规定的作用及相互联系。意欲或意愿的形成,当然离不开意志的功能,但意欲同时又受到一定的价值取向的影响,后者无疑又渗入了情感的认同与理性的观念。比较、权衡首先表现为理性的活动,但其中又蕴含着想象等非理性因素的作用:权衡涉及对未来可能结果的预测,而当前的意欲与未来可能结果之间的联系,往往是借助想象而建立起来的。进而言之,在价值理想的形成以及对价值理想的权衡、评价过程中,理性与想象等功能也总是相互交错:理想指向的是可能世界,而可能世界的揭示、展望、评判则无法撇开创造性的想象。同样,对意欲、理想的选择、决定也既受到情感、意志的制约(决断的过程,总是处处渗入了意志的力量),又本于理性的判断。①

---

　　① 选择通常被视为意志的能力,但它同样难以与理智活动相分离。从词源上看,英语中表示理智能力或智力的 intelligence 源于拉丁语 *inter* 与 *legere*。前者意谓在两者之间,后者含有做出选择之意,这里已可以看到选择与理智活动的联系。参见 Corliss Lamont, *The Philosophy of Humanism*, Frederick Ungar Publishing Co., 1974, pp.160–161。

不难看到,在自由理想的实现过程中,意志、情感、理性等精神规定既相互联系,又渗入过程中的每一个环节。这种联系与互动超越了静态的关联,从更为深层的方面展示了主体精神世界的统一性。

自由主体的以上品格,往往未能得到应有的注意。在对自由行为加以解释时,人们常常仅仅关注于精神世界的某一方面。即使从形而上的维度考察自由的本质,也很难避免这一偏向;从 P. V. 因瓦根(Inwagen)的有关论点中,便不难看到这一点。在谈到形而上学的自由概念时,P. V. 因瓦根曾指出:"形而上学意义上的自由可以简单地以'能够'(can)来表达。"①尽管因瓦根也注意到"能够"一词的复杂性,并做了若干辨析,但就其基本含义而言,"能够"首先与"知"或认识的功能相联系,这种功能往往基于对相关对象、过程以及人的行动方式、程序等等的把握和了解,从而更多地表现为一种理性的品格。将自由与"能够"联系起来,无疑主要突出了自由主体的理性规定,这种看法对主体精神世界的整体性、统一性不免有所忽视。

从价值目标看,自由的走向同时关联着对真、善、美的追求。按其实质的内容,自由的领域也就是一个真善美的世界,自由的内在意义,在于达到真善美的统一。② 人的存在境域本身具有生成的性质,自由的实现,就在于突破已有的存在界限,不断扩展与深化人自身的存在境域,在更高的层面实现整合与统一。自由的指向与真善美的目标既使人的存在过程具有方向性,又规范着人的存在,使之不断达到新的整合与统一。在这里,一方面,精神世界的统一制约着走向自由的过程;另一方面,自由的追求又以真善美的价值目标统摄着主体

① 参见 P. V. Inwagen, "The Mystery of Metaphysical Freedom", in *Metaphysics: The Big Questions*, Blackwell Publishers, 2000, pp.367 – 368。

② 参见冯契:《人的自由和真善美》,华东师范大学出版社,1996 年,以及本章第三节。

及其精神世界。

作为时间中的存在,自由的主体经历着各种形式的变迁,人们往往由此对主体或自我的同一性提出质疑:处于变迁过程之中的个体或"我"是否仍是同一主体?对这一问题当然可以从不同的方面加以回应,而精神世界在时间中的绵延统一无疑是一个不可忽视的思考维度:正是这种统一,在一定意义上为自我的同一性提供了重要的担保。如前所述,一方面,在走向自由的过程中,主体精神的各个方面彼此作用,呈现为互动的关系;另一方面,以自由的价值理想为指向,人的实践活动也具有历史的连续性,这种时间中展开的历史连续性,同时赋予渗入实践过程的精神活动以绵延的同一性。这样,尽管经历着时间中的变迁,但作为参与包含历史连续性的实践活动的主体,自我仍然在精神世界的绵延同一中保持自我认同。

不难注意到,在主体的维度上,人的自由涉及多重精神规定,这些不同的规定和因素既作为自由行为的内在环节而相互关联,又在时间的绵延中呈现动态的统一性。它们所指向的,则是人的整体性或作为整体的人:精神世界的统一性,本质上是人的整体性的表征。人的这种整体性品格,无疑具有本体论意义。作为自由主体的存在形态,它同时也为进一步理解人的自由问题提供了一个形而上的前提。

历史地看,自由的问题通常与意志联系在一起,在哲学的论域中,人的自由往往被归属于所谓"意志自由"或"自由意志"。G.瓦特森在20世纪80年代初曾选编了讨论自由问题的文集,而该书在出版时,即被冠以 *Free Will*(《自由意志》)之名。① 洛斯基更明确地将人

---

① 参见 *Free Will*, Edited by Gary Watson, Oxford University Press, 1982。

的自由与意志自由等量齐观:"我们要说的是人的自由,亦即人的意志自由。"①在以上视域中,自由似乎仅仅被理解为人的精神世界中某一规定或属性的功能,精神世界本身的统一性以及人的存在的整体性,或多或少被置于自由的领域之外。②

诚然,如前所述,在自由的实现过程中,意志的品格具有不可忽视的作用。从意欲的形成到选择、决断的完成,都离不开意志的功能,人的自主性,也每每在意志的作用中得到了较为直接的体现。同时,人的在世过程常常会形成各种需要,这种需要的产生,往往非人能够抑制。然而,借助意志之力,人却可以不为需要所左右,对行为做出合理的选择。例如,人在饥饿的时候,通常会产生对食物的需要,这种需要的产生是人所无法抑制的,但在必要时,人却可以不受以上需要的支配,拒绝进食(例如为了维护自己的尊严而拒斥"嗟来之食"),从中无疑也可以看到意志的内在力量。然而,意志本身并不具有本源性,其作用也不是以孤立的形式展开的。从本体论上看,意志只是人的统一的精神世界的一个部分,只有当作为整体的人存在时,才可能形成意志的功能。在这里,人的存在显然具有对于意志的优先性。就意志的现实作用而言,其定向、选择、决断等功能,都从属于作为整体的人及其精神世界,意志呈现何种功能,以及如何体现这种功能,都取决于人的整个存在形态。而其作用过程,则始终与精神世界中的其他的规定和方面,如理性、情感、想象等处于互动、交错的关系之中。在此,人的存在的整体性无疑构成了意志作用的前提。

在这一方面,值得注意的是洛克的看法。在谈到人的自由时,洛

---

① 参见洛斯基:《意志自由》,生活·读书·新知三联书店,1992 年,第 2 页。

② 广而言之,叔本华、尼采以及存在主义者在更实质的意义上表现了类似的倾向。

克指出:"作为一种单纯的力量(power),自由仅仅属于行为主体(agents)而不是意志的一种属性或变形,意志本身也只是一种力量。"①以力量来界定自由是否确当,无疑可以进一步讨论,但重要的是,洛克在这里将自由归属于主体本身,而不是主体的某一种属性。对自由的这种理解,显然有见于主体存在对自由的本源意义,它同时也触及了自由与人的整体性、统一性之间的联系。②

在中国哲学中,也可以看到对自由主体的类似关注。孔子曾从道德实践的角度,强调了这一点:"为仁由己,而由人乎哉?"③"我欲仁,斯仁至矣。"④在这里,道德选择的决定者,显然被理解为作为具体存在的"我"。另一些哲学家从更普遍的意义上突出了自我的作用,这里可以一提的是陆九渊。对自我的注重,构成了陆九渊哲学的出发点之一。就物我关系而言,他所确认的首先是自我的主导性:"夫权皆在我。若在物,即为物役矣。"⑤为物所役也就是受制于物,亦即

---

① 参见 J. Lock, *An Essay Concerning Human Understanding*, Vol.1, Dover Publications, Inc., 1959, p.320。

② 在这一方面,康德似乎具有两重性:一方面,他强调意志自律,以善良意志为自由行为的内在之因,就此而言,他多少将人的自由与意志活动联系起来;但另一方面,康德所理解的意志,又不同于与理性相对的狭义上的意志,相反,在康德那里,善良意志或自律的意志同时也以实践理性为其内容:"既然从法则中引出行为需要理性,那么意志不是别的,就是实践理性。"(Kant, *Grounding for the Metaphysics of Morals*, Hackett Publishing Company, 1993, p.23)意志与实践理性的合一,无疑使之超越了狭义的规定,而指向人本身。在此意义上,意志与人的自由的联系,似又有别于意志的单向决定。同时,康德认为,人作为自由的存在,"仅仅遵循他自己给自己颁布的法则"(Kant, *Grounding for the Metaphysics of Morals*, p.41)。作为立法者的人,显然也不同于单纯的意志规定。

③ 《论语·颜渊》。

④ 《论语·述而》。

⑤ 陆九渊:《语录下》,《陆九渊集》,中华书局,1980 年,第 464 页。

缺乏自由,与此相对的"权在我",则意味着对物的自由支配。由肯定自我的权能,陆九渊进一步提出如下看法:"收拾精神,自作主宰。万物皆备于我,有何欠阙? 当恻隐时,自然恻隐;当羞恶时,自然羞恶;当宽裕温柔时,自然宽裕温柔;当发强刚毅时,自然发强刚毅。"①自作主宰是一种自由的境界,而在陆九渊看来,这种境界并不能归约为主体精神的某一方面,而是基于"我"的全部精神:所谓"收拾精神""万物皆备于我",便从不同侧面强调了这一点。②

行为的自由性质,并不意味着它是无缘由的。如前所述,在无根无由、变幻莫测的纯粹偶然世界中,不可能有真正的自由。那么,在实践的领域,行为的原因是什么? 这一问题进一步将我们引向了人自身。齐硕姆曾对行为过程中事件的作用与人的作用做了区分。在他看来,行动所涉及的事件并非都由其他事件所引起,"我们应当说,行动中所涉及的事件中至少有一种不是由另外的事件(other event)引起,而是由不同于这种事件的其他东西(something else instead)引起,这种其他的东西只能是行为者——人"③。这种看法被奥考讷进一步概括为"主体因果性"(agent causation)论,以区别于"事件因果性"(event causation)论。④ 上述论点的值得注意之处,在于将人本身视为行动的原因,这一思路对理解主体行为的自由性质,无疑具有启

---

① 陆九渊:《语录下》,《陆九渊集》,中华书局,1980 年,第 455—456 页。

② 在以下论述中,陆九渊对"我"的整合、统摄作用做了更明确的肯定:"人之于耳,要听即听,不要听则否。于目亦然。何独于心而不由我乎?"(陆九渊:《语录下》,《陆九渊集》,第 439 页)耳目隐喻着感性的能力,心则与理性权能相联系。而在陆九渊看来,二者都为统一的"我"所制约。

③ R. M. Chisholm,"Human Freedom and the Self", in *Free Will*, Edited by G Watson, Oxford University Press, 1982, p.28.

④ 参见 Timothy O'Connor,"The Agent As Cause", in *Metaphysics: The Big Questions*, Blackwell Publishers, 2000, pp.374–380。

发意义。

从逻辑上看,当行动的原因仅仅被归结为外在的事件时,往往很难避免无穷后退:行动由某种外在事件或事件1所决定,在追溯事件1的原因时,又将引出进一步的外在的事件(事件2),事件2本身之后则又有事件3……如此不断后退,显然难以达到确定的基点。与这种外在的推溯相应,人的行为似乎也主要呈现被决定的性质:它受制于无穷系列的外在事件,缺乏自主的维度。在哲学史上,因果性与人的自由常常被视为不相容的两个方面,当行为的原因完全被归结为外在的事件时,人们确乎难以摆脱以上视域。

然而,如果我们将目光转向行为与行为主体的关系,那么,对行为的性质便可以获得另一种理解。这里首先需要对行为与事件做一区分。他人强行执着我的手去触摸某物,这是事件;我自主地用手去碰该物,则是行动。不难看到,在行为中,行为者或行为主体同时表现为行为的原因。事件与行为当然并非完全互不相关,但二者显然不能简单等同。就现实的行为过程而言,"我"(行为主体或行为者)作为原因,既具有直接的性质,又具有某种终端的意义。行为的发生,固然经过权衡、选择、决断等不同环节,但这些环节本身又源自同一主体,并通过行为主体而形成统一的作用。在这里,主体或行为者无疑构成了行为的直接原因。

当然,行为本身并不孤立存在,其发生与展开过程不可避免地受到各种外在因素的影响,这些因素(包括过去的事件、相关的背景,等等)往往构成了某种因果的系列。然而,从行为所以发生的角度看,处于以上系列终端的,显然不是其他事件,而是主体或行为者本身:各种过去的事件、社会历史的背景,最后总是汇集、沉淀于"我"(行为者),并通过"我"而产生影响。从"我"与行动的关系看,行动的过程往往包含着"我"(行动者)的"自我立法":从形成行动规划到决定实施,都出于"我"(行动者)。这种自我立法从实质的方面体现了行动的自因性质。作为具体的社会存在,"我"(行为者)既以个体的形式作用于行为,又接受、综合了方方面面诸种社会历史的因素,从而不同于仅仅以个体意志为内容的抽象自我;如果说,"我"(行为者)的个体性品格使之对行为的影响具有直接性,那么,它所凝聚和包含的社会性规定本身则构成了行为的现实出发点。

在行为的以上发生过程中,"我"(主体)自身构成了行为的原因。可以看到,行为的因果性与行为的自由性质,在这里并非互不相容:当"我"(主体)成为行为的原因时,行为的因果性便不再意味着被决定或被命定,相反,原因与自因的合一,以具体的方式赋予行为以自由的性质。作为行为之因,"我"(主体)诚然非以"独化"的形态存在,而是处于因果关系之中。然而,从内在的方面看,"我"(主体)同时包含与目的相联系的意愿、动机、信念,等等;就外在的方面而言,"我"则往往面临着多种可能。二者的交融,使行为的选择无法仅仅受制于外在或单向的决定。如果说,目的性对因果性的扬弃,主要从人的存在形态上将其与因果系列中的其他事物区别开来,那么,行为动因的主体性维度或以主体为因(agent causation)则使人们能够在确认因果性的前提下,进一步从本体论上理解人的自由如何可能的问题。自由与自因的以上联系,同时也进一步从行为机制上,展示了人的自由与人的具体存在之间的相关性。

以"我"或行为者为自因,行为的时间性似乎也获得了另一种意义。在通常的解释模式中,过去、现在往往被视为既定的前提或条件:过去与已经发生的事件相联系,现在则隐喻着正在发生的事件,它们都作为既成或已然的因素而支配、决定着人的行为或未来走向。然而,当行为的因果性与"我"(主体)联系起来时,过去、现在、未来便获得了内在的统一性,并表现为行为的内在之因:"过去"为"我"的决定提供了历史的根据,"现在"构成了这种决定的现实出发点,"未来"则从可能的维度预示着主体选择和决定的结果。在上述关系中,"现在"似乎呈现尤为重要的意义:它凝结了过去,又蕴含了未来,从而构成了主体"在"世过程中更为真实的背景,并相应地赋予"我"(行为者)以现实的品格。当然,对这一意义上的"现在",不能做相对主义的理解:在相对主义的视域中,"现在"仅仅是稍纵即逝的刹那之点,缺乏实在性。"现在"的本真形态既表现为存在本身的延续性,也以存在的确定性为其表征。延续性意味着时间中的绵延,以时间的绵延为形式,"现在"延续了过去,未来潜存于现在,时间的界限仅仅具有相对的意义。在这种绵延与交融中,存在同时保持了自身的同一(identity),并由此展示了其稳定的品格。就"我"与行为的关系而言,现在的"我"融合了过去与未来,作为"我"存在的相关方面,过去不再是外在的历史限定,未来也非仅仅表现为不可企及的彼岸。相反,在"我"的"现在"存在形态中,总是同时凝集了过去、潜含着未来,而"我"的每一筹划、选择、决定,都往往渗入、交错着以上诸种因素。不难看到,在走向自由的实践过程中,时间性与"我"的自主性呈现为一致而相容的关系。[①]

　　与行为的主体发生相联系,人的自由本身似乎呈现二重性:一方面,它具有非程序性的特点;另一方面,它又具有可解释性。以人的具体存在为动因,自由的实现过程难以归属于某种既定的程序。人不同于机器,其行为往往无法机械预定,即使了解了某一个体的特定意向及其所处的境遇,也常常很难由此推断该个体必然会做出何种

---

① 当代的一些哲学家往往注重存在的"未来"面向,而忽视"现在"的意义,似乎一谈"现在",便落入"在场"的形而上学。事实上,未来固然展示了可能之维,但如果离开了现在而谈未来,则未来每每容易流于思辨的"历史性"。

选择;在生活实践中,尽管某种行为必然会导致相应的后果,但人是否选择该行为,则取决于多重因素,难以按确定的程序来推断。但另一方面,自由的实现过程又并非无章无序,而是合乎一定的法则(包括因果之律)。以行为过程而言,在意欲、权衡、选择、行动之间,总是存在一定之序,在意欲没有产生之前,通常不会有对该意欲的权衡、评判;对行动的选择,一般也不会发生在该行动完成之后;而前文论及的行为主体与行为之间的因果关联,则从更普遍的层面表现了行为的内在秩序。自由实现过程的这种有序性或合乎法则性,同时使对它的理性解释成为可能。

概言之,在主体的维度上,自由的形而上意义具体表现为"我"(行为者)的整体性或具体性,后者既在于人的个体之维与社会之维的互融,也展开为精神世界及其活动的多方面统一。基于主体存在的具体性,自由不再仅仅呈现为意志的品格,而是以作为整体的"我"为其动因。以主体为行为之因,自由与时间、行为的自由性质与因果性获得了内在的统一。

三　自由的价值内涵

作为人的存在形态,自由既有其本体论的意义,又包含价值论的内涵。从价值论的角度看,自由具体展开为两个维度:在类或社会的层面,它以人向自身的复归为其深沉内容,在个体层面,它所指向的,则是真、善、美统一的存在境界;二者统一于走向自由王国的历史过程。

马克思曾将自由规定为"人的类特性"。① 然而,这种特性的真正

---

① 马克思:《1844年经济学哲学手稿》,第53页。

实现,又有其历史的前提。关于这一点,马克思做过深刻的论述:"事实上,自由王国只是在由必需和外在目的规定要做的劳动终止的地方才开始。"①在这里,马克思首先将自由的活动与受制于"必需"和"外在目的"的活动区别开来。"必需"与"自然必然性"相联系,当人的生产活动还仅仅是为了满足自己的需要以及维持和再生产自己的生命时,这种活动便仍具有必然的性质。"外在的目的"则相对于人的内在本质而言,生命的维持和再生产固然是人存在的前提,但维持生存本身还只是物种的普遍要求,在这一层面,人与动物并没有本质的区别;仅仅以生存(活着)为内容的目的,对人来说无疑具有外在的性质。在"必需"和"外在目的"的支配下,人的活动显然仍主要服从异己的必然性,而没有达到真正意义上的自由。

不过,这并不是说,人的自由与物质生产的领域不相关涉。通过在生产者之间建立合作的社会关系、合理地组织生产过程,人可以有效地展开人与自然之间的物质交换(生产活动),既避免必然性对社会生产过程的盲目控制,又使生产的条件合乎人性。较之完全为盲目的必然性所支配,联合的生产者所从事的生产活动,无疑呈现了某种自由的品格。② 如后文将进一步阐释的,生产领域的以上活动似乎具有两重性:就这一领域中人与自然之间的物质交换仍未从根本上摆脱"必需"与"外在目的"的制约、生存需要的满足依然构成了其目的和动因而言,它仍归属于"必然的王国";但就其表现为社会化的人的活动并在一定意义上合乎人的本性而言,它又并非与人的内在本质完全隔绝,并相应地亦非与自由的领域截然对峙。

当然,更深沉意义上的自由,在于超越"必需"和"外在目的",后

---

① 《马克思恩格斯全集》第 25 卷,第 926 页。
② 参见同上,第 926—927 页。

者具体表现为人自身能力的发展。马克思曾将"作为目的本身的人类能力的发展"与"自由王国"联系起来。① 相对于物种层面的生存，人自身能力或人的潜能的发展，本身就是目的。在动物那里，物种意义上的生存，就是其存在的全部内容，因为"动物和它的生命活动是直接同一的"②。这种同一，使动物的活动只能限定于"必需"和"外在目的"。与之相对，人的能力与潜能的发展，已非出于直接的"必需"，而是基于人的本质规定，作为存在的目的，它无疑具有内在的性质。

人的能力的发展，也就是人的全面的发展。在谈到以人自身发展为存在的目的时，马克思指出："人以一种全面的方式，也就是说，作为一个完整的人，占有自己的全面的本质。"③ 占有自己的全面的本质，既有别于停留在物种层面的外在目的，也不同于仅仅关注与直接的生存相关的存在规定，它所指向的是人之为人的全部潜能。马克思后来进一步将"每个人的全面而自由的发展"规定为理想社会的基本原则。④ 当单纯的生存成为目的时，人并没有把自身与其他物种区分开来。不妨说，在这种存在形态中，人实质上仍"外在于"自身。相对于此，作为一个完整的人而占有自己的全面的本质，则使人开始向自身回归。在这里，外在于自身与停留于必然王国成为同一形态的两个方面，而走向自由王国则意味着超越"必需"与"外在目的"，以人的全面自由发展为目的，并由此回归人自身。

人向自身的如上回归，并不具有封闭的意义。事实上，人的能力的自由而全面的发展，同时也表现了人对于世界的开放性：与动物仅

① 参见《马克思恩格斯全集》第 25 卷，第 926—927 页。

② 马克思：《1844 年经济学哲学手稿》，第 53 页。

③ 同上，第 80 页。

④ 参见《马克思恩格斯全集》第 23 卷，第 649 页。

仅限定于特定物种的规定不同,人的能力的发展并没有预成、不变的定向,在面向世界、化自在之物为为我之物的过程中,人的能力也蕴含了无限的发展可能。在这里,向自身的回归与对世界的开放性表现为同一过程的两个方面,[①]二者的如上统一,同时也决定了人的全面、自由发展的历史性。从过程的视域看,人并不是在社会演进的某一刻突然跃入自由王国,"文化上的每一个进步,都是迈向自由的一步"[②]。当人以自己的力量化自在之物为为我之物时,他同时也赋予了自己的创造性活动以某种自由的品格,这种自由性质不仅在于上述活动本身体现了合规律性与合目的性的统一,而且在于它总是在一定的范围内扬弃了"外在的目的",表现为人自身本质力量的外化。同时,社会的演进和发展,也每每为人发展自身的能力提供了前提。在人类的早期,生存活动往往构成了人的存在过程的全部内容,人几乎没有可支配的自由时间用于自身能力的多方面发展。随着劳动时间的逐渐缩短,生存活动不再占据人的整个存在过程,劳动之外的余暇时间或自由时间(尽管最初十分有限),为人的能力在一定程度上的自由发展提供了可能。[③] 事实上,在化自在之物为为我之物的实践过程中,人也不断地超越外在的"必需"而向自身回归。与此相联系,自由的理想也总是历史地、有条件地得到实现。

在这里,我们似乎应给予劳动以特别的关注。从人的自由这一

---

① 舍勒已注意到人的精神"对世界的开放"性(参见舍勒:《人在宇宙中的地位》,第 26 页)。但舍勒似乎没有将精神的这种开放性置于人变革世界的历史实践中来考察,因而未能摆脱思辨、抽象的视域。

② 《马克思恩格斯选集》第 3 卷,第 154 页。

③ 从更广的视域看,自由时间的获得,同时也使劳动时间呈现新的意义,马克思已指出了这一点:"作为拥有自由时间的人的劳动时间,必将比役畜的劳动时间具有高得多的质量。"(《马克思恩格斯全集》第 26 卷,第 3 册,第 282 页)

视域看,劳动并不仅仅是一个生产领域或经济领域的概念,它同时具有人类学及本体论的意义。回溯社会的演进过程,便不难发现,劳动曾取得了不同的历史形态。当劳动呈现异化的性质时,它无疑包含着限制人的意义,马克思曾对此做了分析,认为劳动的外化或异化首先在于劳动对人来说成为外在的东西:劳动者在劳动中不属于他自己,而是属于别人;劳动的产品不仅非劳动者所能控制,相反,它往往作为异己之物反过来支配劳动者。在这种劳动中,劳动者"不是肯定自己,而是否定自己"①。在以上存在形态中,强制的"必需"与"外在的目的"似乎取得了外化劳动或异化劳动的形式,人更多地处于受动而非自主的境域。

然而,作为化自在之物为为我之物的实践过程,劳动又在不同程度上体现了人的本质力量。如前所述,本然的世界相对于人的目的而言,总是有各种缺陷,后者也可以看作人的存在过程中所面对的障碍,这种障碍往往只有通过劳动过程才能克服,而"克服这种障碍本身,就是自由的实现,而且进一步说,外在目的失掉了单纯外在必然性的外观,被看作个人自己自我提出的目的,因而被看作自我实现,主体的物化,也就是实在的自由,——而这种自由见之于活动恰恰就是劳动"②。通过劳动以克服障碍,一方面意味着扬弃有缺陷的存在规定、使之合乎人的目的和理想;另一方面,人自身的能力也得到了某种确证,二者从不同的方面赋予自由以实际的内容。前文在讨论生产领域的活动时已提及,该领域的活动具有二重性,这种双重性在劳动中似乎得到了更具体的体现:当劳动与强制的"必需"及"外在的目的"相关时,它本身的显然仍具有外化的形式;但作为人的能力

---

① 马克思:《1844 年经济学哲学手稿》,第 50—51 页。
② 《马克思恩格斯全集》第 46 卷(下),第 112 页。

和本质力量的确证,它又从一个方面实现了人的自由。就历史发展的总的趋向而言,劳动无疑将愈益超越强制的"必需"及"外在的目的",以人的能力发展为其内在目的,并进一步成为"自由见之于活动"的形式。在扬弃外化形态的前提下,劳动时间与闲暇时间的区分与界限将逐渐呈现相对的意义,劳动的自由形态与能力的自由发展也将越来越具有一致性,而人也在这一过程中不断向自身回归。

就对象而言,自由劳动与化自在之物为为我之物相联系。从主体之维看,自由劳动则指向人自身由自在到自为的过程,后者同时涉及真善美统一的自由人格或人格之境。自由的人格境界首先与个体或自我的存在形态相联系,它固然有精神和观念之维,但又不限于精神的领域,而是凝结了个体的全部生活,表现为基于人的整个实践过程而达到的个体整合与统一:一般而言,个体达到何种境界,往往规定着他在何种程度上成为自由的主体。

作为存在的统一形态,个体境界的提升离不开前文一再论及的能力的发展。能力不同于一般的技艺,技艺主要服务于外在目的,是达到某种外在目的的手段,能力则形成于人的存在过程,它既是个体存在所以可能的条件,又标志着个体所达到的存在形态或境界;能力的发展状态,同时确证着个体自由理想的实现程度。个体的能力可以彼此不同:我们无法强求每一个体都具有同样的能力;但是,以一定的社会历史条件为背景发展自身的潜能,在自足其性的意义上使之形成为现实的能力,则是个体自我完成的过程中无法回避的问题。所谓自足其性,既表明能力的发展不应当无视个体的差异(不能勉强每一个体都达到整齐划一的目标),也意味着能力是存在的内在规定,不是工具意义上的外在要素。在此意义上,能力对人的存在而言并非仅仅表现为"用",而是具体地表现为"体"与"用"的统一。如前所述,马克思曾将人的自由与超越"外在目的"联系起来,在相同的意义上,发展作为存在内在规定的能力,无疑也构成了自由的表征。

境界的提升涉及人格上的完善。作为精神层面相对稳定的结构,人格有多方面的规定和向度,诸如理性之维、情感之维、意志之维等等。如果仅仅偏重于其中的某一方面,往往容易引向片面的存在。当理性被界定为人格的至上或唯一规定时,人同时也就被理解为概念化的存在或逻辑的化身。反之,以情、意为人格的全部规定,则意味着将人视为非理性的存在。前者常常导致对人的理性专制,后者则每每衍化为盲目的冲动,二者虽然表现形态不同,但都与自由的境界格格不入。相对于此,通过理性、情感、意志等方面的多向度展开以形成统一的人格形态,则既为扬弃理性的专横提供了可能,也使情意的单向冲动失去了前提。精神世界的如上统一,同时也使主体能够不为内在的感性欲求及外在的境遇所左右:它赋予主体以对二者说“不”的现实力量。在这里,统一的人格之境无疑构成了步入自由之域的内在根据。

人格展示了人的精神世界,也体现了境界的另一重内涵。如前所述,广义的境界可以理解为在实践中形成的自我整合或个体的综合统一;境界也可以从狭义的层面加以考察,在这一层面上,境界主要表现为一种意义的世界或意义的视域(meaning horizon)。狭义的境界既蕴含了对存在的理解,又凝结着人对自身生存价值的确认,并寄托着人的“在”世理想。与存在与“在”的统一相联系,境界表现了对世界与人自身的一种精神的把握,这种把握体现了意识结构不同方面的综合统一,又以实践精神的方式展开。境界突现了人所理解的世界图景,又表征着自我所达到的意义视域并标志着其精神升华的不同层面。

意义世界的更深沉的内涵,展开于真、善、美的追求过程之中。这里的真,首先指向对世界与自我的认识,其中既涉及经验领域的事实,也包括对性与天道等形而上原理的把握。经验领域以达到真实的知识为目标,性与天道则关联着作为具体真理的智慧。[①] 在经验领域的知识与形而上智慧的不断互动中,人们也逐渐地达到对这个世界的真实把握。真不仅与广义的认识论和本体论相联系,而且包含着价值观内涵。从价值观的角度看,真与伪相对,它既以自我在德性、品格上的实有诸己为内容,又涉及主体间交往过程中的真诚性。以真为面向,对象之真与自我之真彼此交融,世界的存在(being)与人之"在"(existence)统一于真实的意义视域。

相对于真,善更直接地涉及价值和评价的领域。究其本源,善首先与人的需要相联系。中国古代哲学曾对善做了如下界说:"可欲之谓善。"[②]可欲既指值得追求,也指为人的存在所实际需要;在后一意义上,善意味着通过化"天之天"(本然之物)为"人之天"(合乎人多方面需要的对象),在合理需要的满足过程中,逐渐达到具体的存在。这一过程既包含着人与自然(或天与人)的关系,又涉及人与人(包括个人之间、个人与群体之间)的关系。而善的实现,也相应地意味着以动态的形式,不断实现天与人、人与人之间的统一。从狭义的行为过程看,善又以"从心所欲不逾矩"[③]为内容,"不逾矩"是对普遍规范的自觉遵循,"从心所欲"则表明行为出于内在意愿并合乎自然,二者的结合具体表现为:在自觉、自愿、自然的统一中,超越强制与勉强,达到从容中道的自由之境。

与真、善相互关联的美,在广义上表现为合目的性与合规律性相统一的审美意境。合目的性的内在意蕴在于对人的存在价值的确认

---

① 参见冯契:《认识世界与认识自己》。

② 《孟子·尽心下》。

③ 《论语·为政》。

（变革对象世界的过程与社会发展、自我实现的一致），合规律性则意味着对普遍之道的尊重；前者伴随着自然的人化，后者则蕴含着人的自然化。在自然的人化与人的自然化的统一中，人的本质力量与天地之美相互交融，内化为主体的审美境界，后者又为美的创造和美的观照提供了内在之源。从另一方面看，美又与人格相联系，所谓人格美，便涉及美的这一向度。孟子在谈到理想人格时，曾指出："充实之谓美。"①荀子也提出了类似的观点："不全不粹不足以为美。"②"充实"和"全而粹"，都含有具体性、全面性之意；在此，达到美的境界与走向具体的、全面的存在表现为一个统一的过程。

在实现真善美统一的理想时，意义世界同时展开为一个价值的体系。以广义的价值创造为背景，真善美的追求与自我实现的过程相互融合，不仅狭义的善，而且真与美，都从不同的方面体现了价值的理想：在知识与智慧的统一中把握真实的世界、交往中的真诚性原则、全而粹的完美人格，等等，无不展示了这一点。在更深沉的意义上，上述的人生理想又始终关联着对自由之境的追求。通过知识与智慧的互动把握真实的世界，为达到自由境界提供了广义的认识论前提；价值创造与自觉、自愿、自然的统一，从不同的侧面表现了行为的自由向度；合目的与合规律的一致以及人格上的充实之美，从审美意境与理想人格的角度，展示了在美的创造、美的观照及培养健全人格中的自由走向。

作为自由的精神世界，人的境界往往表现为一种"化境"。"化"既指精神领域内在的融合形态，又指其展开、呈现的过程。张载曾对

---

① 《孟子·尽心下》。
② 《荀子·劝学》。

"敦厚而不化"的存在方式提出批评,①与"化"相对的所谓"敦厚",是指精神世界的各个方面尚未达到融与通,因而滞而不畅。当然,"化"并不意味着导向自我的失落,如果随波逐流、与物俱去,则难以达到真正的化境:"化而自失焉,徇物而丧己也。"②作为自由之境,融与通本身表现为"我"的存在方式,可以看作一种更高意境上的自作主宰。精神的化境同时也不断在实践的过程中得到确证,庄子所描述的庖丁解牛过程,已蕴含了这一点:"手之所触,肩之所倚,足之所履,膝之所踦,砉然响然,奏刀騞然,莫不中音,合于桑林之舞,乃中经首之会。"③解牛是人的活动(属广义的劳动),而在庖丁那里,这一过程已到了出神入化之境,它体现了真(与道一致)和善(本于人的需要并实现了人的目的),也展示了审美的意境(合于桑林之舞),而作为活动主体的人,亦由此获得了自由之感:庖丁在解牛之后"提刀而立,为之四顾,为之踌躇满志"④,便是基于这种自由的感受。总起来,在人所达到的"化境"中,物与我、天性(nature)与德性(virtue)、自然与当然达到了完美的统一,这里既有不思不勉、"从容中道"意义上的"自得",也蕴含着"天地与我并生,万物与我为一"层面上的"逍遥"。

可以看到,以人的自由为指向,境界的提升与人自身的多方面发展呈现了内在的相关性。马克思曾将"自由个性"与"个人全面发展和他们共同的社会生产能力"联系起来,⑤"自由的个性"与自由的人格之境相通,"人的全面发展和他们共同的社会生产能力"则与超越强制的"必需"和"外在目的"相联系。在迈向自由王国的历史进程

① 参见张载:《正蒙·神化》,《张载集》,第18页。
② 同上。
③ 《庄子·养生主》。
④ 同上。
⑤ 《马克思恩格斯全集》第46卷(上),第104页。

中,人向自身回归与自由境界的形成、完美人格的培养与自由个性的发展表现为同一过程的相关方面,二者从不同的维度展示了自由的价值内涵。

作为一个历史过程,自由的追求既涉及对象世界,也关联着人自身,对象世界的存在与人自身之"在"、人与世界关系的肯定性与否定性、实然与应然在走向自由的过程中相即而非相分。作为自由的主体,人更多地体现了整体的品格;自由与自因、作为整体的"我"与行为之因的重合,则使人的自由与因果制约扬弃了外在的紧张而呈现内在的相容性。以对"必需"和"外在目的"的扬弃为前提,人向自身的回归与人的自我实现、潜能的全面发展与人格之境的提升赋予自由的历程以价值的内容。以形而上的世界观为视域,自由体现了存在的多重维度和丰富意蕴,展示了存在与价值、世界之"在"与人之"在"的统一,并从实践的层面彰显了存在的具体性、真实性。可以看到,正是在自由的领域,形而上学进一步展示了求其"通"的深沉内涵。

附录一

哲学何为[*]

　　哲学何为？这一问题的讨论，以人和世界关系的引入为前提。人存在于这个世界之中，这是考察其他问题的基本的出发点。人和世界的以上关系，首先呈现内在性与统一性的特点，中国人所说的天人合一，也可以看作对此的概括。然而，人不同于动物，动物只是内在于世界并仅仅表现为世界的构成或部分，而并不发生与世界的对象性关系；人和世界的关系则不仅具有内在性，而且呈现对象性的特点。在单纯的内在性关系中，人与世界融合为一，并相应地主要表现为世界本身的安居者，而不是世界的发问者。然而，人同时又

　　* 本文系作者 2005 年 10 月在"第二届中国南北哲学论坛"及"中西哲学比较国际研讨会"上的发言，由研究生根据录音记录。

赞天地之化育、制天命而用之,并在这一过程中与世界形成对象性的关系。就世界之为人的对象而言,关于世界的以下三重问题便难以回避:世界之中的存在或事物是什么? 这些存在或事物意味着什么? 它们应当成为什么?"是什么"的提问主要在于敞开世界本身,它涉及人与世界的认识(cognition)关系;"意味着什么"以世界对于人的价值意义为实质的内容,它更多地涉及人与世界的评价性(evaluation)关系;"应当成为什么"则蕴含着按人的价值要求来变革世界,它涉及的是人与世界的规范性(normativity)关系。不难看到,人与世界的如上三重关系,既蕴含着如何认识、把握世界的问题,也关联着如何改变世界的问题;作为人"在"世过程的基本关系,它们同时构成了理解"哲学何为"这一问题的本体论前提与背景。

一

人和世界的认识关系及评价性关系,首先将哲学与说明世界和解释世界联系起来。人对世界的说明和解释当然可以有不同的方式,例如,科学便是其中之一。不过,科学主要是以分门别类的方式来把握经验世界的对象,无论是自然科学领域的生物、物理、化学,抑或是社会科学领域的社会学、政治学、经济学,等等,都是以分而别之的方式敞开、切入这个世界。这种方式无疑有助于我们深入地了解这个世界。但是,它们同时又在不同的层面将世界加以分化或分离,在这种科学的图景中,世界往往呈现"分"与"别"的形态。借用庄子的话来表述,它们常常导向"判天地之美"①。这里的"判"有离析、分别之意,科学以及它所达到的知识,便是以一种离析、分辨的方式来

---

① 《庄子·天下》。

把握世界。然而,就世界本身而言,它在为科学知识所分化之前,首先是以统一的、整体的方式存在。要把握真实的世界,显然不能停留在这种分化的知识层面,而应超越和扬弃对存在的分离、分化,以再现世界的具体形态。正是在这里,哲学展示了其把握世界的独特意义。与经验科学不同,哲学更多地以统一、整体的形式把握世界的图景。这种方式对我们了解世界的真实形态,显然是必要的。然而,近代以来,特别是实证主义兴起之后,对总体性、整体性、统一性的怀疑、责难、否定,似乎浸浸然成为一种主导的趋向。一谈到总体性、整体性、统一性,便往往被称为形而上学。而"形而上学"在此语境中,又主要是一个贬义词,属玄学的、思辨的、超验的领域。这种批评固然有其理由,因为过分地强调整体性、总体性,将这些方面加以绝对化,确乎容易导致超验的思辨。但不能因此走向另一个极端,以致完全拒绝从整体性、总体性的维度来理解这个世界。如果仅仅停留于分化的进路,那么,我们也许只能获得有关这个世界的知识碎片,而难以达到具体的认识。

当然,在相似或相近的形态之下,不同的哲学形态也会形成不同的特点。就中西哲学而言,西方哲学似乎比较早地将哲学的起源与惊异联系起来,柏拉图和亚里士多德便都认为哲学起源于惊异。从它的内在含义来看,惊异(wonder)源于世界本身的存在形态和存在方式:世界为什么以如此这般的形态存在? 它所指向的,首先是世界本身之"在";由此引发的,更多的是人与世界的认识关系。相对于此,中国哲学家的哲学反思常常以忧患为出发点。《易传·系辞下》在谈到《易经》的形成时,曾指出:"作易者,其有忧患乎?"《易经》是中国哲学早期的经典之一,它本与占卜相关,但同时又包含哲学的观念。忧患首先表现为价值的关切,它所侧重的,是世界对人所具有的价值意义,以忧患为"作易"的动因,相应地意味着将哲学之思与价值意义的关切联系起来;这与惊异侧重对世界本来形态的追问显然有所不同。从哲学的沉思方式来看,自古希腊开始,西方哲学家对世界的追问便与逻各斯(logos)相联系,赫拉克利特便已指出,不要倾听我,而要倾听逻各斯(listen not to me but to the logos)。逻各斯既涉及存在的原理,也隐含着言说、理性、逻辑等内涵,这些内涵和前面提到的从惊异出发把握世界,在逻辑进路上是相应和一致的。中国哲学早期对世界的追问每每展开为性与天道的探索,这里的"性"涉及人自身的存在,"道"则关乎对世界的总体把握。作为哲学沉思的对象,"道"既表现为存在的原理,同时也包含着价值的理想。在中国哲学中,无论是道家,抑或是儒家,都不仅将"道"理解为存在法则,而且也赋予"道"以社会价值理想(包括道德理想、政治理想)的内涵。儒家肯定"人能弘道"①,此"道"即以社会政治、伦理理想为内容;道家以"自然"释"道",而自然的原则本身也具有价值的意义。可以看到,与前面提到的忧患之感相应,中国哲学首先关注于世界对人所呈现的价值意义。

上述比较,当然是一种分析的说法。前面已提到,哲学很难回避对世界的说明,而从认识关系或从评价性的关系上去说明世界,也无法划出一条截然相分的界限。所谓西方哲学比较早地侧重于从认识关系上去把握世界,中国哲学则一开始就涉及对价值意义的追问,这也只具有相对的意义。事实上,在西方哲学中,我们同样地可以看到对价值意义上的关注,比如,逻各斯本身也具有价值意义;同样,中国人从道的进路去理解世界,也并非完全隔绝于认识关系,所谓"闻道""悟道",便同时蕴含着对世界的某种理解和认识("知")。因此,当我们谈中西哲学差异的时候,同时也要注意这种差异有其相对性的

---

① 《论语·卫灵公》。

一面。

　　除了从整体性、总体性敞开这个世界之外,哲学的把握也涉及世界之"在"及人之"在"的不同方面。关于这一点,我们可以反观哲学的各个分支。通常将哲学的具体领域区分为认识论、伦理学、美学,等等。以认识论而言,在对所知与能知的规定中,总是同时指向对象世界与人自身之"在",所以认识论是和本体论很难分开的:我们对认识过程的理解无法离开对存在形态的把握。在此意义上,作为哲学分支的认识论也从一个具体的方面敞开和切入了世界。另一方面,认识过程本身是人的活动及存在方式,对认识过程的考察,也是对人的活动及存在方式的把握,通过追问普遍必然的知识是否可能以及如何可能,认识论同时也以独特的方式对人的这种存在形式及其根据做了说明和解释。从学科哲学来说,通常有政治哲学、法哲学等等区分。以政治哲学而言,与政治学主要侧重对政治领域的经验性描述和把握不同,政治哲学追问的主要是政治实践原则是否正当以及为何正当(或为何不正当)。如关于正义、民主、自由、平等等政治理念、原则,政治哲学所关心的是它们是否具有内在的或形而上的根据。在这里,哲学同样体现出不同于具体经验科学的特点,而对这种根据的追问,也从一个方面展示了哲学在说明、解释世界方面的意义。

二

　　"是什么"的追问指向世界本身,"意味着什么"的关切则着重于世界对人所呈现的价值意义,二者角度不同(前者所突出的是人与世界的认识关系,后者则主要展示了人与世界的评价关系),但都旨在敞开与澄明世界,从而都可在宽泛意义上归入解释世界之域。如前所述,哲学的追问同时涉及"应当成为什么"的问题,后者在揭示人与世界关系的规范性之维的同时,也将变革世界的问题引入哲学之域。质言之,哲学除了说明、解释世界之外,还具有规范、变革世界的功能。与经验科学不同,哲学对世界的规范、变革是通过一定的环节体现出来的。就其实质的内容而言,无论是关于逻各斯的沉思,抑或是对于性与天道的追问,都表现为不同于知识的智慧形态;哲学对世界的影响和变革,则是通过哲学的智慧转换为具体的精神本体和普遍的规范系统而得到实现的。

首先是哲学的智慧转化为精神的本体。前面已提到,哲学层面对世界的说明、解释以智慧为指向。这种智慧随着知行过程的展开又进一步转化为人的精神本体。这里所说的"精神本体"和我们在翻译"ontology"时通常所用的"本体"有关系,但二者并不同一。"精神本体"在此更多地与中国哲学有关本体与工夫的讨论所涉及的"本体"相关。如所周知,从宋、明开始,本体与工夫的关系便成为中国哲学的重要论题。这一论域中的"本体"不同于一般意义上作为存在根据的本体,而首先与人的存在及其知、行活动有关。黄宗羲曾说:"心无本体,工夫所至即其本体。"①此所谓"本体",是从心或精神的层面说的。在黄宗羲看来,心之"本体"并不是先天的、既成的,而是在为学与为道的过程中形成的,后者包括对性与天道的追问或对世界的说明、解释,以及广义上的道德涵养、道德实践。通过以上"工夫"逐渐形成的这种心之"本体",与我所说的精神本体有相通之处。从哲学的层面看,精神本体可以视为哲学智慧在个体之中的凝聚、内化,它基于对性与天道不同层面的把握,形成于知与行的工夫;在心理机制上,它则表现为通过反思、体悟、记忆等意识活动的不断反复,逐渐凝化为稳定的精神趋向或定势(disposition of mind);当然,稳定并不

---

① 黄宗羲:《明儒学案·自序》,《黄宗羲全集》第七册,第3页。

意味着不变,作为知、行工夫的产物,精神本体本身又处于过程之中,具有开放的性质。就其存在形态而言,精神本体同时呈现为体与用或结构与功能的统一。

在哲学史上,朱熹曾批评禅宗"以作用为性"①。从哲学的层面看,"以作用为性"的特点是仅仅关注行住坐卧以及与此相关的偶然或自发意念,并将这种偶然、外在的意识活动等同于内在之性。在宋明理学特别是程朱一系的理学中,"性"不同于偶发的意念而具有本体之意,"以作用为性",则意味着消解这种本体。朱熹对"以作用为性"的以上批评,以承诺精神层面的本体为前提。近代以来,实用主义、行为主义等曾从不同方面表现出消解精神本体的趋向,实用主义常常强调人在具体的境遇中的活动以及特定的操作行为,而对形上的智慧以及这种智慧如何转化为精神本体则缺乏必要的关注;行为主义则以外在的行为取代了内在的精神世界及其活动。对精神本体的这种看法,既未能把握人的具体存在,也难以真正理解哲学的意义。

作为哲学智慧的转化形态,精神本体有不同的存在方式。具体而言,它首先体现为认识的能力(capacity of cognition)。认识能力不同于概念化的知识或普遍的逻辑形式,概念化的知识或普遍的逻辑形式对个体而言带有某种外在的特点;认识能力作为个体把握世界的综合精神力量,则内在于个体并为认识活动的展开提供了现实的可能。这种能力本身有不同的表现形式,包括直观的能力、逻辑思维的能力、想象力、判断力,等等。康德对判断力非常注重,认为它是把特殊归入普遍的一种能力。在此意义上,能够做出判断就意味着能把个别和一般沟通起来。康德虽然主要在美学的领域考察判断力,

---

① 参见朱熹:《朱子语类》卷一二六,《朱子全书》第 18 册,第 3941 页。

但判断力的意义显然不仅仅体现于美学的领域,在认识过程中同样可以看到判断力的作用。广义的认识能力还涉及知识的背景,后者往往以隐默之知的方式表现出来,波兰尼提出默会之知(tacit knowing),对隐默的知识背景在认识结构中的作用给予了较多的关注。概念性的知识和逻辑思维的规则,只有通过主体的认识能力,才能与感性的经验相沟通,并展开为具体的认识过程。不难看到,作为精神本体的一个组成部分,认识能力构成了认识过程的重要环节。

除了认识能力,精神本体还表现为具体的道德品格或德性(moral personality or virtue)。对现实的伦理关系、道德原则、伦理规范、价值标准的认识,经过长期的实践、认同、积累,逐渐内化为道德品格和德性,并取得良知、良心等形式(道德品格往往和良知、良心相通或相融合)。以道德品格形式出现的精神本体通过不同的方式影响人的行为过程,并进而制约着具体的道德实践。在道德领域中,知善和行善如何统一,是人所无法回避的基本问题之一。个体对道德原理、伦理规范有所了解,懂得应当如何做,这可以看作知善。但懂得或了解道德的规范,并不能保证实际地按照这些规范去做。事实上,在知善和行善之间总是存在着逻辑的距离。如何由知善化为行善?这里,德性、道德品格就具有重要的作用。外在的规范只有和自我的良知、良心或个体的道德意识相融合,才能转化为具体的道德行为。在道德实践中,规范和德性的统一,是道德行为之所以可能的重要前提和条件。在这一过程中,精神本体同时以德性的形式,体现了其在实践领域的作用。

精神本体的另一重要表现形式,是审美的趣味(taste of aesthetics)。这里所说的审美趣味是通过审美经验的长期积累而形成的,从而不同于一时的、偶然的审美感受。作为审美理念、审美鉴赏准则的内化和凝聚化,它同时表现为带有稳定性、恒久性的审美趋向或定势。这种审美趣味对于艺术创作、艺术鉴赏等审美活动,都有很重要的作用。对于同一艺术作品或自然景观,具有不同审美趣味的主体往往会产生不同的审美感受或形成不同的审美判断。在此,审美趣味便构成了审美活动不可忽视的前提和根据,它同时从另一个方面体现了精神本体在人的存在过程中的意义。

以上当然也是一种分析的说法。就其现实的形态而言,认识能力、道德品格或德性以及审美趣味又呈现相互融合的关系。精神本体具有统一的性质,而并不是以分离、分析的方式呈现:在同一主体中,精神本体的各个方面是以整体的形态而存在,由此构成统一的精神之域。精神本体的特点是与个体或主体同在:它完全融化为主体的存在方式,并与主体合而为一。在这一意义上,它显然具有本体论的含义。作为本体论意义上的形态,精神本体既是人存在的方式,又具体地规定着人的存在、制约着人和世界的关系、影响着对世界的变革。冯契先生曾认为,在价值领域中,精神是"体",价值创造活动及其成果是"用"。这里的"体"和我所说的精神本体的含义有一致之处:精神本体从广义的价值创造实践中来看,便表现为"体",而价值活动以及在这一活动中形成的各种文化成果则在一定意义上展现为现实的作用过程及其结果。价值创造的过程不仅仅需要外在的条件,而且也离不开主体的内在根据,精神本体作为"体",便可以理解为价值创造的内在根据。

作为哲学智慧的转换形态,精神本体的存在及其作用是哲学沉思难以回避的问题。从历史上看,中西哲学对精神本体的问题都已有所涉及。当然二者考察的侧重之点往往又有所不同。相对而言,西方哲学比较早地对认识能力这一侧面给予较多的关注。柏拉图在《美诺篇》中已从主体的认识能力出发,对认识过程的出发点做了规定,近代哲学更把认识能力的研究作为理解认识过程的基本前提。康德尽管在总体上似乎更注重普遍必然的认识所以可能的先天（形式）条件,但对人的认识能力同样也有所涉及。相对说来,中国哲学则更为关注精神本体中的道德品格或德性这一层面。儒家对成就自我、成就人格的注重,便较为典型地表明了这一趋向,道家同样对"真人"的品格做了种种规定。从审美领域来看,一般认为,西方美学理论及艺术创作的特点之一是侧重于再现,而"再现"首先关涉对象的真实形态,从而,"美"也更多地与"真"联系在一起;相对于此,从主流的方面看,中国在艺术和审美方面似乎更多地侧重于表现（expression）,"表现"涉及对人的价值理想的展示与表达,与此相联系,"美"较多地和"善"相沟通。所谓尽"善"尽"美"、美善相乐,往往构成了中国人的审美追求。在孔子、孟子、荀子那里,我们一再可以看到善和美的联系。以上当然是一种相对的、分析性的说法,一方面,不能说西方人对道德品格或德性完全不加理会、对艺术上的表现完全没有涉及;另一方面,也不能说中国哲学对认识的问题毫不触及、对艺术上的再现完全隔膜。但是,从注重之点上看,二者确实存在某些差异。

　　值得注意的是,20世纪以来,随着语言分析成为哲学的主导趋向,对意识、精神方面的忽略渐渐构成了哲学研究中引人注目的现象。在主流哲学看来,心理、意识的层面的东西似乎仅仅属于经验之域的问题,唯有语言分析,才是哲学的正途。即使是所谓"心的哲学"（philosophy of mind）,其考察也每每以语言分析（对表示"心"-mind的概念、语词的分析）为主要入手工夫。对这种倾向显然需要加以再思考。语言层面的分析当然是必要的,但另一方面,语言的分析常常和逻辑分析联系在一起,而逻辑的处理方式往往具有形式化的特点。如果超越形式的规定,进入实质的层面,那么,在理解人和世界的过程中,意识、心理、精神便是不可或缺的。精神现象的重要特质,是与人同在;形式化的系统对人而言,则常常呈现对象性或外在性的特点。无论是认识领域的观念,抑或是道德原则和审美规范,如果仅仅以外在的形式存在,往往便难以成为现实的力量。就逻辑结构、概念知识而言,在它没有进入认识过程的时候,其意义每每还带有潜在的性质,只有当它与具体的认识过程融合在一起时,才能获得现实的品格。这种过程与意识、心理、精神是不可分的。广而言之,德性的培养、健全人格的形成,都涉及精神的活动及精神的发展,对精神形态的研究,我们无疑应该给予足够的重视。这里固然涉及心理学、神经科学、脑科学等层面的探索,但更离不开哲学层面的考察。人的存在与他的精神世界是息息相关的,普遍的概念形式如何与个体的经验相融合,一般的规范如何内化于个体的意识,抽象的理论如何转换为行动的信念,等等,都需要从精神、意识的层面加以研究。精神世界、精神本体是我们理解人本身、理解哲学之意义的一个不可忽视的重要方面。

三

精神本体更多地与个体的存在相联系。哲学对世界的规范或制约,当然并不仅仅表现为形上智慧化为精神本体;从更普遍的层面看,哲学的智慧同时又通过转化为规范系统来呈现它对于世界的意义。较之个体的精神世界,这种规范系统更多地涉及公共的领域。具体而言,它又可区分为两个方面,即价值之维的规范系统与方法论意义上的规范系统。价值向度的规范系统同样具体展开为两个层面:首先是道德的原则,作为哲学智慧的转化形态,道德原则具有普遍、形而上的意义,如儒学所主张的仁道原则、康德所谓"人是目的",便是这样的原则。这种原则既引导、制约着道德律令的形成,又具体地体现于这种道德律令之中。另一方面,价值之维的规范也体现为法的原则,包括公正、权利等等。康德便对公正特别是权利很注重。他在《道德形而上学》中专门设"权利的学说"(Doctrine of Right)这一部分,讨论个人的权利、国家的权利、民族的权利,等等。价值之域的规范系统当然不仅仅包括道德和法,从广义上说,它还包括宗教的戒律、风俗习惯中的禁忌,如此等等,但最典型的规范无疑体现于道德和法律之上。规范系统的以上两个方面,并非互相分离,而是彼此统一:在涉及当然之域、具有规范性这一点上,道德和法律显然呈现相关性。也许正是有见于这种相关性,哲学家每每将二者联系起来讨论。如前面提到的康德的晚期著作《道德形而上学》,便由两个部分构成,第一部分是权利的学说(Metaphysical First Principle of the Doctrine of Right),第二部分则是德性的学说(Metaphysical First Principle of the Doctrine of Virtue)。在康德那里,二者构成了道德形而上学的相关内容。道德和法的原则相互联系,在当然之域引导和规定着人的存在,它们同时也从一个方面体现了哲学智慧通过转化为普遍的规范系统而影响人与人的世界。

哲学智慧向规范系统的转换除了体现于价值之域外,还涉及方法论的原则。方法论的原则具体地展现为把握与作用于世界的方式,后者同样具有规范的意义。价值层面的规范系统首先与"意味着什么"的追问相联系,道德和法都涉及这两个方面;作为方法论原则的规范系统则更多地关联着"是什么"的追问。哲学智慧通过转化为方法论的原则、逻辑范畴的体系而引导我们具体地把握和作用于世界。在当代哲学中,冯契先生的《逻辑思维的辩证法》便对哲学智慧如何转化为方法论的原则、逻辑思维的范畴体系做了具体的考察。

在规范系统的第一个层面(价值规范原则)上,相对而言,西方哲学注重的首先是法的形而上学原则,中国哲学则对道德规范的原理更为关注。在方法论原则的层面之上,西方哲学比较多地考察了形式逻辑的原则,中国哲学则对辩证逻辑、个人体悟等方面做了更多的探讨。当然,需要再次强调,这只是在相对意义上说的。以价值规范而言,并不能说,西方人对道德原则不加理会,也不能说,中国人对法的原则完全没有涉及。同样,在方法论原则上,不能说中国人对形式逻辑从来没有关注过,也不能说西方人对体悟、辩证逻辑完全漠视。在历史的比较中,我们固然不能无视中西之异,同样也不能忽略哲学之同。就普遍的层面而言,与"是什么""意味着什么""应当成为什么"相涉的认识关系、评价关系和规范意义上的关系,是哲学在把握世界的过程中无法回避的问题。

通过形上智慧转化为精神本体、规范系统,哲学展示了对人与世界的影响和范导意义。当然,精神本体、规范系统本身又有不同的特点。如前所述,精神本体首先与个体相联系,规范系统则同时涉及社会的、公共的领域;与之相应,哲学智慧转化为精神本体、规范系统,既指向个体的存在和精神生活,又与普遍的公共领域相联系。罗蒂在评价近代及当代哲学家的工作时,曾认为马克思、杜威、哈贝马斯所关注的是社会公共的领域;海德格尔、德里达则以个人的精神领域为中心。就其具体形态而言,个体的精神领域与普遍的公共领域都是哲学之思的题中之义;通过形上智慧转化为精神本体、规范系统,哲学不仅展示了与个体精神生活及社会公共领域的双重关联,而且进一步影响着人的存在,影响着人和世界的关系,规范和变革他既不断面对又生活于其间的这个世界。这里无疑显示了哲学对人与人的世界所具有的深沉意义。

哲学既说明、解释世界,又规范、变革这个世界,从实质的层面看,这二重功能和意义又是相互联系的:一方面,精神本体、规范系统本身是哲学智慧的转化形态,而哲学智慧则形成于说明和解释世界的过程之中;另一方面,说明和解释世界又并非游离于规范和变革过程之外,事实上,人正是在变革这个世界的过程中敞开这个世界。

附录二

道与中国哲学[①]

　　作为中国哲学的核心范畴,"道"既指天道,也包含人道。相对于"技","道"超越了经验之域而表现为形上的智慧。与之相应,由"技"而进于"道"不仅表明超越界限、达到对真实世界的整体理解,而且意味着从知识走向智慧。对真实世界的整体理解,同时表现为一个"以道观之"的过程,后者旨在以统一之道为视域,扬弃、克服各种片面性,不断达到道的智慧。对中国哲学而言,"道"所内含的诸种意义唯有通过人自身的知、行过程才能呈现出来。"道"与人的关联,具体又展开为实践的智慧。以"志于道"为形式,"道"进一步涉及人自身的成长和发展问题,后者所指向的,则是人格的培养和完善。

---

　　① 本文系作者 2010 年 3 月在上海外国语大学的演讲记录。

一

历史地看,不同的哲学传统总是包含某些基本或核心的概念。以西方哲学而言,如果追本溯源、从古希腊说起,常常便会提到那个时代的核心概念,即逻各斯(logos)。当代一些西方哲学和西方文化的自我批判者(如后现代主义),每每把所谓"逻各斯中心主义"视为西方哲学和文化的基本传统。从这种批评中,也可看到逻各斯在整个西方哲学和文化中所具有的独特地位。同样,中国的哲学传统中也有其核心的观念,后者在"道"那里得到了具体的体现。"道"的原始含义涉及道路,从《诗经》中便不难看到这一点:"周道如砥,其直如矢,君子所履,小人所视。"[①]"行道迟迟,载渴载饥。我心伤悲,莫知我哀。"[②]这里的"道"便指道路。道路作为人之所履,既可以通达四方,又坚实而有根基,道路所具有的这些特点,为其进一步提升、泛化为涵盖宇宙人生的一般原理提供了可能,而在中国哲学的演进中,"道"确乎被逐渐赋予以上的普遍内涵。作为宇宙人生的普遍原理,"道"一方面被用以解释、说明世界之中各种不同的现象,后者既包括天地万物,也涉及社会领域;另一方面又被视为存在的终极根据:千差万别的各种事物,其最终根源往往都被追溯到"道"。

在中国哲学中,"道"具体又展开为"天道"和"人道"。天道更多地与自然、宇宙相联系,其含义在中国古代最早的经典之一《周易》中已得到某种阐述:"形而上者谓之道,形而下者谓之器。"[③]这里的"形

---

① 《诗·谷风之什·大东》。

② 《诗·鹿鸣之什·采薇》。

③ 《周易·系辞上》。

而上",首先区别于我们在经验世界中所看到的千差万别的现象。相对于多样的现象,道作为形而上者体现了存在的统一性:以道为存在的终极原理,千差万别、无限多样的事物和现象扬弃了彼此的分离而呈现了内在的关联。就此而言,天道以统一性为其题中之义。

《周易》中关于道的另一重要观念是"一阴一阳之谓道"①。所谓"一阴一阳",主要指"阴"和"阳"两种对立力量之间的相互作用,"一阴一阳之谓道"所涉及的,不外乎世界的变迁、演化。作为现实的存在,世界不仅千差万别,而且处于流变过程之中,这种变化过程可以通过什么来把握? 其中是否存在内在的法则? "一阴一阳之谓道",可以看作对以上问题的解释。

这样,一方面,千差万别、无限多样的世界以道作为其根据和统一的本源,另一方面,世界的变化、发展又以道为其普遍的法则。质言之,道既被视为世界统一的本原,又被理解为世界发展的法则。在道的观念之下,整个世界已非杂乱无章、无序变迁,而是表现为一种有序的形态。从"多"和"一"的关系来看,多样的事物(万物),最后可以统一于作为"一"的道;从事物的变动来看,其演化过程又有理可循,而非杂而无序。要而言之,天道的以上含义表明,天地、宇宙有内在秩序,而道就是这种秩序最深沉的体现。

除天道之外,道又指人道。人道在宽泛意义与人以及人的活动、人的社会组织等相关联,表现为社会活动、历史变迁中的一般原理,所谓"立人之道,曰仁与义"②,便从一个方面表现了这一点。王夫之对此做了更具体的阐述,在谈到社会演化的历史特点时,他指出:"洪荒无揖让之道,唐虞无吊伐之道,汉唐无今日之道,则今日无他年之

---

① 《周易·系辞上》。
② 《周易·说卦》。

道者多矣。"①这里的道，便是人之道，亦即社会领域中的"道"。人道意义上的"道"，首先涉及广义的社会理想、文化理想、政治理想、道德理想，等等，它同时也被理解为体现于社会文化、政治、道德等各个方面的价值原则。"道"的以上含义，在古代哲学家的具体论述中得到了多方面的阐释。儒家哲学的奠基人孔子曾提出："君子谋道不谋食""君子忧道不忧贫"。② 这里的"谋道"，便涉及对"道"的追求，"忧道"则表现为对"道"的关切。作为追求、关切的对象，"道"即以广义的社会理想、文化理想、道德理想等等为内涵。孔子又说，"道不同，不相为谋"③，其中的"道"，同样也是指广义的社会文化理想或政治道德理想。价值理想不同、价值追求相异，便往往缺乏共同语言，彼此之间也很难相互交往和沟通，这即是"道不同不相为谋"所表达的意思。孔子关于道的另一个重要观念是："人能弘道，非道弘人。"④所谓"弘道"，是指人能够使广义上的社会政治、文化理想得到实现，这里的道同样也以价值理想为内容，体现在社会文化、政治、道德等各个方面。

　　"人道"意义上的"道"，同时表现为一种规范系统。规范有两重作用：从正面看，它告诉人们什么可以做、应当如何做，简言之，引导人们去做应该做之事；从反面说，它则告诉人们什么不可以做，亦即对人们的行为加以约束或限制。作为人道，"道"的含义，往往体现于这种规范系统之上。道的以上含义与道的原始含义相互联系：如前所述，道的原始含义之一是道路，道路总是通向某处，引申而言，"道"

---

① 王夫之：《周易外传》卷五，《船山全书》第 1 册，第 1082 页。
② 《论语・卫灵公》。
③ 同上。
④ 同上。

意味着将人引往某一方向或引导人们达到某一目标。道所蕴含的这种引导性内涵经过提升以后,进一步获得了规范的意义。中国哲学一再将礼、法与道联系起来:"法出于礼,礼出于治。治礼,道也。"①"规矩者,方圆之至;礼者,人道之极也。"②"法者,天下之至道也。"③礼既表现为政治领域的体制,又展开为规范系统,礼之于人,犹如规矩之于方圆。规矩为方圆提供了准则,礼则为人的行为提供了普遍的规范。同样,法也对何者可为、何者不可为做出了具体规定,从而表现为一套规范系统。当然,相对于礼,法作为规范更具有强制性。对中国哲学而言,礼与法尽管有不同的特点,但都是道的体现,所谓"礼者,人道之极也""法者,天下之至道也",便从不同方面肯定了这一点。

孟子曾指出:"得道者多助,失道者寡助。"④这里的"道"同样包含价值原则、规范之意。规范的作用之一是提供评价行为的准则:行为如果合乎一定的规范,便被理解为正当之举,不合乎一定规范,则被赋予不正当的性质。所谓"得道多助",意味着行为合乎普遍的价值原则或规范、具有正当性,从而,能够得到人们的支持。反之,如果行为不合乎这种原则或规范,则往往缺乏正当性,从而也难以得到人们的认可。

中国哲学的其他一些学派,也对道的规范性予以多重关注。黄老之学讲"道生法",即视道为终极性的根据,并将其理解为"法"所由形成的本源。这里不仅表现了对作为终极存在的道的确认,而且将其理解为规范性之源。法家同样对道相当重视。韩非提出"缘道

---

① 《管子·枢言》。

② 《荀子·礼论》。

③ 《管子·任法》。

④ 《孟子·公孙丑下》。

理",并对"道"和"理"做了区分:相对于"理"而言,"道"是一种更为普遍、更为本原的法则。对道的依循(缘),则从另一方面突出了道的规范意义。

在道的二重形态(天道与人道)中,天道作为宇宙、自然的法则,属"必然",人道作为社会之域的理想、规范,则表现为"当然"。从"必然"和"当然"的关系看,道既涉及"世界是什么""世界如何存在",又关乎"人应当做什么""应当如何做"。从天道的视域看,这个世界既是多样性的统一,又处于变化的过程中,而天道本身便表现为世界的统一性原理与世界的发展原理。在人道的层面,问题则涉及人自身以及人所处的社会应当如何"在"。可以看到,以道为视域,世界"是什么"和人应当"做什么"、世界"怎么样"与人应当"如何做"等问题,内在地关联在一起。

二

按照中国哲学的理解,道作为天道与人道的统一,既不同于特定的事物,也有别于具体的知识技能。如前所述,关于道与具体知识技能的区别,庄子在"庖丁解牛"的著名寓言中已有所涉及。庖丁解牛的主要特点,在于已由"技"提升为"道"。"技"和"道"区分的内在含义在于:仅仅限定于知识性、技术性的特殊规定,还是对事物做整体性、全面的理解,与之相关的"技进于道",意味着从对世界的经验性、技术性了解,提升到对世界整体性的把握。

同样,在儒家那里也可以看到类似的区分。前面已提到,儒家肯定"形而上者谓之道,形而下者谓之器",其中便包含"道"和"器"的分别。"道"作为形而上者,体现了整体性、全面性;"器"相对于道而言,则主要是指一个一个特定的对象、具体的事物。区分道与器的内在旨趣,在于扬弃"器"的限定性、由"器"走向"道"。"器"作为特定之物,总是彼此各有界限,从而,在"器"的层面,世界更多地呈现为分离的形态,停留于此,往往将限定于分离的存在形态之上。由"器"走向"道",意味着越出事物之间的界限,达到对宇宙万物完整、统一的理解。在谈到道与万物的关系时,荀子对此做了阐述:

> 万物为道一偏,一物为万物一偏。愚者为一物一偏而自以为知道,无知也。①

"物"属"器",所谓"一偏",也就是一种规定、一个片面。相对于"一物","万物"似乎呈现其多样性,但从道的维度看,"万物"本身也只是"一偏"。通过"万物"与"道"的这种比较,荀子更具体地突显了道的整体性、统一性品格。特定的对象和事物之间往往各有界限,是此物就非彼物。仅仅停留在这一层面,便难以达到对世界的真实把握。在中国哲学看来,要理解这个世界本身,就需要超越这种限定,由"一物""万物",进一步提升到"道"。

作为把握世界的不同形态,"技"与"道"之分同时又涉及知识与智慧之别。如后面将进一步谈到的,与道相对的所谓"技",涉及的是操作层面的经验性知识,知识总是指向一个个具体的对象,"道"则超越了经验之域而表现为形上的智慧,后者意味着走出知识的界限、达到对世界的整体理解。在中国哲学看来,唯有与"道"为一,才能达到智慧之境。要言之,"技进于道"既指超越界限、达到对真实世界的整体理解,又意味着从知识走向智慧。

---

① 《荀子·天论》。

三

对中国哲学而言,道不仅仅是世界本身的原理,而且也以人对世界的认识和理解为内容。如上所言,所谓"技进于道",便同时指从知识性、技术性的了解提升到智慧层面的把握,而对世界的智慧层面的理解,则以认识世界的真实形态为指向。

孔子曾说:"吾道一以贯之。"①这里的"道",既表现为普遍的价值原则,又涉及对世界的认识,所谓"吾道一以贯之",相应地既指所坚持的价值原则具有前后一致性,也表明对世界的理解包含普遍、确定的内容。孔子又说:"朝闻道,夕死可矣。"②这里的"道",同样具有观念的形态。从逻辑上看,"闻道"与言说相联系:"道"之可"闻",以"道"之可言说为前提。事实上,除了道路之外,"道"的原始含义兼涉言说。《诗经》中即有如下表述:"中冓之言,不可道也。所可道也,言之丑也。"③这里的"道",便指言说。"道"的言说义从本源的层面为"道"之可言说提供了历史的前提,儒家关于道的理解,较多地侧重于这一方面。就其内涵而言,"闻道"与"求道""得道"处于同一序列,意味着对真理的把握。不难看到,在此,"道"已具体化为对世界的真实认识。

与"道"的真理形态相联系,中国哲学往往区分"为学"与"为道",在《老子》那里,便已可看到这一点:"为学日益,为道日损。"④"为学"是一个经验领域的求知过程,其对象主要限于现象世界的特

---

① 《论语·里仁》。
② 同上。
③ 《诗·墉风·墙有茨》。
④ 《老子·四十八章》。

定对象;"为道"则指向形而上的存在根据,其要旨在于把握世界的统一性原理与发展原理。在《老子》看来,日常经验领域中的"为学",是一个知识不断积累(益)的过程,以世界的整体形态为对象的"为道",则以解构已有的经验知识体系(损)为前提。在此,"为学"与"为道"的区分,具体表现为知识与智慧之别,而以智慧形态呈现的道,则同时表现为关于整个世界的真理性认识。

类似的思想也存在于庄子。在《天下》篇中,庄子曾对他以前及同时代的各家各派的思想做了分析、评论。在他看来,不同的学派、不同的人物,往往各自注意到道的某一个方面,而未能全面地把握道,由此导致了"道术为天下裂":

> 天下之人,各为其所欲焉以自为方。悲夫! 百家往而不反,必不合矣。后世之学者不幸不见天地之纯,古人之大体,道术将为天下裂。[1]

这里的道术,即是作为整体的真理,而在诸子百家那里,它则被分裂成各种思想的片段。战国是百家争鸣的时代,诸子蜂起,各家各派各立己说,相互争论。按庄子的理解,这些人物和学派,常常只是抓住了道的一个片面,而未能从整体上理解道本身,其结果则是使本来统一、完整的真理被肢解和分离。他对这种现象充满了忧虑,并一再提出批评。

同样,在儒家那里,我们也可以看到对道之整体性的肯定。荀子曾对以往各种儒家学派以及先王或圣人的各种观念、学说做了比较和考察。在他看来,真正的大儒,总是有其一以贯之的道,这种道表

---

① 《庄子·天下》。

现为对世界的稳定、完整的理解,后者体现于不同的知行过程:"千举万变,其道一也,是大儒之稽也。"①与之类似,历史上的圣王尽管存在方式不同,但其道(对世界的把握以及以此为内容的普遍智慧)则前后一致,这种智慧同时具体地凝结在以往的经典之中:"百王之道,一是矣,故诗书礼乐之归是。"②作为认识世界的具体形态,道在应对变迁的过程中展示了其前后的一贯性(恒定性):"百王之无变,足以为道贯。一废一起,应之以贯,理贯不乱。"③要言之,以对世界的把握为指向,道的统一性具体体现为两个方面:其一,在多样中把握整体;其二,在变化中揭示一贯(恒定的法则)。二者从不同方面表现了道作为统一性原理与发展原理的品格。

与肯定和坚持"道"之统一性相反相成的,是扬弃"道术为天下裂",荀子的"解蔽"说便侧重于后一方面。何为"蔽"?荀子从以下方面做了分析:"欲为蔽,恶为蔽;始为蔽,终为蔽;远为蔽,近为蔽;博为蔽,浅为蔽;古为蔽,今为蔽。凡万物异则莫不相为蔽,此心术之公患也。"④"蔽"即片面性,"解蔽"则是要求克服各种片面性,以达到全面的真理。按荀子的理解,事物只要存在差异,便蕴含导向片面性的可能:如果仅仅看到其中某一方面,忽视了其他方面,就会陷于片面。就认识世界而言,唯有不断地克服这种片面性,才能达到真理性的认识。对于中国哲学来说,这种真理性的认识具体便展开为一个"以道观之"的过程,其内容表现为以统一之道为视域,扬弃、克服各种片面性,达到对世界的真实理解。通过以道观之而获得真理,同时意味着达到道的智慧。

---

① 《荀子·儒效》。
② 同上。
③ 《荀子·天论》。
④ 《荀子·解蔽》。

四

按中国哲学的理解,道作为宇宙人生的终极原理和统一的真理,无法与人相分。《老子》已提出"域中有四大"之说:

> 故道大,天大,地大,王亦大。域中有四大,而王居其一焉。[①]

这里的"王",主要不是表示政治身份,它所着重的,是与天、地、道相对的另一种存在形态,即"人";换言之,"王"在此首先被理解为"人"的存在象征或符号。[②] 在本章下文"人法地,地法天,天法道"之序中,"王"便直接以"人"来表示。这样,"四大"实质上包含着道、天、地、人四项,其中既包括广义的"物"(天地),亦涉及人,而涵盖二者的最高原理则是道。值得注意的是,在这里,作为最高原理的"道"与人并非彼此相分:二者作为域中四大中的两项而呈现内在的关联。

在儒家那里,也可以看到类似的观念。儒家反复强调道非超然于人:"道不远人。人之为道而远人,不可以为道也。"[③]道并不是与人隔绝的存在,离开了人的为道过程,道只是抽象思辨的对象,难以呈现其真切实在性。而所谓为道(追寻道),则具体展开于日常的膺言

---

① 《老子・二十五章》。此句中两"王"字,河上公、王弼本作"王",唐傅奕《道德经古本篇》及宋范应元《老子道德经古本集注》则作"人"。但考之帛书《老子》及郭店楚简的《老子》(残简),此句亦都作"王"。由此似可推知,在早期文本中,作"王"的可能性较大。

② 王弼:"天地之性人为贵,而王是人之主也。"(王弼:《老子道德经注・二十五章》)这一解说亦主要以"人"释"王"。

③ 《中庸・十三章》。

庸行:"君子之道,造端乎夫妇;及其至也,察乎天地。"①道固然具有普遍性的品格,但它唯有在人的在世过程中才能扬弃其超越性,并向人敞开。

强调"道"和"人"之间不可分割、相互联系的重要含义之一,是肯定道所具有的各种意义唯有通过人自身的知和行(亦即人认识世界和改变世界的过程)才能呈现出来:天道观层面作为万物统一本原之道,其意义总是在人把握世界的过程中不断地展示;同样,人道观层面作为社会理想、规范系统之道,其意义也是在人自身的文化创造以及日常的行为过程中逐渐地显现的。本然的存在无所谓分离与统一等问题,存在之获得相关意义,与人对世界的认识、作用无法相分。正如深山中的花自开自落,并不发生美或不美的问题,只有在人的审美活动中,它的审美意义才得到呈现。作为社会理想和规范系统的"道",其意义更是直接地通过人自身的知行活动而形成。上述意义上的道,都具有"不远人"的品格。从哲学的视域看,以上观念的内在旨趣,在于把人对世界的理解过程和意义的生成过程联系起来。这种进路不同于用思辨的方式去构造一个抽象的世界,它处处着重从意义生成的层面把握和理解世界。

道和人之间相互关联的另一重含义,是"日用即道"。所谓"日用即道",亦即强调道并不是离开人的日用常行而存在,而是体现并内在于人的日常生活之中。这一观点的重要之点在于拒绝将道视为一种彼岸世界的存在或超越的对象,而是把它引入现实的此岸之中,使之与人的日用常行息息相关。从价值的层面看,它使人始终把目光投向现实的存在,而不是指向超越的彼岸世界。在孔子那里,已可看到这类观念。孔子的学生曾向孔子请教有关鬼神的事情,孔子的回

①　《中庸·十二章》。

答是:"未能事人,焉能事鬼?"就是说,对现实的人尚且不能效力,哪里谈得上为彼岸的鬼神效力?他的学生又问有关死的事,孔子的回答依然是:"未知生,焉知死?"[1]鬼神是和现实的人相对的超验对象,死则意味着现实生命的终结,二者都与人的现实存在形态相对。在孔子看来,我们应当关心的,不是那种超越的对象,不是远离现实人生的存在,而是人自身的现实存在和现实生活。总之,从"道不远人"的观念出发,儒家处处把目光引向现实的世界。

以上观念不仅存在于儒家、道家的哲学之中,而且也以某种方式体现于具有宗教性质的思想系统中。以佛教而言,佛教本是来自印度的宗教,传入中国以后,佛教在中国经历了发展演变的过程,并逐渐趋向于中国化。佛教中国化的典型形态是禅宗。作为中国化的佛教,禅宗的重要特点在于把世间与出世间联系起来。对原始佛教来说,人生追求的最高目标是成佛,后者意味着摆脱轮回,进入超越的天国。在这里,世间与出世间之间具有截然分明的界限:唯有超越世俗世界,才能来到永恒的天国。然而,在禅宗看来,世间和出世间并非截然相分,人如果能够在现实的人生中,由迷而悟,便可以在当下达到天国的境界。在此,世间与出世间的界限似乎已被打通。不难看到,以上看法实际上同样渗入了"日用即道"的观念:彼岸或超越的世界与现实的世界彼此相关,不存在鸿沟。这一现象从一个方面表明,中国哲学对道的理解,也内在地影响着中国的宗教观念。

概而言之,从哲学层面来看,肯定道和人的存在以及人的社会生活的联系,其内在理论趋向在于沟通形而上的世界与现实的世界、将注意的重心放在存在意义的追寻之上,而不是去虚构思辨的宇宙模式或世界图景。从价值的层面来看,它则表现为关注现实存在,远离

---

① 参见《论语·先进》。

超越的抽象之境。这既体现了道的追问之内在向度,也构成了中国哲学智慧的重要方面。

道不远人,同时也规定了道和人的实践活动无法相分。在实践过程中,道的品格具体地表现为"中"。儒家一再谈到"中道"或"中庸之道",孟子便主张"中道而立"①,荀子也肯定:"道之所善,中则可从,畸则不可为。"②道作为实践的原理,其意义首先便体现在"中"之上。这种"中"并不仅仅是量的概念。从量的概念去理解,"中"往往表现为与两端等距离的那一点,然而,中国哲学所说的"中",更多地体现为实践过程中处理、协调各种关系的一种原则。这种原则,与道本身的内涵具有内在联系。如前所述,在天道的层面,道首先表现为多样的统一。从多样的统一这一视域看,"中"就在于使统一体中的各个方面彼此协调。千差万别的事物同处于一个系统,如何恰当地定位它们,使之各得其所? 这就是"中"所要解决的问题。道同时体现于变化过程,表现为发展的原理。从过程的角度看,"中"则关乎不同演化阶段之间如何协调的问题。以上意义上的"中",其实质的内涵集中体现于"度"的观念,中国古代哲学家虽然尚未明确地从哲学的层面运用"度"这一词,但"过犹不及""中道",等等,其表达的内在含义就是"度"的观念。这种"度"的意识,同时可以看作一种实践的智慧。就其与实践过程的联系而言,道即通过"度"的观念,具体化为实践的智慧。

以"度"为内涵的实践智慧,体现于不同的方面。《中庸》曾提出了一个重要思想,即"万物并育而不相害"。这一命题既有本体论的意义,也涉及人的实践活动。从本体论上看,它意味着对象世界中的

---

① 《孟子·尽心上》。
② 《荀子·天论》。

诸种事物都各有存在根据,彼此共在于天下。换言之,对象世界的不同存在物之间具有相互并存的关系。从人的实践活动看,"万物并育而不相害"则涉及不同的个体、民族、国家之间的共处、交往问题,它以承认不同个体的差异、不同社会领域的分化为前提。个体的差异、不同社会领域的分化是一种历史演化过程中无法否认的事实,如何使分化过程中形成的不同个体、多样存在形态以非冲突的方式共处于世界之中,便成为"万物并育而不相害"所指向的实质问题。在这里,所谓"并育而不相害",便要求以"度"的中道原则,恰当地处理、协调社会共同体中方方面面的关系。这种协调方式没有一定之规,也没有一成不变的程序,它需要根据实践生活的具体形态来加以调节。这种调节作用即体现了"度"的智慧。

就个体的精神生活而言,《中庸》曾提出:"喜怒哀乐未发,谓之中;发而皆中节,谓之和。"这是从情感的角度来讲"中"与"和"的问题,"未发"是就情感尚未呈现于外而言;"发而皆中节",则指在情感流露于外时,追求"和"的境界。达到"和"需要"中节",此所谓中节即是保持情感流露、宣泄的"度"。在特定的场合,喜、怒、哀、乐都有其度,应把握适当的分寸,达到恰到好处,"过"与"不及"都是精神缺乏和谐、统一的表现。朱熹讲得更具体,在谈到喜怒等情感时,他指出:"且如喜怒,合喜三分,自家喜了四分,合怒三分,自家怒了四分,便非和矣。"[1]这里的"和"是一种协调统一的形态,它可以看作道在精神领域的体现形式之一。在朱熹看来,应当("合")与实际情形之间的差异,便表现为情感未能保持在适当的"度"之中,而超出了"度"便是偏离了"和"。朱熹对"非和"的以上批评包含如下含义,即达到精神和谐的形态以合乎"度"为前提。"度"和"中道"的观念作为一

---

① 朱熹:《朱子语类》卷六十二,《朱子全书》第 16 册,第 2042 页。

种实践智慧,其重要的含义之一就是让事物的变化始终保持在一定的界限之中,使之不超出一定的度。

在中国哲学中,上述意义上的"中道"常常又通过"经"和"权"的关系得到展示。所谓"经",主要是指原则的普遍性、绝对性,"权"则是对原则的变通,后者的前提是对不同境遇的具体分析。通过具体的情景分析使"经"和"权"之间得到适当协调,这也是"中道"的具体体现。孔子曾指出:"君子之于天下也,无适也,无莫也,义之与比。"①"义"本来指当然,但当它与"无适""无莫"相联系时,便同时带有了适宜之意。面对天下各种复杂的对象和关系,人既不应当专执于某种行为模式(无适),也不应绝对地拒斥某种模式(无莫),而应根据特定境遇,选择合适的行为方式。这种"无适"和"无莫",具体表现为在绝对地专执于某种行为模式与绝对地排斥某种模式之间保持中道,它同时也体现了与具体境遇分析相联系的实践智慧。

五

"中道"作为道的智慧在实践过程中的体现,从一个方面展示了道和人之间的关联。对中国哲学而言,道除了化为具体的实践智慧之外,还涉及人自身的成长和发展问题,后者进一步指向人的培养、人格的完善。孔子已指出:"志于道,据于德,依于仁,游于艺。"②"志"意味着确定并朝向一定的目标,"道"则表现为一定的价值理想。所谓"志于道",也就是在人格的发展过程中,始终以"道"(一定的价值理想)作为内在的目标。

---

① 《论语·里仁》。
② 《论语·述而》。

在"道"的引导之下培养完美的人格，其具体意蕴是什么？欲了解这一点，需联系孔子的另一看法。在谈到君子时，孔子曾指出："君子不器。"①"君子"即完美的人格，"器"则指特定的器具。前面曾提及，中国哲学对"道"与"器"做了区分："形而上者谓之道，形而下者谓之器。""道"具有普遍性、统一性，它超越于特定的对象；"器"则是特殊、个别的对象。具体而言，"器"在此有两重含义：其一，指相对于人的"物"（器是"物"而非"人"）；其二，作为特定之物，"器"有各自的规定性和属性，是此"器"，即非彼"器"，不同的"器"之间界限分明。与此相联系，所谓"君子不器"，至少包含两个方面的意蕴：第一，不能把人等同于物；第二，不能把人限定在某一个方面。换言之，君子作为理想的人格，既具有人之为人（不同于物）的规定，又包含多方面的品格，而不能成为单一化、片面化的存在。这种多方面性，在中国哲学中往往被理解为"全而粹"。对理想人格的以上规定，与肯定道的统一性具有内在的关联："道"的统一性、整体性，在某种意义上构成了理想人格多方面性的本体论根据。

从价值的层面看，理想的人格同时表现为内在的精神形态，后者同样与道存在多方面的关联。如前所述，"道"既是存在的原理和世界变化的法则，又表现为人道（价值原则、社会道德理想等等）；既内在于世界本身，又是指向世界的具体真理。不论处于何种形态，道都以真实性为其内在规定：作为真实的存在或对存在的真实把握，道首先呈现真的品格。与真的品格相联系，道同时又涉及善。作为人道，道体现的是人的价值理想、文化理想、社会理想，后者内在地包含着对善的追求：建立理想的社会，意味着以善为指向。在天道的层面，道似乎与善的追求没有直接关系，然而，从人的实践活动来看，天道

---

① 《论语·为政》。

同时又为人的价值创造提供了根据：天道包含存在的内在法则，人的价值创造活动则离不开这种普遍法则的引导，而价值创造本质上表现为善的追求。在这一意义上，道无疑又与善紧密相关。同时，道又和美相联系。在中国哲学看来，天地有自身之美："天地有大美而不言，四时有明法而不议，万物有成理而不说。"①这里的天地，内含天地之道，从天道的层面来说，天地之道蕴含着美的意义。同样，在人道的层面，中国哲学也一再把人道和美联系到一起。人道之美的具体表现形式之一，便是人格之美。中国哲学常常把仁、义（礼）、勇看作人的理想品格，而这些品格的统一，同时又被视为"道之美"：

夫仁、礼、勇，道之美者也。②

可以看到，以"志于道"为前提，真、善、美之间彼此相通。真、善、美的这种统一既为人格的多方面发展提供了根据，又构成了理想人格的价值内涵：以道为指向（志于道），人格之境具体便展开为真、善、美的统一。

完美的人格不仅表现为内在的品格，而且总是形之于外并体现于外。后者不只是涉及外在的形象，而且具体地展现于行为过程。这里涉及言和行、知和行的关系。从言和行、知和行的关系看，问题又进一步关涉"道"的内涵。前面已提及，"道"的原初含义之一是"道路"，道路则与行走相联系，所谓"道，行之而成"③。道又有言说之意，并体现为真理。与之相联系，道的追寻内在地展开于言和行、

① 《庄子·知北游》。
② 徐干：《中论》卷下。
③ 《庄子·齐物论》。

知和行的互动。无论是言说,抑或是真理,都有如何具体落实和践行的问题,所谓"坐而言之,起而可设,张而可施行"①。道所内含的如上含义,同时也规定了理想人格的存在方式:人格的培养和发展过程,总是内在地指向知、言与行的关系,言行一致、知行统一,这是中国哲学所反复强调的,这种观念同时也构成了"为道"的题中之义。

---

① 《荀子·性恶》。

后　记

　　哲学的问题往往是古老而常新的,哲学问题的讨论,也相应地需要关注及回应相关领域中已有的思考及其成果,这种关注,常常展开为哲学的对话。不过,关注以往的工作或参与对话本身似应做广义的理解,不能简单地以是否提及或引证时下的论著,作为是否涉及以往的工作或参与对话的主要或唯一依据。事实上,关注中外哲学史上有创见的哲学家的工作并对此加以回应,同样是一种对话,而且在某种程度上是更深层面的对话:只有回到思想的本原层面,对话才具有实质的意义。本书之所以在讨论哲学问题时更多地关注历史上重要哲学家的工作,也是基于如上的看法。

　　学术之弊,每每表现为二重趋向:或是泛泛空谈、层层相因,缺乏实质性的建树;或是学而不思,自限于

"术"、支离于"技"。以学术规范与学术研究的关系而言,学术领域的规范有实质与形式、内在与外在之分,质疑内在规范者,往往容易流于前一形态(泛泛空谈),强化外在规范者,则常常可能导向后一极端(自限于"术"、支离于"技")。本书以哲学的历史为内在的出发点,希望以此避免游谈无根;同时又以哲学的问题为指向,希望由此避免"技"压倒"道"。当然,克服学术之弊,并非易事,任何研究都会有自身的局限,本书也很难例外。

对本书所涉及的问题,我在从事哲学史及道德哲学研究时便已有所关注,但较为集中的思考,则始于《道德形而上学引论》完稿之后。2002 年,我曾再度赴哈佛大学做研究,这使我有机会进一步了解西方哲学对相关问题的思考。在《伦理与存在》的序言中,我曾提及 1999—2000 年间在哈佛时与诺齐克教授(Robert Nozick)的接触和交谈。在我的印象中,诺齐克教授是一位时显理论洞见的哲学家,与他交谈有一种智慧的愉悦。然而,当我第二次到哈佛时,斯人却已逝,这使我甚感怅然。当然,哈佛大学的丰富藏书依旧给我提供了研究的便利,并使我能够延续另一种意义上的对话。从哈佛回国后,我曾给华东师范大学哲学系的博士生开设了有关形而上学的研究课程,本书的部分内容,曾在研究班上讲授,其间的讨论,无疑也有助于思考的深化。

人民出版社的方国根同志为本书的出版费力甚多,在此,深致谢忱。

杨国荣

2004 年 6 月

2009 年版后记

本书原以《存在之维——后形而上学时代的形上学》为题,于 2005 年由人民出版社出版。如初版的书名所示,本书主要以存在的形而上考察为指向,其中既涉及世界之在,也关乎人自身的存在。作为形上的沉思,这种研究也可归属于当代中国哲学,而后者则是更广意义上的中国哲学的延续。就以上意义而言,本书的研究,与广义的中国哲学无疑具有历史的联系。

历史地看,中国哲学很早已开始了对世界之在与人自身存在的形上之思,这种沉思往往凝结于"道"这一范畴,并以"道"为本而展开其多方面的内容。金岳霖已注意到这一点,在《论道》一书中,他特别提到了"道"与中国哲学的关系,并认为"中国思想中最崇高的概念似乎是道"。尽管"道"往往被赋予超验的意义,但就总体而言,中国哲学既把"道"理解为存在的一般原理,又通过天道与人道的沟通而确认与展示了世界之在与人的存在之相关性。在"道"这一范畴中,存在的法则与存在的方式、本然之在与为我之在、必然与当然,等等,已超越了分离而呈现统一的形态,它与本书考察存在的进路,也体现了内在的相通性。基于以上事实,借本书重版之机,我将书名定为《道论》,希望以此体现其中国哲学的背景以及它与中国古典哲学与中国近代哲学的历史联系。

本书在内容上没有实质的改动,书后增补了《哲学何为》一文,其内容涉及对哲学本身的若干理解,同时也从一个方面体现了我的研究视域。

杨国荣

2008 年 10 月 10 日

2021 年版后记

本书在 2005 年初版于人民出版社，2009 年由华东师范大学出版社重版。2011 年作为具体形上学之一再版，校正了出版后发现的一些讹误，并做了若干文字方面的修改，附录中增补了一篇有关道与中国哲学的文稿，未做进一步修订。此次再版，除对第三章做了若干修订外，总体内容未做实质的改动。方旭东、许春博士曾校读了原书稿，在此深致谢忱。

杨国荣

2021 年 1 月